CADA DÍA MÁS FUERTE

CADA DÍA MÁS FUERTE

THALIA

A CELEBRA BOOK

CELEBRA
Published by New American Library,
a division of Penguin Group (USA) Inc.,
375 Hudson Street, New York, New York 10014, USA
Penguin Group (Canada), 90 Eglinton Avenue East, Suite 700, Toronto,
Ontario M4P 2Y3, Canada (a division of Pearson Penguin Canada Inc.)
Penguin Books Ltd., 80 Strand, London WC2R 0RL, England
Penguin Ireland, 25 St. Stephen's Green, Dublin 2,
Ireland (a division of Penguin Books Ltd.)
Penguin Group (Australia), 250 Camberwell Road, Camberwell,
Victoria 3124, Australia (a division of Pearson Australia Group Pty. Ltd.)
Penguin Books India Pvt. Ltd., 11 Community Centre,
Panchsheel Park, New Delhi - 110 017, India
Penguin Group (NZ), 67 Apollo Drive, Rosedale, Auckland 0632,
New Zealand (a division of Pearson New Zealand Ltd.)
Penguin Books (South Africa) (Pty.) Ltd., 24 Sturdee Avenue,
Rosebank, Johannesburg 2196, South Africa

Penguin Books Ltd., Registered Offices:
80 Strand, London WC2R 0RL, England

Published by Celebra, an imprint of New American Library,
a division of Penguin Group (USA) Inc.

First Printing (Spanish Edition), October 2011
1   3   5   7   9   10   8   6   4   2

CELEBRA and logo are trademarks of Penguin Group (USA) Inc.
The Library of Congress has catalogued the
English-language edition of this title as follows:
Thalia.
Growing stronger/Thalia.
p.   cm.
ISBN 978-0-451-23441-4
1. Thalia.   2. Singers—Mexico—Biography.   3. Actors—Mexico—Biography.
ML420.T3938A3   2011
782.42164092—dc23
[B]   2011031503

Set in Fairfield LT STD
Designed by Elke Sigal

Printed in the United States of America

PUBLISHER'S NOTE
Penguin is committed to publishing works of quality and integrity. In that spirit, we are proud to offer this book to our readers; however the story, the experiences and the words are the author's alone.

Publisher does not have any control over and does not assume any responsibility for author or third-party Web sites or their content.

A Sabrina, quien con cada día que pasa, me da las ganas
de buscar una mejor versión de mí misma.

A mi bebé, quien con su presencia en mi
vientre, me recuerda que la vida esta llena de milagros y
tesoros escondidos.

A Tommy, quien me ha llevado de la mano a través
de una jornada extraordinaria llena de pasión y me ha
mostrado el significado de la palabra compromiso.

A mi madre, quien con su mirada me transmitía
su amor incondicional; amor que ha trascendido la muerte.
Vivirás por siempre en mi corazón, en cada lugar y
pensamiento que compartimos…por siempre y para siempre.

Mis semejantes, sobre todo si son jóvenes como yo, se sienten en todas las circunstancias de la vida como alguien que tiene puesta una ropa que no es de su talla.

(...)

Cuando en ocasiones me he sentido desdichado, ello se ha debido a una méprise, *un malentendido respecto de la personalidad; me he considerado, en efecto, como alguien que no soy, y he lamentado su desgracia; creyéndome, por ejemplo, un* Privatdozent *que no logra obtener una cátedra y carece de alumnos; o alguien censurado por este hipócrita, o criticado por alguna dama de sociedad; o como el reo en un juicio por difamación; o como el amante que no es correspondido por la joven con la que se había encaprichado; o como el paciente que convalece en su casa; o como cualquier otra persona que rumia miserias por el estilo: yo no he sido nada de eso; se ha tratado de una materia ajena a mí, un trozo de paño del que acaso se ha cortado el traje que me ha vestido durante un tiempo pero que luego he desechado y cambiado por otro.*

¿Quién soy, entonces?

—ARTHUR SCHOPENHAUER,
El arte de conocerse a sí mismo

Cada día más fuerte

PRELUDIO

C*ada día más fuerte,* surgió de la necesidad de plasmar mis experiencias de vida como el resultado de mi lucha constante por salir adelante día a día, para recordarme lo importante que es no darse por vencidos. Hay momentos trascendentales y decisivos que de alguna manera me han marcado en lo profundo de mi ser, un camino que tuve que conquistar, sin importar cómo, ni donde estaba; lo importante era desear y decidir hacerlo, conquistarlo, caminarlo, experimentarlo, tomarlo y sobre todo, vivirlo plenamente.

Durante la elaboración de este libro pude experimentar y vivir a profundidad dos momentos importantes y transformadores: mi segundo embarazo, el anuncio de una nueva vida que dentro de muy poco tiempo tendré entre mis brazos, la felicidad tocando de nuevo a mi puerta; y el fallecimiento de mi amada madre, el ser más importante durante el transcurso de mi vida; que con su entrega, su apoyo, su dirección, sus consejos y su amor incondicional me dio las herramientas para enfrentar este momento de profunda felicidad por la llegada de un nuevo miembro de la familia, así como lo devastador e incomprensible de su partida.

Cuando empecé a escribir este libro, en un momento en el cual sentía que ya me había encontrado en un balance ideal y armonioso, tanto en mis pensamientos y mis sentimientos; habiendo hecho las paces con mi pasado, concluía el libro con una plenitud y liberación que deseaba compartir con todos ustedes.

Pero Dios tenía otros planes, y ya estando el libro en el proceso de producción, decidí incluir y compartir mi última gran prueba... La pérdida irreparable del ser más amado en mi vida: mi madre.

Una semana antes de su partida, mi madre tan entusiasta como siempre, tuvo en sus manos este manuscrito finalizado, el cual no solamente leyó dos veces, sino que corrigió y me ayudó a desmenuzar un par de historias, expresando sus comentarios al respecto; comentarios y correcciones que al momento añadimos al libro.

Fui testigo desde niña, del espíritu de fuerza y valentía que animaban a mi madre, quien dejaba toda tristeza y dolor en el pasado; que luchaba incansablemente por conseguir lo que se proponía; que fue una gran guerrera de quien aprendí los valores más importantes que hoy día son pilares fundamentales en mi diario vivir.

Forjó en mí un carácter templado, me tomó de la mano y junto a ella descubrí un sinfín de realidades, posibilidades y sueños que se podían transformar en algo tangible. Plasmó su esencia en cada una de mis historias, de mi diario vivir, de mis sueños y anhelos; compartiéndolos llena de vida y pasión, como solamente ella sabía, siendo una con la libertad, brillando como el sol y comiéndose la vida a bocanadas.

Yolanda mi madre era una niña que nunca creció, en ocasiones nos reíamos ya que yo le decía: "Bueno, pues…ahora resulta que yo soy tu mamá y tú eres mi hija", a lo cual ella me respondía: "Pues sí, y te aguantas y me consientes". Ojalá que eso pudiera ser cierto con el nacimiento de mi bebé, que de alguna manera su espíritu pudiera nacer en ese nuevo ser que llenará de amor mi hogar, y tenerla entre mis brazos y acurrucarla con mucho amor cerca de mi corazón; pero sé que ella fue llamada por Dios a seguir su camino dentro del plan que Él tiene para ella.

La personalidad impetuosa de mi madre y su forma de ser ilimitada, tocó a muchos de los que pudieron conocerla. Algunos llenándolos de amor, de optimismo, de fe y de sonrisas; a otros dándoles sabios consejos en momentos difíciles, ayudándoles en ese tramo; y a otros, transformándolos y forjándolos en grandes empresarios, hombres de negocios, profesionales capacitados para desarrollarse en diferentes ramos; así como los seres más cercanos a ella como familiares, amigos, conocidos, trabajadores, desde el banquero, hasta la cocinera o el jardinero; todos ellos la vieron siempre con un gran amor y se sintieron amados por ella, un don que solo algunos poseen.

Este libro es una celebración de amor y alegría, un homenaje que a través de mi vida, mis experiencias y mis vivencias, acompañadas en su mayoría por ella, quiero compartir con todos ustedes, mis lectores.

En *Cada día mas fuerte* expongo mis momentos más dolorosos, abro mi corazón, mis pensamientos, mi ser, para que mis experiencias, puedan servir de aliento, de consuelo y de decisión.

Como todos, yo tengo cosas que me impulsan y cosas que me jalan y me paralizan. Con este libro, que está lleno de un sentimiento de fortaleza y potencialidad, deseo impulsar nuestras vidas a la plenitud, y que podamos ver una luz en el camino; y así poder abrazar, perdonar, restaurar y amarnos mutuamente.

De la mano de mis remembranzas pasadas y presentes, descubrí el poder que llevo dentro de mí, mucho de este, herencia de mi amada madre.

Asimilé que cada vivencia, cada dificultad, cada problema, cada episodio doloroso, difícil o intenso, me ha permitido conocerme cada vez más . Espero de todo corazón, que a través de mis experiencias y mi historia, puedas encontrar la motivación que, como a mí, te inspire a descubrir la maravillosa persona que eres aun en medio del dolor y la tempestad. Este libro refleja mi jornada de vida que espero, pueda ayudarte en tu jornada y en tu búsqueda. Si esto te ayuda para tu propia vida, eso será un gran regalo para mí.

Gracias madre porque tú me enseñaste a ser: Cada día mas fuerte.

THALIA.

CAPÍTULO UNO

INFANCIA

Querida Llorona:

Te escribo esta carta para darte las gracias por lo que hiciste por mí; claro, tuve que crecer para entenderlo. No sé si recuerdas cómo nos conocimos... mi mamá estaba embarazada de mí cuando te vimos por primera vez. Era una noche calurosa y mi papá se había ido a otra habitación pues el calor que generaba el cuerpo de mi mami era demasiado insoportable —su embarazo estaba muy avanzado y yo estaba a solo un mes de nacer—, dejándola sola en el cuarto para que descansara. Ella estaba plácidamente dormida, cuando de pronto oyó tu voz; más bien tu llanto. Estabas ahí de pie, parada a su lado. Llevabas sombrero negro y vestido largo. Tus manos eran largas y huesudas y las usabas para cubrirte el rostro, pero dejaban escapar tu llanto y tus lamentos que rompieron el silencio de la noche. Tu pelo desaliñado te daba un porte espectral. Mi mamá apenas se atrevió a mirarte. Con los ojos entreabiertos, en medio de la oscuridad, intentó buscar a mi padre, alargaba su pie para tocarlo y pedirle auxilio. El miedo la tenía aterrada, estaba casi inmovilizada del pavor que empezó a invadirla. Creo que de alguna manera, dentro de su vientre, yo también busqué la protección de mi papá. Al no encontrarlo junto a ella, se armó de valor y dando pasos de dos en dos, llegó hasta la habitación donde él estaba. Corrió, sintiendo que la agarrabas por la espalda y era tal su miedo que se metió debajo de mi papá, debajo de su cuerpo varonil, espantada, con los ojos bien abiertos del terror y sin poder hablar. Las palabras de aliento de mi padre la calmaron y así ella dejó de escuchar tu llanto.

Pero nadie calla a la Llorona. Lo confirmé cuando nos volvimos a encontrar unos cuantos años más tarde en aquella casa grande y vacía. Esa misma que conoces tan bien. Tal vez porque fue tu hogar años atrás, quién sabe. Solo que esta vez yo estaba sola. Tenía que bajar a la cocina a beber agua y allí te vi. Nunca sabré a ciencia cierta si eras tú, pues te tapabas el rostro con esas manos cadavéricas que mi madre jamás olvidará. Pero mi intuición, y el registro que guardé de aquella noche cuando todavía me encontraba en el vientre de mi mamá, me confirmaron tu presencia. Traías un velo de color negro sobre tu cara y llorabas desconsoladamente. Más bien, aullabas cual lobo en medio de la noche. Yo apenas tenía cinco añitos. Ahora que lo pienso, yo nunca tuve amigos invisibles, porque seguramente ellos también te hubieran tenido miedo.

Menos mal que ya no te escucho… Por ahora, me

despido de ti, dándote las gracias por enseñarme que los miedos son como los fantasmas: cuando los detectas, los enfrentas, los disipas y sigues adelante con la frente en alto y poderosa, es que los has vencido. Sabes, soy una vencedora.

Ya no te tengo miedo Llorona.

Silencio

Apenas comenzaba a hablar y me quedé sin palabras. Tenía solo seis años cuando mi padre murió y mi dolor fue tan grande que no tuve otra alternativa más que el silencio.

Mi padre se llamaba Ernesto Sodi Pallares. Sufría de diabetes avanzada y cuando lo diagnosticaron decidió que seguiría viviendo sin modificaciones ni restricciones, comiendo sus platillos favoritos, acompañándolos de buenos vinos y licores. Realmente era un sibarita pues firmó así su sentencia de muerte. El impacto de su partida fue tan fuerte para mí que dejé de hablar. Durante todo un año, opté por el silencio. No recuerdo bien qué pensaba entonces, pero sí que no podía emitir sonido porque era demasiado doloroso lo que tenía que decir. Me preguntaba a dónde se había ido mi compañero de juegos, el que me enseñaba cosas fantásticas en su laboratorio de química, el que me dejaba jugar con sus extraños aparatos científicos. ¿Dónde estaba? Ya no volvería a oír su voz llamándome, riéndose, contándome una historia o recitándome un verso. Nunca más lo volvería a ver, mis manos nunca más lo tocarían; nunca más me volvería a meter en sus brazos para dormir... nunca más.

Mi madre, preocupada por mi silencio y mi tristeza, me llevó a diferentes doctores para que le dijeran qué me pasaba. Algunos hasta pensaron que era autismo. Fueron muchos especialistas, muchos consultorios, muchas pruebas, las cuales plasmaron en mi corazón la fascinación que empecé a tener por la psicología, a tal grado que actualmente la estudio. Me encantaba ver a todos esos doctores mostrándome manchas negras y analizando lo que yo les señalaba que veía por medio de mis dibujos.

Después de una serie de largas jornadas en hospitales, salas de terapia y análisis exhaustivos, los médicos concluyeron que tenía un fuerte *shock* por la muerte de mi papá. Le explicaron a mi mamá que estaba todo normal, y que debería ser muy paciente y amorosa conmigo para que superara la ausencia de mi padre. No hablaba porque no quería hablar, y le aseguraron que lo volvería a hacer cuando saliera del *shock* en el que me encontraba; yo sola tenía que hallar el camino de regreso, tenía que resolver y aceptar en mi interior lo que había pasado. ¿Cómo le explicas a un pequeño que deje ir lo que le duele? ¿Cómo se lo dices? Entonces, todos en casa cambiaron la estrategia y en lugar de aumentar el trauma, siguieron con la esperanza de que algún día rompiera el silencio.

Y así fue. Cuando estuve lista, un día volví a hablar. Estábamos comiendo en la mesa del comedor, cuando de buenas a primeras le dije a mi mamá: "¿Dónde está mi papá?". Tratando de controlar su gran sorpresa y felicidad al oírme hablar, con su voz más dulce, me explicó que ya no estaba con nosotras, que había muerto —como se habían muerto los animalitos que había tenido como mascotas— pero que él estaba bien y ahora vivía en el cielo. Escuché sus palabras y con eso pude sanar ese dolor tan grande que llevaba por dentro. Sobre todo, pude volver a hablar. Mi vida continúo normalmente —dentro de lo posible para una niña de seis años, pues en medio de todo fue un difícil proceso de sanación, introspección, luto y mucha tristeza.

Antes de que enfermara, mi relación con mi papá fue muy fuerte. Él usaba un lenguaje poético y hermoso para comunicarse conmigo. Hablaba como en verso todo el tiempo, me recitaba poesía y así conversábamos. Me decía, por ejemplo, que la sangre es la vida del cuerpo y, siendo criminólogo, entre otras cosas, me explicaba así los casos criminales en los que estaba trabajando en el momento. Nos pasábamos las tardes mirando y analizando bolitas redondas en un microscopio, que no eran otra cosa más que sangre. Fue mi papá el que me enseñó a ser visual, a siempre pedir detalles de todo y a prestar atención a lo más simple, aquello que muchas veces parece ser irrelevante para otras personas. Él me enseñó a ser curiosa y preguntona. Conmigo fue un papá muy amoroso, dulce y dedicado. Pero mis hermanas no lo recuerdan igual que yo, porque a ellas les tocó el hombre fuerte de carácter, invencible, brillante e inflexible. A mi madre le tocó el hombre posesivo, exigente y perfeccionista. Pero el papá que yo recuerdo estaba ya enfermo, se sentía débil físicamente y era mucho más humilde, quizás porque la vida le había dado un revés que tocó profundamente su ego. Por su enfermedad, físicamente tenía que depender de los que estábamos a su alrededor; él, que siempre fue muy independiente, que no necesitaba a nadie, estaba sujeto a los tiempos y disposición de los demás. Para mí, era y siempre será un señorón, el científico y mi amigo.

El día que murió mi papá me llevaron al hospital a visitarlo. Cuando él todavía estaba en la casa, los últimos días los pasó siempre en la cama. El penetrante olor a medicina y a enfermo se había hecho parte de nuestra familia y de nuestro diario vivir. Yo entraba a su cuarto como siempre, con esa seguridad infantil que no permitía el rechazo, me subía a su cama y platicábamos mucho. Me pedía que prendiera la tele y me explicaba la trama de la película que estuviesen dando. Siempre me acurrucaba con sus manos grandes, y yo me acostaba junto a él como debajo de su axila. Un día lo dejé de ver en su cama y cuando pregunté dónde estaba mi papá, me dijeron que estaba en el hospital: "Está enfermito, no se siente bien", me decían una y otra vez. Pero yo quería verlo, deseaba verlo, deseaba platicar con mi compañero de juegos, de fantasías, de cuentos maravillosos e historias inolvidables, deseaba su compañía, extrañaba su olor, necesitaba meterme entre sus brazos y sentirme amada, segura, feliz. Sin embargo, en lo más profundo de mi corazón, sabía que algo muy malo había pasado. De esos días quedó grabada en todo mi ser una escena que no comprendí hasta años más tarde. El mismo día que se llevaron a mi papá de emergencia al hospital, me quedé en casa al cuidado de una de mis hermanas y, al entrar a su cuarto, vi cómo en su baño —que era de piso blanco y paredes con azulejos negros y blancos— estaban limpiando la sangre viva que había salpicado las paredes y que hacía un caprichoso camino rojo del lavabo al excusado.

Cuando al fin me llevaron al hospital para verlo, me impresioné muchísimo. Estaba inconsciente, entubado, conectado a muchas máquinas, lleno de sueros y bolsas de sangre; los doctores trataban desesperadamente de darle un pequeño aliento de vida. Yo no sabía que él estaba en coma, pensaba que simplemente estaba muy dormido. Entonces, en un momento dado, mi mamá me dijo en voz baja: "Acércate a su oído y dile, muy despacito, que lo quieres mucho". Entonces me acerqué con mucho cuidado, y muy despacito le dije que lo quería mucho, despidiéndome de él con un besito. Casi de inmediato salimos del cuarto y cuando íbamos atravesando la puerta de la habitación empezaron a sonar las máquinas, entraron corriendo las enfermeras y llamaron a los doctores.

Mi papá se estaba muriendo.

Fue entonces que muy adentro de mí pensé que mi papá se había muerto porque yo le había dado un beso. Así empezó mi silencio y cuando decidí hablar nuevamente, parecía que yo regresaba a la normalidad, pero en cada parte de mi ser se grabó el momento de ese beso; un beso de amor que provocó la muerte, un momento traumático que llevaría conmigo a lo largo de muchos años de mi vida.

Infancia

Yo nací once años después que mi hermana Ernestina, y por accidente. Digo por accidente porque después de tanto tiempo mis papás no pensaban ya en tener ningún bebé; así que yo llegué sin avisar, de sorpresa, sin ningún tipo de advertencia. Era la menor de cinco mujeres.

Crecí en la Ciudad de México, en una colonia que se llama Santa María la Rivera, y que a principios de 1900 el entonces Presidente de la República Mexicana, el General Porfirio Díaz, mandó levantar para que la alta sociedad de ese entonces viviera en un área exclusiva. Es por eso que ahí se encuentran el primer teatro del "porfiriato" (del gobierno de Porfirio Díaz); la gran Sala de Justicia, que actualmente es el Museo de Mineralogía y el tan famoso Museo del Chopo, que albergaba todo tipo de colecciones:

arqueológicas, etnográficas, paleontológicas, mineralógicas y bio-
lógicas entre otras, y que al correr de los años, fueron trasladas a
otros museos de la capital.

Cuando mi papá construyó la casa para mi mamá alrededor de
1960, ya la colonia había dejado de ser tan importante pues
muchas de las familias se habían mudado a Polanco, Chapultepec
y Reforma. Para la época en que yo nací, la economía del vecin-
dario ya iba en declive, pero yo lo recuerdo como lo más bonito.
De alguna manera conservaba ese aire de importancia ya que en
él vivieron algunas personalidades mexicanas como la Prieta
Linda, quien interpretaba canciones vernáculas mejor conocidas
como rancheras, acompañadas de mariachis; o el Dr. Atl, gran
pintor mexicano, que plasmó en sus lienzos los diferentes rostros
del paisaje mexicano. Las calles conservan hasta hoy en día los
nombres de los pensadores, historiadores y poetas mexicanos más
importantes de su época, como por ejemplo, Alzate, Amado Nervo
y Díaz Mirón. Oír de la boca de papá —que, por cierto, tenía una
memoria privilegiada— los poemas de cada uno de estos grandes
hombres o la historia de alguno de ellos según la calle en que caminábamos, era una delicia y un privilegio sin igual.

Uno de los límites de mi colonia era una calle ancha de ca-
mellón en medio, que se llamaba San Cosme. Los fines de semana
le decía a mi mamá que nos fuéramos a "sancosmear", porque el
mercado de San Cosme quedaba cerca de casa y solíamos ir a
curiosear allí. Era ir desde temprano al Museo del Chopo, que
siempre tenía exposiciones muy interesantes y cursos artísticos de
pintura, música y escultura para los niños y una sección de pulgas
vestidas, que eran mis favoritas y donde todos los niños se pe-
leaban por ver —a través de una gran lupa que estaba colocada
sobre la base— las cajitas miniaturas que contenían a las pulgas.

Luego, nos íbamos a comer a un restaurante chiquito que

todavía existe, se llama La Tonina, donde se comía el mejor caldillo de queso que he probado, acompañado por tortillas de harina recién hechas y que, de acuerdo a mi hermana Federica, sigue siendo delicioso. El dueño era la Tonina Jackson, un luchador mexicano muy famoso de los años cincuenta. De un lado se encontraba el teatro Virginia Fábregas y del otro, a solo unos pasos, el cine Ópera, donde nos metíamos a ver la doble función: dos películas por el precio de una. En ese cine, además de las palomitas, me esperaban ansiosos los gaznates, un dulce que actualmente se encuentra en muchas partes de la Ciudad de México pero que originalmente fue elaborado por las monjitas que vivieron años atrás en la ciudad de Puebla, a dos horas de la capital. El dulce, que es como un barquillo muy suavecito, está relleno de merengue elaborado con miel y unas gotitas de limón. Es una combinación que, al probarla, te eleva por las nubes; y, por supuesto, no podía faltar mi soda de naranja favorita.

Al salir del cine, ya estaba toda la fayuca montada, o sea todos los puestos de chácharas, baratijas y chucherías que no se encontraban por ninguna tienda mexicana. Los puestos tenían cantidades de cosas que se vendían solo en Estados Unidos, como secadoras de pelo, *jackets*, tenis Nike, juguetes, *walkmans*, maquillaje y muchas otras maravillas que si las describo no acabaría nunca; pero éramos muchos regresando semana tras semana al mismo lugar para ver qué cosas nuevas habían llegado. Lo más seguro es que entraban de contrabando a México.

San Cosme era para mí un lugar impresionante —calles y calles de puestitos de color rosa mexicano, como le llamamos a ese tono de rosa fuerte e intenso que pusieron tan de moda Diego Rivera y Frida Kahlo. Estos puestecitos rosa mexicano tenían una serie de focos colgados con la intención de que la gente pudiera ver todo lo que había en ellos, y cuando alguien pasaba cerca de cada puesto, gritaban para llamar la atención: "Páaaasele, pásele, páseleeeee… aquí le vendemos tres por uno, vea sin compromiso, si no le gusta se lo cambiamos… Páasele, páselee". Por allí caminaba entre tantos vendedores mientras comía un *hot cake* de estilo local, gordo, mazudo, con un dulce de leche que llamamos cajeta, sobre un cuadrito de papel café, escurriendo en grasa, a manera de plato… De solo recordarlo se me hace agua la boca. Qué delicia.

Mi gente, mi idioma, mi lenguaje cantadito; cánticos del pueblo que ahora me suenan a gloria en la memoria. Así fue mi infancia, rica en cultura y llena de una gama de colores y olores maravillosos.

La calle Díaz Mirón

Cuenta la leyenda que debajo de nuestra casa había un cementerio. Y a la vuelta de la cuadra estaba la iglesia. En tiempos de opulencia, se dice que las familias adineradas construyeron túneles secretos para ir a misa sin necesidad de mezclarse con el pueblo. Mi papá mandó a tapiar el túnel que conectaba nuestra casa con la iglesia. Siempre me quedó la duda de inspeccionar qué había dentro de esos túneles: tesoros ocultos, monedas de oro escondidas entre las paredes… en fin, ya hoy en día jamás lo sabré.

Mi padre heredó, a fines de los años cincuenta, una casa en la Santa María, en la calle de Díaz Mirón esquina con Sabino, la cual demolió para construir la casa en que vivimos cuando yo era pequeña. Originalmente nuestra casa era de dos pisos, aunque años después le agregaría un tercero para su laboratorio. Esta casa tenía cuarenta y dos esculturas de perros de piedra, llamados *xolotl tepetlxcuincles* —que en lengua náhuatl quiere decir perro chiquito de piedra— puestos en la fachada. Algunos estaban sobre sus patas traseras y otros estaban echados, pero con la cabeza erguida. Fue gracias a estas esculturas que la casa fue bautizada con el característico nombre de "La casa de los perros". Tiene —porque todavía existen— cuatro cañones como los que usaban en las guerras antiguas, forjados en hierro, y que funcionan como desagüe de la azotea; una vajilla de talavera poblana incrustada a lo largo de la fachada, a manera de cenefa y una escultura de hierro de una cabeza empotrada en un lateral de la fachada la cual representa a uno de los niños héroes que defendieron, según versa la historia nacional, el Castillo de Chapultepec. El artista que le regaló a mi padre esta cabeza —y que sirvió como molde para la elaboración de las esculturas que actualmente adornan uno de los bellos balcones de ese Castillo— fue Armando Quezada, padrino de mi hermana Gabriela.

Actualmente la casa es un punto de referencia tanto arquitectónico como histórico, y para mis fans de todo el mundo, el llegar a mi casa de la infancia y sacarse una foto frente a ella puede ser una aventura. Cientos de ellos me han hecho llegar las fotografías que se toman frente a mi casa mediante las redes sociales, y es para mí muy gratificante. En el año 2000, mi mamá la restauró y remodeló para su venta y curiosamente quienes la compraron fueron mis vecinas, "las monjitas de al lado", con las que me preparé para la primera comunión. Ahora forma parte de su casa y convento.

Mi *papá*

En los primeros dos pisos vivíamos nosotros y el tercero era exclusivamente de mi papá. Ahí tenía su laboratorio de criminología y de química; se veían por todos lados aparatos extraños y diferentes investigaciones que estaban en proceso. Unas de las cosas más extrañas que tenía allí, eran unas cuantas cabezas humanas reducidas al tamaño de una toronja, algo que hacían los indígenas de la tribu Shuar. ¡Así de raro como suena! A mi papá siempre le gustaron las imágenes decadentes y extrañas. Me las mostraba con tanta pasión, que aprendí a apreciarlas como obras de arte. Era tal su fascinación por esas cabezas, que hasta se fue a una tribu por meses a aprender el complicado proceso de achicarlas usando plantas medicinales. Me impresionaba que aún achicadas, nunca perdían la proporción de una cara normal, además de que preservaban el mismo largo de su cabello y en algunas de las cabezas incluso todavía se veían las liendres fosilizadas. Tenían los labios y los ojos cocidos para que durante el proceso de reducción no se saliera el relleno de arena y piedras candentes y una mezcla de yerbas.

Las cabezas reducidas le apasionaban tanto que una vez hasta le regaló al presidente Gustavo Díaz Ordaz un par de mancuernillas de cabezas reducidas de caballo, que él había elaborado en el laboratorio especialmente para él. Al momento de terminar su gobierno, el presidente Gustavo Díaz Ordaz (que había gobernado México de 1964 a 1970) eligió a mi papá para que lo entrevistara acerca de su presidencia. Las preguntas no fueron nada fáciles —le preguntó, por ejemplo, por el genocidio de 1968 en Tlatelolco— aunque también supo incluir algunas divertidas para equilibrar el intercambio de información. Cuando terminó la entrevista, el presidente ahí mismo lo nombró "Comentarista Oficial de la Provincia Méxicana". El nombramiento lo recibió como un galardón por su extensa cultura y el conocimiento de las tradiciones de cada pueblo y estado que conforman la Republica Mexicana.

Al recordar hoy, esas cabecitas con la boca y los ojos cocidos, me doy cuenta de que son imágenes muy perturbadoras. En aquella época yo tenía solo tres o cuatro años y no entendía bien los gustos de mi padre, pero mi inocencia me permitía alegrarme de nuestra convivencia, así fuera sobre cabezas achicadas con pelos largos o disfrutando los dos de esos chiclosos de leche que tanto nos gustaban. Habíamos desarrollado una forma totalmente inusual de comunicación entre padre e hija; y, hasta la fecha, no he conocido una semejante.

Mi papá se graduó a los diecinueve años de Químico fármaco biólogo, pero se especializó como Criminólogo y Perito grafóscopo. Trabajaba en Gobernación y en la Presidencia de la República Mexicana, y tenía que estar enterado de todo tipo de noticias; así que en su despacho tenía una mesa dedicada especialmente para poner las noticias de los periódicos, junto con los expedientes de los casos que estaba revisando. Uno de ellos me marcó de por vida: "El caso de la tamalera". Las fotos en blanco y negro, tamaño carta, mostraban un bote de metal sobre una base con carbón encendido que servía para mantener calientes los tamales. Dentro del bote se veía la imagen atroz de la cabeza hinchada y decapitada de un hombre, que se cocinaba junto con los tamales.

La historia de este caso consistía en una esposa oprimida que vendía tamales en el mercado y que, en un momento de ceguera, ya no pudiendo soportar un segundo más los insultos, golpizas y abusos del marido alcohólico, lo mató para después convertirlo en tamales —tamales que posteriormente vendió en su puestecito del mercado. Debajo de todos los tamales, rellenos con la carne del "muerto", se encontraba la prueba más contundente de este asesinato, la cabeza del hombre. Fue un caso muy publicitado en los medios y mi padre trabajó en él. Para mí era normal compartir esta y otras historias con mis amiguitas de la escuela. Hacía lo mismo que papá conmigo, se las explicaba como una maestra que da su clase a un grupo de niños. En aquel entonces aún no me daba cuenta de lo inusual que eran los temas de los que me platicaba mi papá y me imagino que en más de una ocasión las he de haber asustado con mis historias.

Al paso de los años, y meditando sobre lo que viví con él, me doy cuenta de que hubiera deseado tener el tiempo suficiente para haberlo conocido en todas sus fascinantes facetas; hoy, los recuerdos se agolpan con gran nostalgia en mi memoria; entiendo y acepto que me tocó tener un padre fuera de lo normal, un ser con una mente muy brillante, profunda y enigmática; un gran científico; un hombre fuera de serie. Entre sus contribuciones a la ciencia, está el descubrimiento del uso de la *aztequina*, una droga que le solicitó el doctor que estaba a cargo de la salud de Stalin, y que se dice lo ayudó a prolongarle la vida. Trabajó para el gobierno como consultor de la nación en temas científicos. De lo más atesorado por mi familia, está el dictamen que realizó conjuntamente con un grupo muy importante de investigadores de diferentes disciplinas, del manto sagrado de la Virgen de Guadalupe que veneran todos los mexicanos y millones de católicos en el mundo entero, que se encuentra en el cerro del Tepeyac en la basílica de Guadalupe de la Ciudad de México. Mi padre lo tuvo en sus manos y analizó científicamente cada micro fibra del tejido. Su descubrimiento dejó a muchos boquiabiertos porque las fibras del tejido estaban vivas, sin pigmentación; realizó este dictamen con su colega Roberto Palacios Bermúdez, dándolo a conocer en 1976 en la publicación *Descubrimiento de un busto humano en los ojos de la virgen de Guadalupe*; estos resultados fueron enviados al Vaticano. Desde joven, a los diecinueve años, se tituló en la Universidad Nacional de México como Ensayador y Metalurgista; la Universidad de Harvard, Boston, lo nombró profesor *Honoris Causa* en la disciplina "Estructuras Químicas Orgánicas"; la Oficina de Investigaciones sobre Documentos Cuestionados de Washington, D.C., lo certificó como "Perito en Documentoscopia"; el Colegio de Criminalística y Ciencias Políticas de la República Mexicana le dio el grado académico de "Doctor en Criminalística Adeundem"; el Bureau of Criminal Identification and Investigation de Illinois le dio el grado académico de "Profesor Emeritus en Criminalística"; fue Profesor en Criminalística de la American Police Academy en Washington; y aun siendo demasiado joven, dio una serie de clases en Harvard y la Enciclopedia Británica le dedicó una página entera en una de sus ediciones.

Si mi infancia fue compleja, la de mi padre más: mi abuelo Demetrio Sodi Guergue era un abogado muy prominente en México, y uno de sus casos más sonados fue la defensa de León Toral, quien asesinó al General Obregón, presidente electo de aquel entonces, y a quien llamaban el "manco", ya que le faltaba el brazo derecho. León Toral había logrado convencer a los diputados que se encontraban en una comida que le ofrecían a Obregón, de que él era muy buen caricaturista. La reunión se llevaba a cabo en un restaurante llamado "La Bombilla", que quedaba en San Ángel, una colonia ubicada al sur de la capital. Cuando estuvo cerca del General, sacó su pistola y le disparó varias veces, matándolo en el acto.

Mi abuelo fue designado por el estado como defensor de Toral, y su tesis era muy interesante, ya que afirmaba que los resultados de la autopsia del General Obregón eran incompletos, y que se habían encontrado balas de diferente calibre y con trayectorias disímbolas. Tengo entendido que, actualmente, el historiador mexicano Rius Facius redescubrió el estudio de la autopsia en donde la parte médica señala lo que mi abuelo sostenía. Mi papá les contaba a mis hermanas, que se reunían los "obrego-nistas" fuera de su casa, y todos gritaban: "¡Muera Sodi! ¡Muera el defensor de Toral!". Mi papá sólo tenía diez años pero lo recordaba con una claridad impresionante.

Mi padre era el último de siete hermanos vivos, porque tuvo otros que murieron de chiquitos. La educación que recibió era muy estricta, de gran desempeño y competitividad. Creció en la típica familia de clase alta que anteponía los estudios y los modales, por encima de los sentimientos; y por lo tanto, en muchos aspectos de su vida, esto lo convirtió en un ser humano difícil e intenso. De hecho, hoy me doy cuenta de que mi relación con mi padre fue definitivamente el reflejo de su infancia: mucho más didáctica que cálida; hoy sé que nuestro punto conector era el niño que había en él, ese niño que jamás tuvo infancia.

La casa de Los locos Addams

Mi papá se formo con una cultura que se podría tal vez llamar ecléctica, o sea, una gama de facetas diferentes y fascinantes, que se reflejaban en la decoración de mi casa. Podría definirla como la casa de *Los locos Addams*, no porque mi familia haya sido tan extravagante como los Addams, sino porque nada en ella tenía un estilo definido. La casa era de paredes de cantera rosa que en algún momento mi padre pintó de obscuro, como de café añil, con diplomas colgados y jugueteros conteniendo una gran colección de miniaturas. Una de las cabecitas reducidas, a la que nos referíamos con el nombre cariñoso de "la chancha", colgaba en una columna de la sala; había relojes de tipo cucú, con un pajarito que salía a dar la hora y unas puertitas de donde salían los pequeños personajes con diferentes instrumentos musicales, como los de la casa de Gepetto en Pinocho. Podías encontrar una escultura de un crucifijo en una pared, y del otro lado una máscara de una gárgola que veía hacia las escaleras. En realidad, a mí no me gustaba voltear a verla, pues sentía que sus ojos me seguían. ¡Con razón mi imaginación es tan grande y atrevida! Entre la Llorona que se nos aparecía en las noches, las cabezas miniaturas y las excentricidades de mi padre científico, desarrollé una imaginación desbordante, y claro, no muchos la entienden, pero por lo general cuando me dejo llevar por ella los resultados son maravillosos.

Realmente en mi casa se sentía una energía extraña, tan fuerte que supongo que fue ahí donde empecé a buscar en mi interior, por lo que desarrollé una forma rápida y eficaz de introspección profunda, casi a modo de defensa. Fue ahí donde empecé a hablar con Dios para protegerme y sentirme segura en su buena y preciosa compañía, dejando fuera toda presencia fantasmagórica. Estoy convencida de que esa casa se encuentra edificada sobre una coordenada energética muy fuerte; o tal vez, lo del cementerio sea cierto, porque definitivamente la mujer de negro era el espíritu de una mujer muerta que quizás lloraba por algún hijo que perdió.

Además no era solamente eso, en el cuarto de mis hermanas si te querías ir a descansar como a eso de las cinco de la tarde, de pronto sentías que una presencia se acostaba sobre ti y no podías moverte, ni gritar, ni pedir ayuda, hasta que empezabas a pedirle a Dios que te ayudara. La medicina describe esto como "parálisis del sueño", aunque popularmente se conoce como "se me subió el muerto". Se dice que es como un periodo de incapacidad para realizar movimientos voluntarios al inicio del sueño o cerca del momento de despertar, donde se está físicamente dormido pero mentalmente despierto. Algunos investigadores norteamericanos han señalado que el problema puede deberse a que algunas personas son especialmente susceptibles a los fenómenos electromagnéticos que experimenta la Tierra y que estos afectan su sueño. Por lo tanto es posible que mi teoría de que la casa estaba edificada sobre una coordenada energética muy fuerte no sea tan descabellada.

Como cualquier niña, yo invitaba a mis amiguitas a jugar conmigo a la casa y a quedarse a dormir, pero siempre me angustiaba que ellas también pudieran ver o sentir esas cosas sobrenaturales y de hecho sin yo decirles nada, muchas veces ellas las percibían. Llamaban a sus papás todas aterradas, y las venían a recoger a las dos de la madrugada... pobrecitas mis amigas. Aunque no sé si hoy siento más lástima por ellas, o por mi madre que tenía que salirse de su cama, en pijama, para entregárselas a sus padres todas alborotadas, llorosas y espantadas.

Durante mi infancia nunca tuve muchas amigas, y considero que tiene que ver con eso que se vivía en mi casa; me daba pena invitarlas y que pasaran semejante susto. Cuando venían a buscarlas los papás en medio de la noche, yo siempre me quedaba solita, triste, llorando y avergonzada. Sobre todo porque no entendía lo que sucedía. Quizás si hubieran sido niñas más fuertes como yo, o tal vez, si hubieran tenido un padre como el mío —con sus "mini-cabezas" en el despacho y sus investigaciones— la historia sería distinta.

El hecho de tener pocas amigas hizo que creciera muy apegada a mi familia y a la vida de mi colonia. Sin duda, era una colonia muy especial, o por lo menos, especial para mí; era, lo que llamamos, una colonia bien "dicharachera".

Diariamente yo salía a pasear por la colonia con mi mamá y con mi abuelita cuando venía a visitarnos. Empezábamos dando la vuelta por la esquina de Sabino; saludábamos al "periodiquero", el señor que vendía los periódicos y que nos conocía de siempre, comprábamos chicles, dulces, caramelos, revistas y cómics; lo que se nos antojase. En ocasiones, seguíamos caminando hasta llegar al Mercado la "Dalia"; antes de llegar a él, había una serie de puestos, uno de ellos mi favorito, donde vendían unas quesadillas de maíz azul de casi medio metro de largo. Yo las pedía con relleno de queso tipo Oaxaca, salsa verde y… provecho, hasta verle el fin. Luego, hacíamos el recorrido sistemático por el mercado, donde mi mamá compraba todo lo necesario para la semana: carnes, frutas, verduras, crema, huevos y otros productos que se vendían ahí. Mi sección favorita era la de los animales, donde vendían las tortugas, los pollitos y los peces… Invariablemente cada semana salía con uno de ellos. Entre la comida de las tortugas, los conejos y los hámsters, ¡mi recámara olía a tienda de mascotas! Todos los animalitos que compraba los metía a vivir en mi cuarto. Me encantaban, eran mi única compañía durante el día, pero cuando mi mamá entraba a mi habitación se enojaba mucho: "Qué olooor… ¡no puedes estar así!". Sin importar si hacía frío, y sin verme a la cara, abría rápidamente la ventana para que el olor a pollo, a pato, a tortuga, a hámster o a pescado, saliera rápidamente. Cuando veía que tenía frío me decía: "Quieres mascotas, ¡pues aguántate el frío! No puedes estar con este olor en el cuarto". Al final yo siempre me conformaba porque podía seguir teniendo mis animalitos conmigo.

A tres cuadras de mi casa estaba la alameda de Santa María, y ahí, en su centro, el bello kiosco morisco que fue diseñado y elaborado aproximadamente en el año 1886, para servir como pabellón de México en una exposición internacional en la ciudad de Nueva Orleáns. Yo jugaba por sus escaleras de hierro forjado, corriendo por su interior, mirando las grandes y altas columnas y paredes internas que parecían haber salido de un poema mozárabe, como el de Rubén Darío que mi papá recitaba cuando nos recostábamos en sus brazos, cambiando el nombre de Margarita por el de alguna de nosotras: "Un kiosco de malaquita, un gran manto de tisú, y una gentil princesita tan bonita mi Yuyita, tan bonita como tú". Yuyita o Yuya, me había puesto mi papá después de un viaje a Yucatán, pues decía que el pajarito llamado yuyo cantaba muy bonito. ¿Quién iba a decir que el nombre sería en verdad premonitorio?

Por lo regular íbamos al parque los fines de semana. Yo daba vueltas en mi bicicleta alrededor del kiosco y todo alrededor el ambiente era de fiesta, de domingo. Los globeros con su pequeño chiflo de plástico en la boca, lo hacían sonar constantemente para llamar la atención de los niños; los carritos algodoneros, con su rosca de madera llena de pequeños agujeritos, donde colocaban los palos que se encontraban envueltos de algodones rosas y azules; y los carritos que vendían unas paletas de helado que me encantaban, hacían sonar sus campanitas. Desde que llegaba pedía una paleta y, si convencía a mi mamá, podía comer hasta dos o tres en un día.

Familia de mujeres

Dejando de lado los fantasmas de mi casa, en general mi infancia fue bella y divertida; llena de matices, colores, olores, sabores y música. Mi familia era especialmente creativa y tener cuatro hermanas mayores era como tener cuatro maestras para mí solita. Éramos muchas mujeres, un padre, dos o tres perros chihuahua y varios fantasmas.

Tres de mis hermanas tienen varios nombres, entre cinco y siete, como por ejemplo Ana Cecilia Luisa Gabriela Fernanda, a quien le decimos "Gabi", o Ernestina Leopoldina Amada Ageda Cristina Clementina Patricia, y le decimos "Titi". Con tantas hermanas grandes y cada una con su personalidad tan diferente, me hacían sentir como su pequeña consentida.

Cuando la familia estaba completa —antes de la muerte de mi papá y antes de que mis hermanas se casaran— en la casa siempre había mucho ruido, música de todo tipo, maquillajes por todas partes, ropa de diversos estilos, y las habitaciones estaban siempre llenas de gente. A mi papá le gustaba oír música clásica, Bach, Beethoven, Vivaldi, Mozart, Schubert, armonía que llenaba el alma de gloriosas sensaciones; de pronto, la casa se llenaba de la voz característica de Chabela Vargas, Jorge Negrete, Pedro Vargas, y Julio Iglesias; de Wendolyn, a tire tu pañuelo al río, pasábamos algunas tardes. Nada que ver con mi madre, quien combinaba a su artista favorito, el rey del rock Elvis, con Vicky Carr y Gloria Lazo. Mi abuelita escuchaba piezas como "La paz, Puerto de ilusión" y "La barca de oro", así como su favorita que interpretaba Rafael: "A mi manera". Y encima de todo eso, qué decir de mis hermanas, que mantenían una discoteca en casa: todo el día ponían Barry White, Gloria Gaynor, los Rolling Stones, Dianna Ross, Earth Wind & Fire, combinados con Sandro de América, Roberto Carlos, Palito Ortega, Camilo Sesto, Cesar Costa, Enrique Guzmán, Alberto Vázquez. A mi hermana Federica le gustaban Violeta Parra, Mercedes Sosa y varios intérpretes de canciones de protesta que, por supuesto, a mi papá no le gustaban. Pero para mí fue un descubrimiento cuando, en uno de mis cumpleaños, me llevó a un lugar que se llamaba El Mesón de la Guitarra, una peña muy famosa en los setenta a ver en vivo a los cantantes con guitarra en mano, interpretando canciones de contenido social, totalmente revolucionaros de la juventud de entonces. Ahí, sentada con mi refresco, de frente con esas personas que nos hacían vibrar con lo que decían al compás de la música, me subyugó y entró en mi ser el profundo deseo de hacer lo mismo. Desde ese momento comencé a soñar con estar frente a un grupo de personas que sintieran lo que yo cantara, haciéndonos uno con la música... Lo que la niña de siete años estaba sintiendo en ese momento, quedó tan grabado en mi corazón que, años después, de frente con mi público pude compartir con ellos a una voz ese momento tan especial. Ahí me di cuenta de que eso sí era lo mío... eso era lo que yo quería hacer.

Hasta el día de hoy, me gusta mucho ir al Sanborns del centro, el de la Casa de los Azulejos donde el movimiento, el ruido, los vasos, el griterío al hablar... todo ello me recuerda al movimiento de mi casa cuando todavía estaban mis hermanas. Fue duro para mí tratar de entender cómo, luego de tener cinco "mamás", mis cuatro hermanas, mi mamá y además mi papá... de repente mi mamá y yo nos quedamos solas.

Sin embargo, así fue. A medida que fue pasando el tiempo, esa casa que siempre estaba llena de gente, dejó de estarlo. La primera en independizarse fue mi hermana Laura, quien ya vivía en un departamento en Polanco y se dedicaba de lleno a su creciente carrera como actriz. Después fue mi hermana Federica la que se casó y se fue a vivir con su esposo. Luego, al año de morir mi papá, se casó Ernestina en París; entonces solo quedábamos Gabi y yo. Con Gabi jugaba y platicaba; en realidad nos la pasábamos muy bien. Como fue la última en casarse, alcancé a compartir muchísimo con ella y la verdad es que hasta el día de hoy tenemos una relación muy bella y muy cercana. Ella me consentía comprándome mi comida predilecta, organizaba algunos platos con quesos, papitas, palomitas y otras "botanas", para acostarnos las dos en la cama de mi mamá y ver la tele. Era mi amiga, mi confidente, mi cómplice, mi hermana, mi preciosa compañera. Gabi se casó cuando yo tenía casi ocho años y cuando se fue me sentí verdaderamente sola. A partir de ese momento, ya con todas mis hermanas fuera de la casa, me crié prácticamente sola, como hija única, porque ya en la casa no quedábamos más que mi mamá, mi abuelita y yo. De vez en cuando veía a mi sobrino Quetzal, que era como mi hermanito pequeño y con él aprovechaba para hacerle cuanta travesura se me ocurría… ¡hasta la fecha todavía se acuerda!

Para mi mamá fue muy duro porque, además de ya no tener a todas sus hijas alrededor suyo, se quedó sin su hombre, que como en cualquier familia latina de la época, era el soporte económico y emocional de la casa. Pero con todo lo difícil que era la situación, mi mamá hizo de los limones… una rica limonada. Una vez que se recuperó del dolor que le causó la pérdida de mi papá, de pronto se convirtió en otra mujer, con una fuerza que le venía de lo más profundo de su ser; dejando salir un poder interior que la forjaría para el futuro. Después de casi dos años de luto, un día se levanto y se dijo a sí misma: "Ahora sí, me voy a meter a hacer lo que siempre he querido hacer con mi vida". Y así lo hizo.

Hasta entonces, ella solo había sido mamá, cocinera, planchadora, ama de llaves y hasta sirvienta de mi padre. Era un ama de casa completa, pero una mujer muy incompleta. Era de las clásicas modelo antiguo que realizaba tareas que podía hacer la servidumbre, pero que para ella era importante realizarlas sin la ayuda del servicio doméstico, en un afán de sentirse útil en su vida, como el hecho de pulir el piso de mármol negro de la sala, colocando la cera Johnson a rodilla, dejándola secar para después pulir, para que cuando mi papá llegara a la casa él pudiera verse como en un espejo. Todos los días cocinaba menús distintos: para las niñas, para mi papá y, en ocasiones, para ella; y solo tenía cuarenta años cuando enviudó.

Mi mamá

Mi madre era una mujer increíblemente fuerte y con una personalidad muy poderosa. Como muchas mujeres, ella realizó sus estudios de "mánager" en la casa. Organizar, mandar, distribuir, llevar la economía del hogar con cinco niñas, cuando apenas tenía veinticinco años, le forjó un carácter bravío. Y como si fuera poco, de ser una súper ama de casa llegó a realizarse como pintora, escultora y, luego, como empresaria cuando logró llegar a ser la mánager de una artista exitosa, aunque cuando empezó no sabía nada del ambiente artístico. Fue con ella que aprendí que puedes obtener lo que deseas con sacrificio, trabajo, honestidad y lealtad; cuatro valores que aún considero fundamentales en mi vida actual.

Desde muy pequeña fui testigo del trabajo tan agotador, desgastante y poco gratificante que se hace en una casa, y ver que no fue sino hasta los cuarenta años que mi madre pudo comenzar a realizar sus sueños, me hizo tomar la decisión de no dejar a un lado mis sueños de mujer. Así que busqué realizarme como ser humano, como mujer profesional, y esperé hasta encontrar al hombre que me hiciera sentir segura para tener mi primer bebé. Siempre supe que un hijo es una gran responsabilidad, lo más hermoso que te da la vida, y por eso quería estar perfectamente segura de estarlo trayendo al mundo en el momento y con la persona adecuada.

Uno aprende mucho de las equivocaciones de las mamás; la mía incluso me decía: "Hijita, no hay prisa. Mejor espérate para casarte, no metas la pata que hay tiempo". Ya casada me decía: "Espérate para tener un bebé, disfruta tu matrimonio y lo bien que está tu carrera". Por supuesto que luego, con los años y un poco de madurez, aprendí que no es tan bueno esperar demasiado, ni seguir a "pie juntillas" todo lo que te dicen.

La vida nos presenta situaciones inesperadas, las cuales verdaderamente no estamos capacitados para enfrentar, como la muerte, la enfermedad y, en mi caso particular, también vino la fama. Hoy entiendo que para mí ha sido muy enriquecedor haber pasado por momentos tan duros cuando era pequeña; todas esas experiencias me forjaron para convertirme en la persona que soy. Perder a mi héroe, mi papá, ser famosa en plena adolescencia y estar bajo el escrutinio público constantemente, marcaron a una adolescente que intentaba ser siempre "perfecta".

De todo esto aprendí mucho. La mejor lección de vida que he obtenido es aprender a decir "no" cuando es necesario, cuando algo no te gusta, aun cuando esté de por medio complacer a quien amas. Aprendí a escucharme, a oír esa vocecita interior cuando me habla y dice: "¿A quién quieres impresionar esta vez? ¿Qué más quieres de la vida? ¿Por qué necesitas más? ¿Para quién...? ¿Para ellos... o para TI?".

Todos pasamos momentos de incertidumbre y confusión, cuando te hablan, y cuando no te hablan, cuando opinan y cuando no lo hacen; es normal y comprensible que incluso la moral se nos distraiga de vez en cuando. Somos seres humanos, no robots. Pero qué bello y maravilloso es encontrar el equilibrio en tu vida; difícil, pero no imposible.

Tuve que enfrentar otra situación personal de la cual obtuve mi segunda gran lección de vida; ésta me la he tenido que memorizar a la mala, de golpe, sin ninguna contemplación. Yo era una niña con mucha visión; me inventaba mis juegos, mis juguetes, mis historias. Pasaba al gunas horas solitarias mientras mi mamá iba a la Esmeralda, la escuela de arte donde estudiaba. Cuando yo regresaba de la escuela, sola en casa, daba rienda suelta a mi fantasía y me convertí en una niña creativa, imaginativa y muy soñadora. Difícilmente separaba la realidad de la fantasía; tal vez porque era mejor soñar que sentir mi soledad.

Hubo una circunstancia social que me marcó profundamente. Tenía cerca de siete años cuando una prima me pidió que la acompañase afuera de su casa donde estaban jugando todos los niños del barrio. Había unos niños de nuestra edad que jugaban a la rueda de San Miguel, y uno de los más grandecitos no me dejó participar porque decía: "A ella no, que se le acaba de morir su papá... ¡Que no juegue con nosotros!". Los otros niñitos se comenzaron a reír de mí, empezaron a rodearme y comenzaron a cantar: "¡La niña que no tiene papi! ¡La niña que no tiene papi!". Sin comprender del todo lo que estaba sucediendo, o lo que yo estaba sintiendo, sé que no podía dejar de pensar: "¿Cómo pueden ser tan malos conmigo?". Fue la primera vez que sentí como un puñetazo en mi interior, como si mi corazón llorara por dentro, un dolor profundo en la boca del estómago. Fue mi primer encuentro cara a cara con la maldad, con la gente mala, venenosa... y provenía de unos niños. Claro, los niños no tienen conciencia del daño que esto puede hacerle a otro niño, pero ese momento para mí fue agonía pura. Sin embargo, no fue sino varios años más tarde, cuando lancé mi primer disco como solista, que realmente sentí lo que es la crueldad encarnada.

No es fácil tener que madurar a temprana edad. En mi caso, no tener un hermanito o una hermanita para compartir las cosas, para jugar o para pelear, me convirtió en una niña muy solitaria. Además, era como si todo a mí alrededor estuviera cambiando. En esos momentos mi mamá comenzaba a florecer, después de la muerte de mi padre. Apenas le habían soltado el grillete que la mantuvo "encerrada" en una vida simple, que para nada tenía que ver con sus verdaderos deseos. Pienso que si tuviera la oportunidad de volver a hacerlo todo de nuevo, mi mamá quizás se hubiera casado a los cuarenta años. Quizás ni siquiera hubiera tenido hijos. Ella no era una mujer convencional, pero vivió durante un tiempo encarcelada entre las ideas que tenía mi abuela sobre lo que debería ser una mujer, y lo que la sociedad mexicana imponía en ese entonces. En verdad, mi madre de princesa tenía poco. Más bien pasó a ser una cenicienta y ni cuenta se daba de lo que pasaba a su alrededor. Pero estoy convencida de que esta actitud sumisa que tuvo que adoptar en sus primeros años de vida fue lo que la empujó a ser la fiera que fue hasta el momento de su partida. Porque a mi madre, no la detenía nadie. ¡Especialmente, ningún hombre!

Por muy brillante y exitoso que haya sido, mi padre tampoco fue ningún príncipe azul. No era un hombre fácil, era machista y tenía a mi madre agarrada por el cuello todo el tiempo, tal vez, porque mi madre era una mujer salvajemente bella —cualquiera que la veía hubiera pensado que pertenecía a la era del cine de oro o algo así. Su belleza era deslumbrante y mi padre se moría de celos de solo pensar que alguien se la arrebatase. Así, la vida de mi madre, su mundo, pasó a ser una cuadra: de la casa al mercado, de la casa a la escuela de las niñas, de la casa a la iglesia; pocas veces al cine con las niñas, y de vuelta a la casa. ¡Hasta el tiempo que tardaba en ir de un lugar al otro le cronometraba mi papá! Hoy lo veo como algo enfermizo. Por eso, al morir mi padre, mi madre sintió mucho dolor, pero también una especie de alivio y libertad. Se dio cuenta de que existía algo allá afuera que ella no había podido conocer. Algo a lo que no se había permitido tener acceso, sabe Dios por qué.

Entonces se rebeló, en todo el sentido de la palabra. De ser una mujer sumisa, mi madre se convirtió en la mujer que hablaba de tú a tú con los más altos ejecutivos de Televisa. De la noche a la mañana, sin saber cómo, sin planearlo, se convirtió en mi má-nager, y su actitud era como de "No se me pongan enfrente, porque ahora sí van a saber quién es Yolanda Miranda, nunca más volverán a humillarme."

Se convirtió en una mujer indestructible. No sé si era un deseo de venganza lo que sentía, pero sí sé que de alguna manera la terminaron pagando los cientos de productores, ejecutivos, empresarios y palenqueros de todos los *shows* en los cuales tuve algo que ver.

A veces me pregunto cómo sería mi vida si mi padre todavía estuviese vivo. Me consuela pensar que me hubiese apoyado en mi decisión de ser artista porque, si bien es cierto que fue exigente y duro con mi mamá, también es cierto que en los últimos tiempos se había arrepentido de serlo. Al final de su existencia se dio cuenta de sus errores, de pronto vio su vida como una película, y realmente se arrepintió.

Descubriendo a la artista

Estoy convencida de que las circunstancias en la vida me llevaron a ser artista, pero, por más que ame mi profesión, en ella nunca me he sentido como pez en el agua. Siempre me he sentido incómoda en el mundo del espectáculo, principalmente porque no soy una persona a la que le guste hacer alarde de su éxito. Tampoco me gusta demasiado hablar de mí. Mi mamá todavía me dice que tengo que aprender a "creérmela", porque muchas veces actúo como incrédula de mi propio éxito. Pero creo que en mi destino estaba escrito que debía entrar a formar parte de este mundo. Si me la creo o no, pues… no sé si lo logre en esta vida, porque todavía hay demasiadas cosas de esta carrera que son difíciles de digerir para mí. Como el viajar constantemente y estar lejos de mi familia, el reto de estar siempre trabajando, siempre promocionando, siempre dando mi todo con una sonrisa en la cara y sin mostrar el cansancio. Es sin duda un trabajo que te da mucho, pero también es muy demandante y creo que de eso es de lo que la gente muchas veces no se da cuenta. A fin de cuentas, en lo más profundo de mi ser, lo que yo amo realmente es cantar, escribir una canción, pasar horas en los estudios de grabación con los músicos, crear sonidos y nuevas propuestas musicales, hacer de esos momentos magia, tonos y sonidos cadenciosos, armónicos, que existirán para siempre. Me apasiona pensar que esas canciones puedan acompañar a algún ser en el mundo en los momentos más importantes de su vida, en su boda, sus quince años, sus penas, sus logros, sus amores. Me emociona estar en un escenario y sentir a mi gente en vivo, olerlos, tocarlos, cantar esas canciones que algún día fueron una simple idea, a coro, con miles de voces en un *show*. Convivir con mis diversos grupos de admiradores en diferentes partes del mundo, y conocernos personalmente, platicar; además de lo grandioso que es poder interpretar a un personaje que me estremezca de raíz.

Eso para mí es lo mágico de mi profesión… eso es vida… es cuando grito a través de todos mis poros: "¡Estoy viva… estoy aquí… estoy plena… y soy YO!".

Me fascina el arte; crearlo y expresarlo. Cuando esa parte mágica de mi profesión se ve empañada por ciertos rumores o imágenes distorsionadas que algunas personas crean sobre la artista, se me hace difícil de entender, de procesar lo que les molesta; se me atora en la garganta porque no lo puedo digerir, no fluye. Esa parte del trabajo no es lo que yo soñé. Sin embargo he ido avanzando en contra de la corriente, quitándome las algas, las redes y las trampas en las que han querido meterme para "eliminarme". Pero, ¿la verdad? Nadie puede eliminar la luz aunque a muchos les molesta su destello. Como me dijo un día uno de mis fans: "Mi reina, si les molesta tu luz, ¡que se pongan sus lentes de sol!".

Desde que las redes sociales en Internet tomaron fuerza en el mundo, le doy gracias a Dios de que puedo comunicarme con mis fans directamente y ver sus reacciones en tiempo real; puedo hablarles de todo, desde desearles las buenas noches, hasta contarles las cosas por las que voy pasando en mi vida, lo que aprendo, lo que leo, lo que me hace soñar. Me encanta porque me ha permitido convertirme en mi vocero.

Debo aclarar que ninguna red social ni los muchos expertos que he visitado en busca de respuestas son necesariamente los responsables de mi paz mental. La clave es aceptarnos tal y como somos. Porque nos pasamos la vida queriendo cambiar o ser otra persona que pensamos que es más perfecta que nosotros. Queremos tener lo que el otro tiene, la fama, la casa, el hombre, la familia o el trabajo. Y así se nos va pasando la vida sin nunca saber qué es lo que verdaderamente es mejor para nosotros, sin tener claro qué es lo que realmente podemos dar, quiénes somos, cómo podemos mejorar o modificar actitudes y pensamientos, y extraer lo mejor de nosotros y magnificarlo. En el momento en que comprendí esto todo fue a mejor. Dejé de ver todo desde afuera, por encima, y comencé a verme por dentro, a conocer y aceptar mis limitaciones y a comprender que hay momentos y lugares en los cuales estaré en la cumbre, y otros en los que les tocará el turno a los demás. Entonces, sabrás el valor de la libertad para decir no.

Fue leyendo un libro que me recomendó una amiga, *The Drama of the Gifted Child* (El drama del niño superdotado), donde descubrí que mucho de lo que me atormentaba a mí, a lo largo de mi carrera y de mi vida, era no entender por qué me había tocado ser famosa. Eso me generaba una ansiedad muy rara, que no podía procesar; era como una desesperación constante, latente.

El hecho de querer quedar bien con todos, excepto conmigo

misma, hizo que en el transcurso de mi carrera, cuando me presentaban un proyecto, sin pensarlo, ni revisarlo, inmediatamente daba el "sí" para complacer al productor, al empresario o a mi mánager que, increíblemente, era mi mamá.

En el documental que filmamos para el disco: *Primera fila*, hay un momento en que el entrevistador me llevó a un nivel de apertura de lo mas íntimo de mi ser; le confesé que lo único que quería era cantar como cuando era niña; necesitaba ver a esa niña a los ojos y reencontrarme con ella. Así surgió la idea de este libro, una forma de viajar del pasado al presente, y de rescatar a la niña-mujer para tener un futuro sólido.

Thalia, la niña, tenía que regresar a mí.

Llegó por fin el momento del reencuentro con aquella niña silenciosa que pensaba que su padre había muerto por culpa de ese último beso; todo cambió. La abracé, la rescaté, le pedí perdón, le dije con todo mi ser: "Te amo… nada te va a faltar… no tengas miedo del futuro, yo estoy ahí… todo saldrá bien".

Me abracé… me rescaté… me perdoné.

Porque más que aceptarte a ti mismo, es perdonarte de tantas cosas… Yo fui muy severa conmigo misma, una juez implacable de mis propios actos. Los peores jueces que puede uno tener somos nosotros mismos, los más severos castigos suelen salir de nosotros mismos. ¡Y si somos Virgo, todavía peor!

En todo este proceso, también he aprendido a soltar lo que no soy capaz de cambiar.

A aceptar lo que no puedo cambiar.

A dejar de querer controlar lo incontrolable.

Aprendí a decirle a la muerte: "Llorona… ya no te tengo miedo".

CAPÍTULO DOS

FAMA

Querida Fama:

Un nombre de cuatro letras que mueve millones de almas, que traza un camino "perfecto" invitando con una gran sonrisa a todos los que de alguna manera llegan a cruzarse contigo.

¿Quién no cae subyugado ante tus delicados y exquisitos movimientos, que despliegan una invitación llena de luces, riquezas, éxito y gloria?

Envuelves a tu alumno con tal sutileza, que sólo ve lo que tú quieres que vea, oye lo que tú quieres que oiga y recibe a cambio la cristalización de todos sus sueños hechos una realidad.

Qué trampa tan perfecta, robas a tu alumno del mundo en el que nació y lo llevas a vivir en uno fabricado de aplausos, alabanzas y poder, permitiendo sentir la fuerza y la seguridad de que todo deseo se lleve a cabo, tal y como lo proyectó.

Pero sabes huir a tiempo cuando el proyecto no ve la luz, cuando los sueños y los deseos se hacen añicos; tú, Fama, desapareces, sales de escena durante un tiempo, y dejas a tu "victima" en las garras de la soledad, la confusión, la impotencia y el desánimo dando entrada a un invitado indeseable: la depresión.

Pero como todo lo que sube debe bajar, y todo lo que baja debe subir, llega nuevamente el momento de estar arriba y enseguida apareces como un amigo efusivo que no se había visto en mucho tiempo.

Abrazas, besas, halagas, agasajas, exaltas y acaricias como si no hubiera pasado nada, y solamente los que maduran con el fracaso, el dolor, la burla y el desasosiego que causa tu indiferencia, emergen seguros en esta nueva etapa en la cual sigues siendo una compañía.

Fama, siempre estarás ligada de por vida a mi nombre. Un día me invitaste a caminar a tu lado; ahora te invito yo, pero te impongo mis propias condiciones.

Imposible separarnos, así que camina conmigo descubriendo mis matices, mis facetas y la amplia visión que me ha dado la madurez.

Fama, estás frente a un ser humano completo y seguro… Toma mi mano y conóceme de verdad.

El inicio del poder, la gloria y la fama

Entré en el mundo del espectáculo muy temprano: Mi primer encuentro con las cámaras de televisión fue a la edad de tres años. Mi papá se presentaba en un programa llamado "Estudiantinas que estudian" en donde él era el doctor que formulaba las preguntas a cada grupo estudiantil que pugnaba por el premio al primer lugar; muy orgulloso, un día que salía el programa en vivo, me presentó vestida con una capa de estudiantina y pasé al aire junto al conductor Gustavo Ferrer, al frente de toda la estudiantina conformada por decenas de jóvenes que tocaban diferentes instrumentos y cantaban animosamente. Pero fue cuando yo tenía cinco años que comencé a trabajar; hice mi primera aparición como extra en una película llamada *La guerra de los pasteles*, una comedia musical dirigida por René Cardona y producida por Angélica Ortiz, donde se representaba la histórica batalla en la que se enfrentaron los ejércitos de México y Francia en abril de

1838, a la que se conoció como la Guerra de los Pasteles. Mi hermana Laura también actuaba en la producción, y ella me invitaba a ver las diferentes escenografías que habían montado. Llamaba la atención porque me desenvolvía de manera natural, como si fuera parte de mi vida diaria. Me vistieron de época, de fines del siglo XIX, con crinolinas y grandes holanes, guantes con botones de perlas en el dorso y grandes moños de satén en el cabello; me pusieron a jugar detrás de los actores principales en un par de escena. Jamás olvidaré cuando mi madre me mostró un papelito que decía cincuenta pesos, y la oí decir: "Mi'jita, tu primer cheque, te lo ganaste con tu trabajo... ¡Felicidades mi amor! ¿Ahora qué quieres hacer con él?". Por supuesto, mi respuesta fue: "La cubana, Mami, la cubana... Llévame a la cubana". La cubana era mi chocolatería favorita, una tradición de mi colonia desde principios de siglo, con grandes jarrones de vidrio llenos de chochitos, o sea, de pequeñísimas bolitas de azúcar de diferentes colores que diseñaban formas caprichosas. Todo el local tenía ese olor a dulce y a chocolate que siempre llevaré en mi memoria. Así que con ese primer cheque fui y me compré conejitos, carritos, puros, cigarros, anillos, lápices, todo hecho de chocolate. Fue un verdadero festín.

Alrededor de mis siete años, fui a un programa de variedades matutino llamado *La mujer... ahora* de la empresa Televisa donde los niños tenían un segmento importante. La conductora, Evelyn la Puente, era una joven rubia con gran fleco y muy jovial; era la Jane Fonda mexicana y si mal no recuerdo el director de los programas de niños era Sergio Andrade, quien años después estuvo ligado a uno de los escándalos más grandes del medio artístico mexicano. Desde el comienzo me gustó participar en todas las secciones del programa, hechas por niños, para los niños de la casa: modelábamos, nos disfrazábamos, cantábamos... En una ocasión hasta me vistieron de geisha. Se me hacía extraño verme en los monitores que había en el estudio, era la imagen que salía en vivo a las televisiones en todo el país. Cada vez que los miraba sentía mariposas en el estómago y me daban muchas ganas de reírme con una risa nerviosa; esas fueron mis primeras emociones al salir en televisión.

Mi sección favorita en el programa era la de la cocina. Era un segmento en el que se nos permitía cocinar, para lo cual mi mamá, que guisaba muy bien, me enseñó cómo hacer algo rápido y rico. Que lástima que no tuve tiempo después para aprender a elaborar los diferentes platillos de la cocina mexicana, la japonesa, la italiana… Mi mamá me consentía de tal manera, que todo me lo hacía y nunca me dejó involucrarme en la cocina. "Para eso", me decía ella, "tienes a tu madre". Pero el que no sepa cocinar, nunca me impidió disfrutar de la comida, sin importar su origen. Me gusta todo, como de todo, disfruto todo y le doy gracias a Dios porque hoy tengo la oportunidad de gozar, saborear y deleitarme en esos momentos, donde puedo sentarme a la mesa y paladear una buena comida, en una grata compañía. Lo sibarita nadie me lo quita; podría asegurar que comer es mi mayor hobby.

Mi primer encuentro con la fama fue en mi casa. Llegó sigilosa, callada, envolviendo todo a su paso, una invitada para quedarse. El año 1977, el que marcó a toda mi familia, trajo alegrías y profunda tristeza. Mi hermana Laura recibió el premio como la revelación juvenil en teatro por su papel en la obra *Ifigenia en Aulide* que se presentó en el Festival Cervantino en Guanajuato, la ciudad de las momias. Después mi hermana Ernestina fue elegida Señorita Distrito Federal, quedando como suplente de la Miss México y fue nombrada Miss Continental, concursando en Japón y ganando el Miss Quimono un día después de mi cumpleaños. En agosto, se casó mi hermana Federica y pocos meses después, en noviembre, murió mi papá. Fue un año muy intenso, un año que marcó nuestras vidas para siempre.

Nunca olvidaré la noche en que la Titi ganó el Miss Distrito Federal. Como yo era muy pequeña, a mis papás nos les gustaba que yo estuviera en un evento de tanta gente y hasta tan tarde, así que aquella noche todas las mujeres de mi casa —la concursante, mi madre y mis hermanas— se fueron al evento mientras mi papá y yo nos quedamos en casa esperando ansiosos su llegada. Cuando entró mi hermana Ernestina, estaba tan feliz que yo vi entrar al sol, era radiante, todo su ser emanaba brillo, se veía bella. Mi papá se puso la corona, la capa y el cetro y caminó por toda la sala feliz de que su "güerita" hubiera triunfado. Pero de repente, en medio de toda la celebración y la gritería, me vio sentada en la mesa de mármol observándolo. Caminó hasta donde yo estaba y allí, frente a mí, se quitó la capa azul turquesa como los ojos de mi hermanita, y me la puso sobre los hombros. ¡Qué importante me sentí! Y cuando colocó la corona sobre mi cabeza y puso el cetro en mis manos, justo en ese instante entró en mi corazón el deseo de ganar, no sé en qué, pero ganar y ser tan importante como mi hermana lo era en ese momento. Yo veía cómo todas las miradas estaban puestas en ella, cómo todas las felicitaciones eran para ella y su felicidad era la felicidad de todos... En ese instante quise ser igual a mi hermana; quise ser famosa. La fama había entrado agarrada del brazo de Titi, con la corona, la capa y el cetro, y entró a formar parte de mi familia, para más adelante convertirse en mi compañera inseparable, implacable y exigente.

Música

La música ha sido parte de mi vida, crecí con ella en muchas de sus variantes, y despertó en mi una selección natural con la cual comencé a desarrollar mi propio gusto melódico desde muy temprano. Alrededor de mis siete años, había un grupo musical que me gustaba mucho, estaba formado por niños españoles y se llamaba Parchís. Me sabía todas sus canciones y cuando los veía en la tele me aprendía su coreografía. Fue entonces cuando mi hermana Laura le contó a mi mami que uno de sus amigos, Paco Ayala, estaba formando un grupo infantil y que las audiciones las estaban haciendo en la disquera Peerless, famosa en su tiempo por tener como su cantante excluso al incomparable Pedro Infante; hasta la fecha, mi ídolo. Ni tardas ni perezosas nos lanzamos a las audiciones y en cuanto me dijeron lo que tenía que cantar, lo hice lo mejor que pude. Después me dijeron que esperara en un cuarto y minutos más tarde estaba dentro del grupo, junto con dos niños y una niña que se llamaban Paquito, Alejandro y Valeria. El nombre original del conjunto era PacMan, e interpretábamos el tema alusivo al nombre del grupo que era un personaje de videojuegos muy famoso en ese momento y que se dio a conocer con la salida del Atari. Ese fue el juego más importante de toda una generación en el mundo entero, por lo tanto, nuestro tema fue muy bien aceptado y muchos cantaban con nosotros: *Es pequeño y redondito con la boca grande y quiere comer, y le gustan las golosinas, y también los malvaviscos, tiene tanta hambre que todo se engullirá… ese es PacMan.*

Pero al poco tiempo de haber comenzado surgió un problema por *copyright* o derechos de autor, así que tuvimos que cambiar nuestro nombre y acabamos llamándonos Din Din. Grabamos un amplio repertorio que más adelante dio origen a cuatro discos. Ensayábamos en el garaje de mi casa todas las coreografías, con mi grabadora de Hello Kitty amarilla que era mi contribución debido al bajo presupuesto de nuestro naciente grupo. Aun así, salíamos a "pueblear", o lo que es lo mismo, íbamos de pueblo en pueblo llevando nuestro *show* infantil a diferentes partes de México. Para no perder clases, esto lo hacíamos durante nuestras vacaciones de la escuela que eran solo dos meses al año, y durante los fines de semana. En aquella época yo estaba estudiando en el Liceo Franco-Mexicano y la prioridad era esa, seguir con mis estudios. Estos singulares horarios no fueron difíciles de acordar con el representante ya que para él también eran prioridad nuestros estudios. Es por eso que los ensayos se llevaban a cabo siempre después de clases y de hacer las tareas. Como nuestro público era también chicos de escuela, las presentaciones las hacíamos los fines de semana, lo cual nos venía como anillo al dedo. Así que en unas vacaciones de Semana Santa, surgió la idea de presentarnos en uno de los centros vacacionales más concurridos de México.

—Nos vamos a Acapulco —nos dijo un día la producción—. Vamos a presentarnos en el hotel Marriot… les va a ir muy bien chicos.

Usualmente nuestras presentaciones eran pequeñas y modestas, así que esto representaba una nueva inversión en vestuario y en el desarrollo de un nuevo *show*. Era una gran oportunidad para nuestro grupo ya que era una cadena hotelera muy importante la que nos contrataba. Así que nos fuimos para Acapulco muy ilusionados porque, además de presentarnos con nuestro *show*, en nuestras cabecitas rondaba la idea de vacaciones en la playa, soñábamos con meternos en el mar… pero nada más lejos de la realidad. ¿Vacaciones? Sí, pero para los demás. Nosotros, ¡a trabajar!

Por ser Semana Santa, Acapulco estaba llenísimo. Teníamos que anunciar la presentación de nuestro espectáculo durante el día, así todos los días, de once de la mañana a una de la tarde, nos vestían de "payasitos" con peluca, nariz roja, zapatos de colores y clásico traje de manga larga a rallas y pequeñas borlas de algodón que semejaban botones en el pecho, y nos hacían caminar por toda la playa. La arena se nos metía por los zapatos y los inclementes rayos del sol nos quemaba atravesando la peluca, el maquillaje se nos derretía en la cara metiéndose en nuestros ojos. No importando cuál fuera nuestra condición, teníamos que repartir boletines para que vinieran a vernos actuar, mientras veíamos a todos los demás niños divirtiéndose en la playa, metiéndose al mar y disfrutando de sus vacaciones... Para nosotros divertirnos no era una opción. Ya para después de la comida, estábamos subidos en el escenario cantando y bailando nuestro mejor repertorio para los niños que se encontraban reunidos en el salón, mientras sus padres aprovechaban esa hora para irse de shopping, tomarse una piña colada o alguna bebida refrescante. Este *"showsito"* les daba la oportunidad de tener un respiro, el cual aprovechaban al máximo, mientras sus hijos se entretenían con nosotros.

Nuestra gran oportunidad se presentó cuando Televisa, la gran cadena televisiva en México, lanzó un innovador *show* infantil que inmediatamente se metió a millones de hogares a través de la pantalla chica, creando una sensación entre los niños y jovencitos del hogar. El *show* se llamaba *Juguemos a cantar*, una versión infantil de lo que hoy día es un programa como *American Idol* o *The X Factor*. Concursamos entre miles de participantes. Fue en esa ocasión que me encontraba por primera vez como cantante en un foro de televisión, viendo el movimiento de las cámaras y la gente corriendo de un lado a otro. El público, con gran expectativa, esperaba el inicio del programa, que por supuesto era en vivo, y nosotros cuatro con nuestros papás o mamás tratando de controlar las mariposas que revoloteaban insistentemente en nuestros estómagos.

El presentador anunció con su voz rotunda: "Y ahora con ustedes el grupooo... ¡DIIIN DIIINNNNN!". La sala se llenó de aplausos y entonces comenzamos cantando "Somos alguien muy especial". Los nervios me consumían, las piernas las sentía como de hilo, sólo veía las caras de la gente que estaba en el estudio viéndonos con atención, acompañándonos con palmadas, lo que permitió que mi nerviosismo se fuera diluyendo poco a poco, a medida que avanzábamos con la canción.

Al final quedamos en muy buen lugar y de ahí surgieron más oportunidades para trabajar. A partir de ese momento, nos presentábamos en vivo en diferentes partes del país, principalmente los sábados y los domingos, para el entretenimiento de la familia. En total, nuestras giras de fin de semana duraron cerca de un año. Tiempo después el grupo se deshizo, y cada quien entró a estudiar a diferentes secundarias por lo cual nos fue imposible seguir reunidos.

Sin embargo, mi mamá no permitió que mi carrera se quedara en eso. Se movió de tal manera que un día llegó a la casa y sin gran preámbulo me anunció:

—Hijita, te tienes que preparar porque vas a concursar como solista en *Juguemos a cantar*, y ya tenemos la canción, se llama "Moderna niña del rock". ¡Así que, a trabajar en canto y coreografía!

Y con esto comencé a prepararme. Mi mamá mandó poner en las dos puertas de mi closet unos espejos grandes que las abarcaban completamente de techo a piso; frente a ellos, y con mi inseparable casetera de Hello Kitty, empecé a crear mi propia coreografía sobre el demo que la compañía disquera, que vendía el disco oficial del programa, me había dado. También me dediqué a crear el vestuario en el cual yo me visualizaba. Quería que fuera con grandes hombreras en pico, futurista, de tipo espacial, con tela de lycra de efecto liquido y de color morado. Obviamente quería que tuviera un toque semejante a mis artistas favoritos de esa época: Prince y su *Purple Rain*. Entre hojas de papel con mis bosquejos, lápices de colores por todos lados y mi canción sonando a todo volumen, empezó mi sueño a hacerse realidad. El día del concurso —vestida con mi diseño, de color morado, con unos calentadores de lentejuelas moradas que me cubrían todas las piernas, y el grupo de baile que el productor de danza me había puesto para bailar la coreografía que había creado en el mundo mágico de mi habitación— salí decidida a contagiar a ese público que acabó palmeando mi canción. Para cuando terminó el *show* obtuve uno de los cinco primeros lugares y al día siguiente en todos los periódicos, se hablaba de la "Niña del Rock" que se había ganado al público con su actuación. Ya de regreso a casa pude sentir la misma felicidad y magia que cuando Titi llegó coronada como reina. Pero en este caso, mi corona y mi cetro fueron los aplausos y el cariño que ese público me dio.

En el verano de ese año, se presentaba una obra de teatro llamada *Vaselina*, la cual se basó en la película *Grease* estelarizada e inmortalizada por John Travolta y Olivia Newton-John. La adaptación se había hecho por Julissa, actriz mexicana de renombre muy famosa en la época del rock and roll. El grupo que interpretaba a los principales actores era el grupo juvenil más famoso de los ochenta en México (algo similar a lo que es hoy en día Glee, o los cantantes más famosos que han salido de las series de Disney Channel) y se llamaba: "Timbiriche". Todos los chicos de mi edad éramos fans de Timbiriche, así que para el día de mi cumpleaños le pedí a mi mamá que me llevara al teatro a ver *Vaselina*.

Días antes, ella fue a cobrar las regalías de mi presentación en *Juguemos a cantar*, a la ANDA y a la ANDY, asociaciones que protegen el trabajo de los actores y cantantes en México. Estaba en las cajas administrativas, cuando se encontró a Julissa, y aprovechando el momento ella le comentó de mi cumpleaños, y que mi regalo iba a ser ir a ver la obra. Le pidió que por favor le apartara dos buenos lugares para cuando compráramos las entradas en el teatro. Julissa hizo tal cual le pidió mi madre y dejó indicaciones precisas, asignándonos dos de los mejores lugares al centro de la platea y cerca del escenario.

Mientras yo estaba concentrada viendo la transformación de Sandy, de niña buena a una rebelde guapísima, mi mamá se acercó a mí y me dijo al oído:

—Un día tú te vas a poner esa chamarra de cuero… ya verás que te la vas a poner.

Yo sólo atiné a decirle:

—Shhhhhhhhhh, mamá.… no me dejas oír.

Cuando la obra terminó pasé a los camerinos a saludar a una amiguita que estaba en el coro, y ahí me topé de frente con Julissa y con su directora de escena, Marta Zabaleta.

—Oye, ¿tú no eres la que cantó "Moderna niña del rock"? —me preguntó Marta Zabaleta.

Cuando le dije que sí, no tardó en proponer:

—En estos días tengo audiciones, ¿por qué no te vienes para hacer una prueba?

Y así fue. Esa semana hice la prueba. Con toda la ilusión de mi madre y mi nerviosismo, me paré en el escenario de ese teatro y, frente a un pequeño grupo de personas y la gran mayoría de butacas vacías, comencé a cantar y a decir el parlamento que me habían dado para mi prueba. Me sentí satisfecha con lo que hice, por alguna razón no tenía nada de nervios y sabía, en mi interior, que iba a quedar. Pasé la prueba y me dieron primero un papel en coros, lo que llamamos árbol tres, sombra "b", o sea, era el relleno y la última del coro. Más adelante hice algunos de los papeles secundarios. Pero de tanto ver la obra llegué a aprenderme todos los parlamentos de todos los personajes, la obra de pies a cabeza. Cada movimiento, cada ademán, los bailes, las pausas… todo.

Yo seguí haciendo mi trabajo en los papeles secundarios que me daban hasta que un día alguien me dijo:

—Te llama Marta Zabaleta.

Me ilusioné un poco pues ya sabía que Sasha, la chica que tenía el estelar, debía realizar unas cosas personales que la harían ausentarse de la obra por algunos días.

Ya en su oficina y mirándome muy seriamente a los ojos, Marta me dijo:

—¿Crees poder hacer el papel de Sandy?

—¡¿¡Yooo!?! —respondí perpleja. ¿Podía ser verdad lo que estaba escuchando? ¿Me estaba diciendo la directora de escena que si podía hacer el papel principal? Mi cabeza giraba de la emoción.

—¡Por supuesto! —añadí, tratando de contener la emoción—. ¿Para cuándo?

Sin dejar de mirarme a los ojos, la directora respondió:

—Para mañana… ¿Realmente crees que vas a poder?

Y sin reflexionar en nada aseguré respondiendo: —¡¡Sí!!

Esa misma noche y por primera vez en mi vida, me enfrenté a una migraña con aura masiva, la cual me llevó por unas horas al hospital. En urgencias me pusieron tranquilizantes por medio intravenoso para dormirme, mientras pasaba lo peor del episodio de migraña.

Pero eso sí, al día siguiente cumplí mi palabra y me presenté a trabajar.

Yo era Sandy.

En el momento en que me estaba poniendo la chamarra de cuero negra, que es el momento en que Sandy se transforma de dulce a pantera, me vi nuevamente sentada viendo la obra, y mi mamá diciéndome al oído: "Tú te vas a poner esa chamarra de cuero". La profecía se había cumplido.

A partir de esa primera representación seguí haciendo de Sandy cuando Sasha no se presentaba. Más adelante me quedé con el personaje en una segunda puesta en escena de Vaselina que se hizo sin Timbiriche, solo con Benny Ibarra que hacía el personaje de Danny.

Después de 600 representaciones, y el éxito rotundo de la obra, Luis de Llano, el productor y empresario más exitoso de ese momento, habló con mi mamá de la posibilidad de que yo me integrara al grupo Timbiriche. Sasha dejaba la agrupación por motivos personales y necesitaban un reemplazo. A de Llano le había gustado mi desempeño como Sandy en la obra y quería ofrecerme el puesto. Ahí comenzó una nueva etapa en mi carrera como artista, y toda una serie de retos que jamás me imaginé. El primero siendo que llegué al grupo como una intrusa entrando de lleno en la vida de un equipo de niños que ya se habían convertido en una pequeña familia cerrada. Tuve que pagar el precio de ser la niña nueva, un alto precio para sostenerme dentro del grupo.

Timbiriche estaba, en esa época, en el pináculo de la popularidad y hubiera estado loca al rechazar una oferta para entrar a formar parte del grupo. Pero cuando Luis de Llano ya cerraba el trato con mi mamá, el contrato a firmar era que mi mamá prácticamente cedía los derechos para que me manejara Televisa en imagen, video, voz, merchandising, todo lo que tenía que ver con la marca Timbiriche, incluyendo también que viajaría sola con los demás niños al cuidado del mánager que se ocupada del grupo. Pues a mi mamá no le gustó nada esa condición así que hubo junta familiar para hablar del tema. Mi mamá decía que si ella no estaba pegada a mí, no permitiría en absoluto que entrara al grupo, mi hermana Titi decía que me enviaran de interna a un colegio en Suiza, mi hermana Laura decía que era una magnífica oportunidad… todo el mundo tenía su opinión y la familia se conmocionó. Yo lo único que hacía era llorar porque veía cómo mis sueños se desvanecían, justo ahora que los tenía por fin tan cerca. Ni mis súplicas, ni mis lágrimas hicieron retroceder a mi mamá; si no iba con ella a todas partes, simplemente no me iba a dejar ir. Así se lo dijo a Luis de Llano y él, sin inmutarse, aceptó. Estuvo de acuerdo para que ella me acompañara a todos los viajes, pero sí le advirtió que no habría comodidades, ni horarios flexibles, ni lujos. A mi mamá no le importaba nada de eso, solo se quería asegurar de que su hija adolescente no anduviera sola por el mundo, así que aceptó.

Y así empezó la aventura de Timbiriche.

Como niños adolescentes con fama y en lo más alto de su popularidad, ser parte de Timbiriche era vivir en un mundo de irrealidad total. Todo lo que pedíamos nos lo daban, todo lo conseguíamos y nos sentíamos intocables, poderosos, éramos como dioses. Todo el mundo quería estar con Timbiriche, tocar a Timbiriche, ser un Timbiriche… Fue un grupo que realmente creció con sus fans, y eso no es fácil, pocas agrupaciones se sostuvieron como esta.

Inicialmente Timbiriche fue una contrapropuesta del ya famoso grupo español Parchís, o de Menudo en Puerto Rico, pero con un sonido más pop y con una imagen de seis carismáticos niños uniformados con trajes de colores básicos tipo espacial. Inicialmente se llamaban "La Banda Timbiriche", compuesta por Benny Ibarra, Sasha Sokol, Diego Schoening, Paulina Rubio, Mariana Garza y Alix Bauer; todo el concepto era atractivo para un mercado de niños sedientos de novedades. Desde las portadas de los discos, los logotipos del nombre y los himnos de las canciones, destaparon un furor entre miles de chicos. Más adelante se fueron incorporando nuevos miembros a la banda como Erik Rubín. Cuando Benny y Sasha dejaron La Banda, nos incorporamos Eduardo Capetillo y yo y, en ese momento, la agrupación cambió de nombre para llamarse simplemente "Timbiriche". Ya para entonces eran los ochenta: los vestuarios eran más atrevidos, las letras eran más contundentes y de niños pasamos a ser adolescentes con toda la fuerza de nuestra edad, creciendo al mismo tiempo con nuestros seguidores.

Mi mamá era la única mamá que viajaba con nosotros. Nos pasábamos días completos viajando en camiones, comiendo en el camino *snacks*, sándwiches, aguas, refrescos, durmiendo en el trayecto. Mi madre aguantó todo y creo que el hecho de estar cerca de mí en esos primeros años, me guardó de ser devorada por los "lobos" que merodeaban buscando juventud para comerla. Sin embargo, para el resto del grupo era algo completamente raro e incomprensible: "¿Una señora que está viendo lo que hacemos, con la nueva que ocupa el lugar de Sasha? ¿Qué hace aquí esta intrusa?". Los demás integrantes del grupo levantaban su voz en protesta, lo que causó muchas rencillas y problemas en mis inicios en el grupo, malas caras, malas actitudes, miradas, cuchicheos, burlas y, sobre todo, la indiferencia de las chicas ya que al ser la nueva del grupo, los muchachos se disputaban quien se ganaría mi cariño. Esa parte fue la que hizo que no todo fuera tan difícil, era divertido ver cómo Diego me invitaba a comer una hamburguesa, al llegar a mi casa veía un ramito de flores que Capetillo me había enviado y Erik se sentaba siempre a mi lado en los ensayos de la coreografía, para platicar muy animadamente, con sus ojitos brillantes y coquetos. Fue difícil mi entrada al grupo, entendía la unión y el amor que había entre ellos, y más tarde, con la sabia ayuda del tiempo, hasta llegué a sentirla yo misma y al vivir esa hermandad tan bonita.

Pero el principio, con las que lo sufrí más fueron con las chicas —Mariana era la más madura para su edad, viendo las cosas desde un punto de vista más objetivo, más ecuánime, ella era mi compañera de cuarto, fue muy dulce conmigo y, durante el tiempo que pasé en el grupo, fue un apoyo muy importante para mí. Alix vivía en su mundo, y yo ni le iba ni le venía; y creo que a la que más trabajo le costó aceptarme fue a Paulina, pues había perdido a Sasha que era su mejor amiga. Sasha y Paulina eran del mismo signo, cumplían años el mismo día, eran muy buenas amigas, casi como hermanas, así que la sorpresiva salida de Sasha no le cayó nada bien a Paulina, y mucho menos que entrara otra, fuera quien fuera, a "remplazar" a su mejor amiga. Es por eso que al principio nos costó mucho trabajo, pero más adelante llegamos a tener una relación de mucho cariño y una hermosa amistad.

Pasados los meses yo me convertí en un pez en el agua dentro de la agrupación y mi mamá comenzó a sentirse más segura de las personas que se hacían cargo de nosotros en las giras. Así que poco a poco empezó a dejarme ir sola a los viajes que principalmente se llevaban a cabo dentro de México y más adelante cruzando fronteras a Centroamérica y Suramérica. Para fines de 1987 y principios de 1988 el grupo empezó con grandes giras, y con un éxito mas allá de lo explicable para adolescentes de quince a dieciséis años. Pasamos meses enteros en que no llegábamos a casa ni para cambiarnos de ropa. En cada ciudad a la que íbamos nos perseguían legiones de fans (hasta había algunos que nos seguían de ciudad en ciudad), y teníamos pisos enteros de hoteles cerrados para nosotros... Nos volvimos famosos antes de entender realmente lo que era la fama y todo eso comenzó a despertar un principio de excentricidad en nosotros. Empezamos a darnos cuenta del poder que teníamos y claro, el primer instinto fue abusarlo. Recuerdo por ejemplo una vez que teníamos un rato libre y estábamos tirados en un cuarto de hotel viendo películas. Como no podíamos salir y realmente no teníamos nada que hacer más que estar frente al televisor, alguien dijo: "Tengo hambre... ¿Vamos a ordenar de comer?". Otro contestó: "¿Qué ordenamos?". Y a un tercero se le ocurrió: "¡Pues todo el menú!". Así que con toda tranquilidad levantamos el teléfono y ordenamos todo el menú. Todo. Al rato empezaron a llegar charolas y charolas con ensaladas, sopas, carnes, pollos, hamburguesas, postres, helados, y ¿para qué? Para que solamente picáramos un poquito de aquí, un poquito de allá. Fue un verdadero exceso culinario.

Éramos un grupo de niños entrando en la pubertad, teníamos las hormonas alborotadas, la energía que brotaba por nuestros poros y un sinfín de ideas que necesitaban salir de alguna manera de nuestro interior. Nuestra vida no era normal y, fuera de los momentos de conciertos y de ensayos, casi siempre estábamos encerrados en una habitación, como leones enjaulados; así que dábamos escape a tanta intensidad de formas diferentes. En ocasiones abríamos los extinguidores contra incendios para corretear por los pasillos de los hoteles enfundados en nuestros pijamas, a las dos de la mañana. Una vez, solo por hacer algo y matar el aburrimiento que nos carcomía, decidimos aventar las maletas de los músicos por los balcones del hotel hacia la piscina. Al caer toda su ropa salió volando por todas partes, desparramándose por las ramas de los árboles y en la piscina... Esos eran nuestros escapes, nuestras travesuras de niños... Como gran parte de nuestro tiempo lo pasábamos en hoteles y trabajando, algo teníamos que hacer para no enloquecer y reclamar nuestra niñez y fueron este tipo de travesuras las que nos permitieron seguir siendo lo que éramos... niños, unos niños preadolescentes con poder... con mucho poder.

Ya para entonces yo había dejado mi escuela, el Liceo Franco-Mexicano, al finalizar la secundaria; y los mánagers de Timbiriche habían conseguido meternos a una escuela mucho más flexible para continuar nuestros estudios de preparatoria en la Ciudad de México, así que si no estábamos viajando regresábamos a nuestros estudios.

Televisión

En una de esas semanas que teníamos libres, y que nos encontrábamos en México, recibimos una llamada inesperada: Carla Estrada, una de las productoras de novelas más cotizadas del momento, llamó directamente a mi mamá para hacernos una propuesta. Lo recuerdo perfectamente porque podía ver cómo mi madre, pegada al auricular, estaba muy atenta a lo que le decía.

—Quiero a tu niña en mi novela —le dijo—. Le quiero hacer un *casting*, aquí las espero.

Así que fuimos. Nos citó en el foro donde se estaban iniciando las grabaciones de *La pobre señorita Limantour,* la novela en la que quería que yo tomara un papel. Cuando nos vio, de manera muy natural comenzó a hablarme del proyecto, me explicó de qué se trataba y lo que esperaba de mí... Ahí fue que comprendí que Carla no tenía ninguna intención de hacerme un *casting*. Su decisión ya estaba tomada, me quería para su novela. Yo me puse un poco nerviosa al verla tan segura de lo que me estaba diciendo, así que en la primera oportunidad que tuve le dije:

—Carla, yo soy una actriz de teatro. En realidad yo nunca he pisado un foro de televisión y no tengo ni idea de qué se hace ni delante ni detrás de las cámaras.

Me sonrió y con un ademán de confianza señaló:

—No te preocupes, yo te voy a enseñar. Si quieres, empezamos tu entrenamiento mañana mismo, vente al foro, verás que no es nada difícil. Si hiciste teatro, en donde tienes que llegar hasta la última butaca y convencer a la última persona que está sentada ahí, la televisión es más compacta, es mágica, con tan solo una mirada eres capaz de todo. ¿Sabes lo que es un apuntador?

Abrí los ojos muy grandes y enseguida negué con la cabeza:

—No, en verdad no tengo la menor idea qué es un apuntador —respondí.

Entonces Carla me sonrió nuevamente y confirmó de nuevo la cita:

—Mañana te veo aquí a las diez en punto.

A las diez en punto llegué allá al día siguiente. Me senté en una sillita detrás de las cámaras y, con el apuntador en el oído, fui viendo cómo se iban desarrollando, una tras otra, las escenas de la telenovela. Ahí fue que aprendí lo que era un apuntador; un aparatito que te ponen en el oído y por el cual te dan los parlamentos que tienes que decir y las instrucciones de tus movimientos. Lo sorprendente para mí era ver cómo esos actores seguían las indicaciones y las líneas implantándoles su propio estilo. Era increíble ver cómo convertían aquellas indicaciones que estaban escuchando en el apuntador en un personaje de carne y hueso. Carla tenía razón: la televisión es mágica.

—Te voy a dejar un ejercicio que quiero que hagas continuamente —me señaló Carla—. Ponte a oír la radio, y todo lo que vayan diciendo en la estación que hayas elegido, tú lo vas a ir repitiendo; eso te va a servir para entrenarte a trabajar con un apuntador.

Y desde ese instante, de camino a los ensayos, o a las entrevistas, o a mi casa, fuera adonde fuera, yo tenía mis audífonos en mis oídos y, como loquita, repetía como perico todo lo que oía.

Desde chica siempre me ha importado cumplir con lo que prometo, por lo que expresé mi angustia ante el nuevo compromiso adquirido y el que ya tenía con el grupo. Lo que más me preocupaba era poder dar la talla como actriz de televisión y al mismo tiempo no descuidar mi prioridad que era el grupo. Nuevamente Carla me tranquilizó:

—No te preocupes, Thalia. Tu personaje es un personaje pequeño, sólo tendrás que venir a grabar dos días a la semana.

Sin embargo el personaje fue creciendo porque a la gente le gustaba mucho; y de la misma forma en que fue creciendo el personaje, fue creciendo también mi compromiso con la telenovela. Dejaron de ser dos veces por semana para convertirse en tres o cuatro, hasta que terminó la novela *La pobre señorita Limantour* en 1987 y ese fue mi debut en el mundo de las telenovelas. Carla Estrada fue una gran maestra y con ella de la mano conocí los foros y el uso del apuntador entre otras grandes y valiosas lecciones, entrando de esta manera al mundo de la televisión y la actuación.

Sin embargo, mientras mi carrera de actriz fue creciendo, yo seguía trabajando a todo vapor en Timbiriche. Era como trabajar doble, pues en ocasiones salía del foro de grabación, y sin tener ni un minuto de descanso, no más un momento para comer algo en el camino, me llevaban directamente a un *show* en donde el público quería ver a todos los integrantes de Timbiriche. Muchas veces la banda ya tenía un pie en el escenario cuando yo llegaba como ráfaga para cambiarme de vestuario y unirme en los primeros acordes del comienzo del espectáculo. Fueron sin duda unos años de entrenamiento forzoso, y fue allí que empecé a desarrollar la rígida —pero también multifacética— estructura profesional que hasta el día de hoy me ha permitido adecuarme de forma natural a todo tipo de trabajo. Fue allí que me convertí en un camaleón que, sin importar la presión que tuviera sobre mi espalda, siempre sacaba adelante el compromiso.

Al año siguiente comenzó la grabación de *Quinceañera* y nuevamente Carla Estrada depositó su confianza en mí, y me dio un papel de co-protagonista en este gran proyecto en el cual todos en la empresa apostaban en grande. Este era un compromiso más serio, porque se hablaba de un protagónico y con la actriz Adela Noriega, la niña consentida de las telenovelas y de la juventud de esa época. El compromiso significaba trabajar de lunes a viernes, con un número de escenas considerables por día, y por ende, se me hizo mucho más difícil continuar con el desarrollo de mi trabajo con el grupo musical. Mi personaje en la novela requería todo mi tiempo dándome espacios para alcanzar al grupo donde estuvieran presentándose, de viernes a domingo. Como Timbiriche y *Quinceañera* pertenecían ambos a la empresa Televisa, era mucho mas fácil coordinar agendas, viajes, presentaciones y grabaciones. Yo sentía apoyo de mis compañeros del grupo, nunca sentí una mala cara o un rechazo a mi decisión de emprender a la par una carrera como actriz.

El primer día de grabación de *Quinceañera*, llegamos a los camerinos y me habían colocado con tres actrices cuya actividad era muy diferente a la mía —ellas no pasaban más que unas cuantas horas en los estudios mientras que yo, con un papel co-protagónico, prácticamente me pasaba el día entero en Televisa. En vista de la situación, mi mamá fue a solicitar un camerino en el que pudiera descansar entre escena y escena. "No Yolandita", le respondieron varias veces, "no hay camerinos libres. Esto es así, todo está llenísimo y no hay forma de mover a Thalia a otro sitio". "No hay problema", respondió mi mamá, y durante tres semanas hizo que me cambiara en el baño común del foro, diciéndoles: "Pues si no tiene su camerino, pues ni que hacer... Y si tiene que cambiarse en el baño común hasta el final de la novela, pues así lo hará... Y si tiene que esperar su llamado en las bancas de los extras y vestuaristas que se localizan en los pasillos antes de entrar al foro, pues así será...". El punto principal que mi mamá quería señalar con su solicitud, era que si había dos quinceañeras, dos co-protagonistas, ¿cómo era posible que una sí tuviera camerino para ella sola mientras que la otra tenía que compartir camerino con otras personas? Lo que mi mamá estaba buscando era que se nos tratara con igualdad. Y no sólo por buscar la igualdad protagónica, sino el deseo de que tuviera un lugar privado, sin importar qué tan grande fuera, en el que yo pudiera llegar y descansar de las giras o ensayos del grupo musical sin ser interrumpida por otras chicas que no llevaban el tipo de actividad tan agotador que yo tenía.

Evidentemente, la respuesta fue inmediata y en unos días ya tenía mi camerino que me llegó como caído del cielo, ya que sí necesitaba descansar por el estrés de trabajo que llevaba entre Timbiriche y la novela.

Con todo lo que estaba viviendo, y a diferencia de mis compañeros en Timbiriche, mi rostro entraba todas las tarden en los millones de hogares mexicanos que veían la telenovela. El tema musical de la novela lo interpretaba Timbiriche, y se llamaba también "Quinceañera". Esto fue una estrategia de los mismos ejecutivos de la empresa para utilizar el impacto juvenil del grupo Timbiriche, junto con la primer telenovela hecha para la juventud y en la que Televisa estaba apostando en grande. Al terminar la grabación de esta telenovela, le di las gracias al grupo Timbiriche pues comenzaba a tener una agenda de trabajo más comprometida y no quería quedar mal en ninguna parte.

Cada vez que estaba en el escenario con el grupo, mi imaginación se echaba a volar, y pensaba que toda esa gente estaba ahí para ver mi *show*, para verme como solista, se me borraban todos a mi alrededor y me imaginaba yo con mi micrófono en mano al mando de mi propio *show*. Ya se sentía en el grupo que cada quien andaba en su propio aire, unos con la camiseta de Timbiriche bien puesta y otros, como yo, queriendo abrir las alas y, por qué no, tratar de volar a solas. Y así fue como por el mismo tiempo Capetillo y yo dejamos la agrupación con una mezcla de dolor, de tristeza y, a la vez, de excitación y de sueños en 1989.

Me ofrecieron participar en otra novela de nombre *Luz y Sombra*, que en realidad fue más sombra que luz, ya que el desarrollo del libreto no fue del gusto del público. No hay que olvidar que venía de finalizar la telenovela más popular entre la juventud de esos tiempos y de pronto, esta novela tenía dejos filosóficos, pero que le debo el haber conocido y trabajado con Enrique Álvarez Félix, y por quien entablé una bella amistad con su madre María Félix, La Doña, una de nuestras más grandes divas del cine de oro en México. Sus consejos y observaciones me ayudaron mucho. Ella siempre me decía "Thalia, la guapura entra por los pies", y a lo que se refería era a que tanto tu forma de caminar como tu postura determinan tu garbo y tu personalidad.

Sueños de solista

Pero mientras trabajaba y trabajaba para avanzar en el mundo de las telenovelas, desarrollarme y crecer como actriz, ese tren de trabajo que había tenido con el grupo, arriba del escenario cantando en vivo, se iba acumulando en energía que al no estar con ellos ya no podía sacar. La necesidad de cantar se me estaba convirtiendo en una sed desaforada por mi lanzamiento como solista.

Lo que más quería era subirme al escenario y agarrar el micrófono, pero sabía que necesitaba un plan, una preparación. En mí se estaba desarrollando un sueño, un deseo que anhelaba cristalizar: quería ser solista. Me veía cantando mis canciones, yo sola con el público, un momento mágico y compartido entre nosotros. Pero para llegar a vivir mis sueños tenía que hacer un cambio, por lo que decidí que al término de la grabación de mi tercera telenovela *Luz y Sombra,* me iría a vivir a Los Ángeles por un tiempo, para estudiar canto y baile. Quería aprender a tocar algunos instrumentos como el bajo y perfeccionar la técnica de escribir canciones.

Así que con mis sueños a cuesta y mis relucientes diecisiete años llegué a Hollywood, acompañada de mi inseparable cómplice, mi madre. Y como dice mi canción: "Playa, sol y palmeras", ¡California, aquí estoy! Alquilé un departamento en Westwood, en donde tenía al alcance cines, restaurantes, tiendas, cafecitos… un área en ese entonces muy juvenil y perfecta para mí, ya que la universidad UCLA se encuentra muy cerca. ¡Qué lugar! UCLA es una de las universidades más grandes e importantes del estado de California y caminar por sus jardines perfectamente bien cuidados, ver los edificios de diferentes estilos arquitectónicos, y los jóvenes en grupos, moviéndose de un lado para otro, para mí fue una experiencia sin igual. En UCLA tomé clases de inglés, pero también deseaba dominar un instrumento, y fue al barrio de Melrose que llegué a tomar mis clases de bajo. Iba de un lugar a otro, pues en Santa Mónica asistía a mis clases de baile y viajaba hasta el San Fernando Valley para tomar mis clases de canto. De clase en clase se me iba el día viajando en el convertible rojo que renté y oyendo a todo volumen los cassettes de Aerosmith, Janet Jackson, Madonna, The Doors y Journey.

A todas estas, mi madre era como mi apéndice. Estaba siempre pegada a mí, viendo, oyendo y oliendo todo lo que yo veía, a tal grado que incluso me esperaba en la cafetería de la universidad hasta que yo saliera de las clases. Era un poco bizarro ver a una señora rodeada de jóvenes, sentada todos los días tres horas esperándome. Fue una situación muy difícil para mí porque en su afán de cuidarme me limitó la oportunidad de desarrollarme libremente como adolescente y como mujer… Pero todo tiene su por qué, y probablemente si no hubiera sido así, tal vez no hubiera vivido todo lo que viví. Ella lo hacía porque sentía que, como madre, era lo que tenía que hacer: protegerme. Y eso se lo agradeceré por siempre.

Esta aventura en Los Ángeles duró aproximadamente un año entero, un año en el que me desconecté de todos y de todo, un año en el que me dediqué exclusivamente a mi preparación como artista. Cuando dejé Timbiriche, el Señor Azcárraga creía que era importante darme la oportunidad de desarrollarme cual diamante en bruto tanto en el ámbito actoral como en el musical; en definitiva él fue mi *pigmaleón*; parte de su programa fue la idea de mandarme a estudiar al centro del *show business*: Los Ángeles, California.

El Señor Azcárraga Milmo, apodado "El Tigre," era uno de los hombres más influyentes a nivel nacional e internacional, hijo de Emilio Azcárraga Vidaurreta, quien fundó lo que hoy es Televisa. Fue dueño de Univision, y presidente de la red de habla hispana Galavisión.

"El Tigre" fue quien organizó toda la estructura de lo que debía aprender y afinar en mi carrera. El punto principal de mi viaje a Los Ángeles era desarrollar el concepto integral de mi primer disco como solista; debía encontrar el tono de mi voz, el estilo musical, la imagen y el concepto genérico de lo que yo quería presentar de una forma novedosa a la gente, con mis ideas y las inclinaciones y preferencias musicales del productor, Alfredo Díaz Ordaz, quien estaba a cargo del área musical de la empresa Televisa. Alfredo era un genio extraordinario, excéntrico y visionario. Desde que nos conocimos nos convertimos como en almas gemelas y juntos logramos crear lo que más adelante se convertirían en clásicos de los ochenta; "Saliva, sudor, sangre" y "Pacto entre los dos" —temas que marcaron una época y que hoy en día ya se consideran clásicos de la música pop mexicana. El destino nos juntó y creamos dinamita pura.

Para esa época, el hablar de secreciones como "tu saliva me emborracha", "mira que me gusta, ven a sudar", y de temas sadomasoquista como los que aparecen en "Pacto entre los dos", fue un inicio muy controversial y con muchas aristas. Además, a eso hay que añadirle mi terquedad de querer salir con la moda del "Flower Power", símbolo de la liberación juvenil de los años sesenta. Lo cierto es que en aquella época todo mi ser pugnaba por romper con lo tradicional; quería expresarme a mi manera y encontrar mi propia voz. Es posible que también, de manera inconsciente, quisiera romper con las cadenas invisibles que por amor mi madre me había puesto, al igual que con la carrera en la que había dejado mi infancia y parte de esa adolescencia que pugnaba y gritaba por su libertad.

Pero sola no iba a poder romper con lo tradicional, aún estaba muy joven y aunque sentía todas esas cosas en mi interior, toda esa energía viva que buscaba la forma de expresarse, necesitaba a alguien que me pudiera canalizar. Necesitaba un "asociado" que pensara como yo. Esa complicidad la encontré en mi productor, el cual se convirtió inmediatamente en mi aliado pues él, desde su adolescencia, había sido un rebelde "con causa". No cabe duda de que los caminos se cruzan muchas veces a lo largo de nuestras vidas, y en el caso nuestro, quién se hubiera imaginado que nuestros padres se conocerían en aquella entrevista del 18 de noviembre de 1970, el padre de Alfredo siendo el Presidente de la Republica Mexicana y el mío su entrevistador. Quién hubiera imaginado que estaríamos tan cerca en una fiesta en su casa a la que mis padres fueron invitados, mi madre iba embarazada de mí y Alfredo, que desde entonces era un niño hiperactivo asomándose a la adolescencia, corría de un lado a otro poniendo de cabeza la fiesta de sus padres. Y finalmente, quién se hubiera imaginado que ahora, cada uno teniendo el eco de sus pensamientos que por fin se cristalizaban en cadenciosa música, trabajaríamos en un "Pacto entre los dos"… un pacto entre él y yo.

Todavía estando en Los Ángeles, me di a la tarea de buscar lo necesario para mi imagen, y todo lo que quería lo encontré en una tiendita escondida en un segundo piso en Melrose. Toda la tienda era estilo "Flower Power", el "hippismo" en su máxima expresión… De inmediato me encantó porque ese era exactamente mi *look* en esa época. Esta fue la puerta que abrió mi afición por la constante búsqueda de *looks*, de vestuarios, de innovación, probando cosas tan estrambóticas cómo llegar a una premiación con un abrigo blanco elaborado de osos de peluche, pasando por lo inusual de un *brasier* hecho de metal cromado, con dos llaves de agua al frente para mi video "Piel Morena", al igual que un *bustier* que echaba fuego para mi video *Gracias a Dios*, incluyendo cada diferente etapa: la niña de las flores, la *femme fatale*, la época de los vestuarios hechos con CDs y las diferentes caracterizaciones tanto de azteca, como de japonesa, como de egipcia, o para cerrar el estrambótico vestuario, un *brasier* elaborado con dos pequeñas guitarritas y una minifalda simulando el sombrero charro. *Looks* que fueron únicos en su tiempo y que hoy día vemos diferentes versiones de ellos en grandes músicos como Lady Gaga. ¿Quién iba a decir que esa tiendita destaparía la caja de Pandora? Ahí compre un sinnúmero de pantalones a la cadera acampanados, *brasieres* o *tops* diminutos, llenos de flores, zapatos con plataforma típicos de los setenta, por mencionar algunas cosas.

Finalmente cuando llegó la hora de regresar a México, yo me sentía preparadísima y segura de mí misma; muy orgullosa de los resultados y de todo lo logrado. Había aprendido muchísimo en las clases de música y baile, me sentía invadida de un poder y una libertad que nunca antes había experimentado. Sentía que estaba en el lugar que era, en el momento que era, haciendo exactamente aquello a lo que estaba destinada... pero, oh, sorpresa, qué duro me recibió la realidad.

Mi cambio de imagen, el cual me hacía sentir completamente segura y satisfecha, rompía totalmente con la imagen de aquella chiquilla tierna de quince años, con las dos colitas de caballo, el fleco en la frente y mirada dulce, que protagonizó *Quinceañera*. Supongo que la gente se había acostumbrado a esperar eso de mí y por eso cuando regresé de Los Ángeles con mi primer disco como solista y una imagen totalmente distinta, fuerte y sensual —recibí críticas muy duras, críticas para las cuales no estaba preparada.

El lanzamiento del disco no fue realmente lo que había visualizado, a pesar de que mi compañía disquera trabajó al máximo para promocionarlo. El primer sencillo del disco, titulado "Pacto entre los dos", fue vetado en más de la mitad de la programación de las radios más importantes de México, ya que su contenido era demasiado fuerte para los radioescuchas. Las palabras y frases como: "Róbalo, amárralo, pégale... goza su dolor. Muérdelo, lastímalo, castígalo... comparte su pasión", simplemente fueron demasiado para el público mexicano del momento, porque una cosa es pensarlo en la intimidad o hablarlo entre amigos, y otra muy diferente es exponerlo a los cuatro vientos en una canción supuestamente de amor. Además, al igual que Sandy en *Vaselina*, yo misma estaba pasando de ser la dulce jovencita para convertirme en una vampiresa sensual. Y eso a la gente no le gustó nada. De esa niña inocente de nombre Beatriz en *Quinceañera* no quedaba nada; en su lugar había llegado una joven de dieciocho años, con pantalones muy pegados, acampanados, con flores grandes y muy bajitos al torso. Se me veía toda el área del ombligo porque en la parte de arriba solo llevaba un sostén diminuto también adornado con flores. A mí me gustaba mucho el *look* pero más que nada lo adopté con toda la intención de hacer algo distinto, algo que marcara una tendencia que fuera llamativa para mi público, que fuera algo que la gente quisiera seguir. Hasta me pinté un mechón rubio en la parte de adelante del pelo. Así salía toda orgullosa a cantar mi primer sencillo, "Pacto entre los dos".

No tenía idea de lo que me esperaba.

Obviamente, nada de esto cayó muy bien en una sociedad tan conservadora como la de mi país en aquel momento. Todos se preguntaban: "¿Qué pasó con la chica de las colitas de caballo? ¡Qué vulgaridad, por Dios!". Sentí que la gente estaba decepcionada y pensaba que cómo era posible que nadie me aconsejara mejor sobre mi imagen. Me veían como una joven semidesnuda y acabaron conmigo. ¡Me dijeron de todo! Los comentarios cayeron como granizo: "¿Y pretende ser un icono de la juventud?", decían los medios. "¡Que ni lo sueñe!".

En aquella época nadie en mi patria salía vestida así, precisamente por eso yo quería romper con lo típico, con la imagen de niña buena que teníamos que asumir las jóvenes cantantes si queríamos llegar a algún lado. Por supuesto que ya había famosas que salían "provocativas" al escenario, como era el caso de Alejandra Guzmán, rockera de corazón, dinamita pura en el escenario, y con un sonido en su voz provocativo y sensual, que la colocó de inmediato en el gusto de los jóvenes. También estaba Gloria Trevi con sus letras y movimientos irreverentes rompiendo los cánones de la sociedad y creando un movimiento juvenil que podía expresarse de manera abierta a través de sus letras. Pero en mi caso, y de alguna manera por haber formado parte de un grupo tan importante y amado como Timbiriche, que la gente vio crecer de niños a adolescentes, y de haber sido un personaje cándido de telenovela que resonó con las jovencitas de ese tiempo, hizo que para el público mi cambio de imagen fuera mucho más obvio, controversial y muy difícil de asimilar.

A pesar de todo el esfuerzo y todo el empeño que le metí a la grabación y promoción del disco, los comentarios siguieron siendo implacables. Esta reacción me pegó durísimo y fue un momento de mucha duda, dolor y vergüenza. Sentí que mi mundo se rompía en pedazos, no había forma de encontrar la salida, no había forma de explicarme... no había nada... solo la vergüenza que acompañaba mis sueños rotos y mi dolor. De hecho llegué hasta un punto en el que me tiré sobre la cama a llorar y no salí de mi habitación en dos semanas. No quería ni ver el sol, ni siquiera dejaba que mi madre abriera las cortinas.

Mi mamá me dio mi tiempo para pasar el dolor pero un día, ya cansada de verme llorar sin consuelo, entró a mi recámara abrió las cortinas de par en par y me dijo: "A ver, mi'jita, tú tienes dieciocho años, tienes talento, inteligencia y, además, un cuerpo hermoso. No te ves para nada vulgar. Ándale... ya no estés más así, levántate y sigue adelante". Y yo solo podía repetirle que lo había hecho todo con el corazón y no podía entender cómo la gente podía ser tan malvada de atacarme así tan despiadadamente. Le mostraba mis manos todas duras por el pegamento que usé para pegar las flores a mis corpiños y a mi vestuario. ¿Cómo podía ser que se juzgara el alma y el corazón que se había plasmado

en todo el disco por una sola canción? ¿Cómo podían dar por terminada la vida de un disco por un solo sencillo?

De lo que yo quizás no me daba cuenta en aquel momento era
de que mi madre sabía mejor que nadie todo el esfuerzo y el
trabajo que había invertido en hacer mi sueño realidad. Lo sabía
porque ella había estado a mi lado desde el primer momento y
nunca dejó de estarlo. Como además de madre era mi mánager,
ella fue la primera en apoyarme para ponerme esa ropa, para
romper con los esquemas e intentar ser diferente. Fue ella la que
me animó a hacer algo atrevido y novedoso, algo que expresara
todas esas emociones tan intensas que se amontonaban en mi
interior. Nunca, ni siquiera una vez, me dejó de apoyar y empujar
a hacer todo lo que yo soñaba.

Para sacarme lo más rápido posible del estado de depresión en
el que me encontraba, mi mamá me dio tres opciones:

—Mira mi'jita —me dijo—, podemos seguir lamentándonos
por las críticas negativas al disco y a tu nueva imagen de solista,
sumergiéndonos en esta depresión tan nefasta y, ¡san se acabó! Se
termina tu carrera y hasta aquí llegaste; te dedicas a otra cosa,
como la biología o la psicología que tanto te han gustado desde
pequeña.

Para esos momentos yo ya me había incorporado en la cama
pensando, ¿Cómo que hasta aquí llegue?, mientras ella seguía hablando:

—Ahora que si quieres seguir con tu carrera y ya no quieres
trabajar en México, pues agarramos nuestras maletas, cerramos
casa y nos vamos por el mundo a empezar de nuevo en otro lado,
ahí tienes España, Italia, hay mil lugares y mil oportunidades
—hizo una pausa breve, mirándome a los ojos—. Pero si quieres
quedarte en México y seguir con tu profesión tal como la has de-

seado y soñado, entonces te levantas de esa cama y vas a defender tu talento como una leona... ¿Me entendiste?

Yo me quedé pensando en sus palabras y me di cuenta de que estaba en lo cierto. No me podía dejar abatir. Simplemente no iba a dejar que sucediera. Al final mi mamá añadió que algún día me iba a reír de las cosas que acababa de decir.

—Mi amor —me dijo—, lo que no mata, fortalece. Ya verás cómo vas a salir más fuerte y poderosa de todo esto.

Si hubiera visto lo que me esperaba en el futuro cercano, que tendría discos de oro, cuatro sencillos que hasta la fecha son canciones claves, icónicas, que acompañaban a toda una generación y siguen creando el efecto "nostalgia"... Si hubiera visto eso, sabría que mi madre tenía la razón. Toda la razón. O salía corriendo, o me sostenía como "las machas" y... pues me sostuve y muy bien que resultó.

Aquel día aprendí una de las lecciones más valiosas que jamás me haya dado mi madre: aprendí que el valor está dentro de uno y que a veces hay que enfrentarse a las situaciones, por más dolorosas que sean, porque es la única manera de hacernos más fuertes, más sabios y más humanos.

Sigo adelante

Como dicen por ahí, Dios aprieta pero no ahoga y aunque la reacción inicial de los medios me pegó muy duro, yo seguí adelante, y en 1991 salió mi segundo disco como solista, *Mundo de Cristal*. En ese disco seguí cantando temas controversiales como "Sudor", "Fuego cruzado" y "En la intimidad" y cuando ya estaba más reestructurada después de aquel episodio de mi primer disco, me apareció una oportunidad en España; me ofrecieron ser co-animadora de un programa de variedades en la cadena Tele Cinco que se llamaba *VIP Noche* en sus tres formatos: el *Show VIP, VIP Noche* y *VIP Guay*. Así que, más rauda que veloz, hice las maletas y nos fuimos a la aventura. Mi participación en el programa consistía en cantar y hacer coreografías alusivas a los temas importantes de las películas famosas, como *Pretty Woman, Little Mermaid, 9 1/2 weeks, Flashdance* y *Dirty Dancing* entre muchas otras. Me vestían del personaje y hacíamos la canción principal de la película en español, con fastuosos vestuarios y coreografías grandiosas. Además, tuve la oportunidad de trabajar como conductora con Emilio Aragón que ya era un gran ídolo en España. Nos divertíamos muchísimo. Apenas llegué me sentí como pez en el agua, pues allí encontré una forma de pensar muy abierta y creativa. Me adapté de inmediato al trabajo, me hice amiga de todos. Desde el ensayo con el coreógrafo italiano, la práctica con los treinta bailarines que teníamos en cada presentación, hasta ensayar mis líneas… Desde el primer día me sentí como en casa. España sí fue para mí la madre patria, y hasta la fecha recuerdo con mucho cariño esa aceptación inmediata que me dio el público, y que hoy en día, cuando estoy en tierra ibérica, sigo sintiendo.

Pasamos casi un año viviendo en Madrid y puedo decir que cada uno de mis días allí fueron espectaculares. Poco a poco en ese ambiente tan divertido, cariñoso y jovial, fui recobrando la confianza en mí misma, hasta que llegué al punto en que me sentí más que preparada para abordar cualquier proyecto, lanzármele de lleno a cualquier propuesta. Tenía tanta energía que mientras trabajaba en el programa español, grabé mi tercer *longplay* llamado *Love*, el cual contenía los temas: "Sangre", "Love", "La vie en rose", "Cien años" y "Flor de juventud", entre otros.

Una simple llamada me cambiaría la vida en cuestión de cuarenta y ocho horas. Mi madre y yo estábamos un día en el hotel descansando cuando de repente sonó el teléfono. Era Valentín Pimstein. Mi corazón empezó a latir fuertemente pues sabía que el simple hecho de escuchar su voz era un preludio de buenas nuevas.

Quizás pocas personas lo conozcan fuera de México, pero Valentín Pimstein es un productor de novelas muy conocido. Fue quien produjo las novelas que despuntaron las carreras de Verónica Castro, Lucía Méndez, Edith González, Leticia Calderón, Victoria Rufo, algunas de las mejores actrices de novelas de todos los tiempos, novelas tales como *Simplemente María, Carrusel, Rosa salvaje, Monte calvario, Vivir un poco* y el clásico de los años ochenta, *Amalia Batista*. Valentín Pimstein era el rey del género melodramático de ese entonces, era como un Aaron Spelling mexicano, el visionario de las telenovelas... un Rey Midas que me convirtió en una Reina Midas.

Me habló de su oficina en México para contarme que tenía el libreto de una novela en sus manos, que estaba a punto de arrancar la filmación y que yo era la única persona que la podía protagonizar. Aparentemente, muchas personas habían hecho pruebas ya, pero nadie lo convencía. Me dijo que quería que fuera yo quien hiciera el papel de María Mercedes, porque había probado a varias actrices pero ninguna le resultaba; él quería una cara fresca, juvenil. Estaba decidido que necesitaba un rostro nuevo y, que ese rostro era yo. Como es de imaginarse, mi mamá y yo no podíamos de la emoción y, como dos niñas, no parábamos de brincar encima de la cama: ¡Un protagónico con Pimstein! Las almohadas y las cobijas volaban de un lado al otro de la habitación. Y cómo no, si era algo así como si me hubieran dado en ese momento el boleto ganador de la lotería. Increíblemente, la fecha coincidía con los últimos días de mi temporada en el programa *Vip Noche*, así que sin ningún problema ni remordimiento ni angustia, con una maravillosa propuesta de trabajo bajo el brazo y llena de ilusiones, regresé a mi tierra querida.

La trilogía de las Marías

El proyecto que me proponía Pimstein era muy interesante, se trataba de un nuevo guión de *Rosa Salvaje* que en su momento fue presentado por grandes artistas; el papel que me ofrecían lo había interpretado Verónica Castro, actriz mexicana que había abierto el mercado internacional a las telenovelas de nuestra patria. Ahora, el mismo productor que había hecho de Verónica Castro una mega estrella, me llamaba a mí para ese papel, ¡wwaauuu!, no lo podía creer, yo sería María Mercedes. Y aun cuando *Love,* mi tercer disco estaba ya terminado, él decidió que se integrara el tema de María Mercedes; así que de un golpe tuve telenovela y disco nuevo.

¡Bienvenida a México!

Para grabar la novela, me dediqué en cuerpo y alma a estudiar el caló mexicano, ya que mi personaje lo requería y necesitaba sacarlo lo mejor posible. Tuve que estudiar de todo, desde malabarismo con gente del circo, hasta irme al mercado de Tepito para aprender el lenguaje verbal y corporal de forma correcta; de esta manera le daba carácter a mi personaje. El éxito de la novela fue rotundo a nivel nacional e internacional —de hecho, y según los medios de comunicación, uno de los miles de ejemplos y cientos de historias fue lo que pasó en Vietnam, donde todo se paralizó cuando pasaban el último capítulo de la novela, el episodio donde sobrevendría el desenlace de la historia. Dentro de las estadísticas anuales de robo en el país, el día en el que se presentaba el final de la novela fue el día en que más carros se robaron pues la gente los dejaba abiertos, con tal de llegar a tiempo para ver el desenlace. Es probable que hasta los policías estuvieran pegados al televisor, mientras que los amantes de lo ajeno hacían de las suyas.

Yo seguía con mi tren de trabajo: en la semana foros de grabación de la novela mientras los fines de semana iba a cantar a los palenques y a hacer *shows* privados, sesiones de fotos para artículos de revistas, en fin… la maquinita no paraba. Me convertí en una adicta al trabajo.

En una reunión de trabajo, Valentín Pimstein se sentó junto a mí, y con su voz pausada, con esa esencia chilena tan educada y amorosa que me hacía sentir muy bien, me dijo, siempre hablándome de usted como era su costumbre: "Mi'jita, usted va a hacer la primera trilogía de novelas en la historia de la televisión. Ya le tengo sus próximas telenovelas y la llamaremos la trilogía de las Marías". Me hablaba con mucho cariño: "Va a ver mi'jita, usted va a ser la Pedrito Infante de mis producciones".

A fines de 1993 empezó la segunda telenovela de esa trilogía, *Marimar*. Marimar fue un personaje en el que me sentí muy cómoda. Como mi abuela nació en La Paz, Baja California, pues el cantadito costero lo escuché desde que era muy niña. Aunque me pusieron un maestro de fonética para aprender las tonalidades, mi verdadera forma de practicar era hablando con mi abuela, que realmente era una auténtica costeñita. Yo vivía en la telenovela, los vestiditos sueltos que me ponían eran tan parecidos a los que usábamos cuando nos llevan a La Paz, mi cabello era natural, no lo tenían que peinar, con la humedad, el calorcito y la cercanía del mar, tomaba la forma normal, dándole ese rizo salvaje natural. Para mí, Marimar era un personaje con el que crecí en casa, era parte de mis raíces, era real, y así lo proyecté, por lo que creo que la gente inmediatamente se conectó conmigo. Los televidentes sintieron compasión y amor por la costeñita, y fue esa chica sencilla la que cruzó idiomas, culturas, hasta llegar a hablar un idioma o lenguaje colectivo, el lenguaje de la esperanza y luz al final del túnel. Así fue que *Marimar* fue aceptada por millones de almas en todo el mundo. La telenovela se vio en 180 países, se tradujo en todos los idiomas, y me llevó a conocer lugares que jamás me hubiera imaginado.

La trilogía cerraba con la tercera novela *María la del barrio*, que al igual que *Marimar,* fue un éxito rotundo. En mi cuarto disco *En éxtasis*, que salió en 1995, se grabó el tema de *María la del barrio*, que compartió el éxito de "Piel Morena", cuya música y letra me dio Emilio Estefan. Esta fue la fusión de una catapulta que me lanzó a un estrellato internacional sin paralelo. Me llovían los contratos y las invitaciones, hice muchos *shows* y conciertos privados, me presenté en Viña del Mar, y realicé los primeros viajes promocionales a los Estados Unidos. Había un equilibrio entre mi carrera de cantante y de actriz, ya que ambas se alimentaban mutuamente.

La trilogía de las Marías fue vista por más de dos billones de personas en el mundo. De la mano con las tres Marías, mi música llegó a diferentes lugares del orbe; buscaban el tema de las telenovelas que, de manera estratégica, venía adentro de cual fuere mi último disco de tal forma que se promocionaran todas mis canciones en conjunto con las telenovelas. El público compraba mis discos y mis canciones comenzaban a ser conocidas en otros países de diferentes idiomas.

El día en que me di cuenta de que había logrado traspasar fronteras con mi música sentí que estaba realizada profesionalmente. Mi éxito internacional ha sido uno de los sucesos más importantes de mi carrera. Viajé muchísimo, conocí diferentes países y gente increíble; vi el mundo de una manera que jamás podría haber soñado. No solo era el honor de que me pagaran por hacer mi espectáculo, sino que cuando llegaba al lugar, me trataban como a una reina; inclusive la prensa de estos países me llamaba la reina azteca, la reina mexicana, la embajadora de México, y yo como pavo real, traía la bandera de mi México por todo lo alto. Me enorgullecía representar mi tierra mexicana. Estaba en las nubes, literalmente; en el pináculo de mi carrera.

Cuando llegué a Manila, por ejemplo, el presidente de Filipinas me recibía con todos los honores que se le dan a los jefes de estado. Estuve con él poniendo la primera piedra de un conjunto habitacional, visité la presa, fui a hacer honores a los Héroes de la Patria caminado entre un vallado de soldados perfectamente uniformados, poniendo una corona de flores como ellos acostumbran. Visité escuelas, orfanatos y casas de cuna. Supe después por las noticias que, antes de mi llegada, en cadena nacional, anunciaban mi llegada: "Falta una semana… Faltan tres días… Faltan dos días… Faltan unas cuantas horas para que llegue Thalia, Marimar, María la del barrio". Y claro, cuando llegué, era tal la cantidad de gente en el aeropuerto que no podían ni avanzar los autos. Era impresionante. Las calles estaban repletas de ambos lados, la gente gritaba "¡Marimar!… ¡Maríaaa!… ¡María del barrio!", y yo veía cientos de caritas sonrientes, gritando y algunas de ellas llorando. Me agitaban las manos, alzaban cartelones con frases diferentes acompañadas de corazones y algunos con pósteres de mis personajes. A donde quiera que me moviera, los ríos de gente siempre estaban ahí.

Un día que me iba a presentar en un auditorio al mediodía, nos habían dado un autobús para mover a todo el grupo. De pronto vimos una gran cantidad de personas moviéndose, una masa humana.

—¿Qué está pasando? —preguntamos inquietas—. Parece un golpe de estado… y ese helicóptero allá arriba…

Nos pusimos verdaderamente nerviosas, por un momento pensamos que era una revuelta popular y que nos encontrábamos en medio de ella; pero los organizadores que venían con nosotros nos tranquilizaron:

—Thalia, es la gente que quiere verte… y el helicóptero está cubriendo en vivo cada paso que das en la televisión. No te preocupes —dijo. Mi mamá y yo nos miramos y él añadió—: La única otra vez que sucedió algo así fue cuando nos visitó el Papa Juan Pablo II el 14 de enero de 1995.

Yo no daba crédito y solo atinaba a levantar mi mano y agitarla en señal de saludo.

Como todos, yo deseaba salir a conocer ese maravilloso lugar, pero tuve una experiencia que realmente tomé como advertencia. Un día durante mi visita me llevaron a comprar unos trajes típicos de Filipinas pues yo deseaba ponerme uno. Fuimos a una especie de *mall* y mis hermanas, mi mamá y yo nos compramos casi toda la tienda, no solo trajes completos, sino también telas maravillosas para mandarnos a hacer algunos trajes sastres. En esas estábamos cuando comenzamos a oír muchos gritos. Se fueron haciendo cada vez más fuertes entonces nos asomamos y, como habían cerrado el área en donde estábamos y se había corrido la voz de que yo estaba ahí, vimos que la gente estaba golpeando los grandes vidrios que servían de puertas, a tal grado que tuvimos que salir de ahí por las "entrañas" del edificio. Hasta llegaron a tronar el vidrio del escaparate de la tienda y estaban a punto de romperlo.

A partir de ahí, diseñamos una estrategia para que yo pudiera salir a pasear por los lugares que visitábamos. En una de las ciudades que visitamos llamada Sumantra, me puse un vestido largo y me cubrí la cara —solamente se me veían los ojos— como a la usanza de las mujeres de esa región. Para no levantar sospechas, le dije a mi guardaespaldas, un güero grandote, que caminara frente a mí y yo detrás de él, como si fuera su esposa. Así llegamos al mercado popular donde yo quería comprar de todo, había cosas tan bellas y tan únicas que me quedé fascinada. Pero cuando me acerqué a pagar un objeto de escama de pescado que me había gustado, la chica que me atendió me vio a los ojos y levanto su mano señalando con su dedo índice: "Tú eres Marimar… Marimar…". Yo sólo entendí Marimar, y antes de siquiera comprender lo que había pasado, mi guardaespaldas ya me había cargado y me encontraba dentro del auto que salía a toda velocidad del área del mercado. ¿Cómo pudo reconocerme detrás del velo? Nunca lo sabré.

Algunos noticieros hicieron un balance en récords de audiencia y publicaron que en Filipinas, quizá el país asiático donde tuvo mayor impacto social *Marimar,* tuvo más promoción que el Mundial de 1998; más *rating* que el Superbowl y los premios Grammy. Y fue tal el impacto socio-político que a mediado de los noventa cuando visité el país, el público y los medios estaban tan enloquecidos con la fiebre Marimar que ni hicieron caso a un histórico tratado de paz que se firmó entre las gueril y el gobierno. Como resultad al país le pusiemo el apodo tempo de "República de Marimar".

Yo aceptaba todas las invitaciones que me hacían en Filipinas. ¿Cómo decir que no, si ese pueblo me había dado tanto? El problema es que yo no entendía que todos estos homenajes escondían un alto contenido político. De alguna manera, aprovechaban mi visita para ganarse el favor del pueblo. Poco a poco fui aprendiendo y me fui informando más, porque lo último que quería era que me utilizaran para ganar votos y que luego los filipinos sintieran que yo estaba respaldando a cierto candidato más que a otro. Yo soy artista, y nunca me ha interesado inmiscuirme en la política de un país; mucho menos si no tengo todo el trasfondo político de lo que está sucediendo para poder formar mi propia idea.

Para ese entonces, la polémica ex primera dama, Imelda Marcos, esposa del difunto ex presidente Ferdinand Marcos, estaba haciendo campaña presidencial y me invitó a una cena para conocerme. Tenía toda una cena preparada para mí; sin embargo, a sabiendas de lo que se sabía de ellos y de la situación tan delicada que estaban viviendo en su país, con mucho cuidado y cortesía, declinamos su invitación, le mandé una carta diciéndole que no iba a poder asistir. Con todo lo que habían hecho ella y su esposo, me era imposible aceptar esa invitación. Si mis fans me veían retratada con ella seguro iba a herir susceptibilidades. A raíz de todo este éxito, decidí grabar un disco que se lanzó exclusivamente en Filipinas donde venía la canción "Nandito Ako", que fue el primer sencillo que presentamos y la primera vez que aprendí un idioma, en este caso el tagalog, especialmente para grabar un disco, aunque fue acompañado por otras canciones en inglés.

Tan solo a una semana de haberse lanzado se me adjudicó un disco de platino. Cada país me sorprendía más que el anterior. Uno de esos lugares fue Indonesia. Qué sitio tan interesante, su gente, su cultura, su comida, su música y sobre todo, sus bailes. Yo deseaba tomar clases de baile indonés; me maravillaba la perfección de sus movimientos, y sus rostros, impávidos, parecían marionetas gigantes que no gesticulaban nada, solo movían los ojos abriéndolos de tal manera que parecía que se iban a salir de sus cuencas; el movimiento de sus cuerpos era matemático, parecían esculturas que habían salido de uno de sus templos y habían cobrado vida.

A partir de ese viaje integré esos movimientos en el resto de mis coreografías. En uno de los días en que no trabajaba, y estando en Bali, me fui a visitar algunos de los pueblecitos más recónditos y, en una ocasión, los trabajadores de las plantaciones de arroz me invitaron a sus casas, me dieron un plato del arroz que recién habían recogido esa tarde, mientras un grupo de músicos practicaba una música típica. Al verme tan interesada, me enseñaron a tocar el *gamelan*, que es una especie de marimba, y me ponían a tocar música.

Siempre pienso que creían que verdaderamente quien los visitaba era Marimar y no Thalia, pues la sensación que causó esa telenovela en Asia no tiene igual. El público asiático estaba obsesionado con la costeñita. A mí me parecía muy tierno verles las caritas de ilusión cuando me tenían sentada en su mesa, comiendo o cenando con ellos, como en la novela. Casi buscaban a mi perro Pulgoso con la mirada a ver si lo había traído conmigo. Yo podía sentir el orgullo que emanaban al poder compartir conmigo unos minutos de su vida, y eso me llenaba el corazón. Las señoras a veces hasta lloraban de la emoción. Era algo que no puedo explicar, un torbellino de experiencias y emociones que me marcaron profundamente. Pasaba de un día estar en la mesa de los aldeanos a estar al día siguiente en la mesa del gobernador donde me honraban con una fiesta fastuosa con la elite del país, cuarenta músicos locales y banquetes de comida que no terminaban nunca, prácticamente echaban la casa por la ventana; y para ir de manera adecuada, ya me habían hecho llegar a mi hotel un traje elaborado a mi medida, de las sedas más finas del país y bordado en oro. De estar en la aldea con mis músicos del arroz, como les llamo de cariño, pasaba a estar entre los mejores músicos del país; todos trajeados con sus mejores galas en seda.

Hubo muchos sucesos fuera de lo común que se registraron a lo largo de la historia de estas telenovelas, como el reportaje de la UNESCO, donde señalaban que "en Costa de Marfil en África y en París la gente paralizó muchas de sus actividades diarias" para ver la telenovela. Todavía me emociono al recordar esos tiempos tan maravillosos. Ese éxito, no me lo esperé jamás.

Desde el momento en que aterrizábamos en el aeropuerto, ya me estaban esperando mis fans que, en sus coches, acompañaban mi vehículo hasta la llegada al hotel. Me hacían cartas gigantescas, se ingeniaban en pegar varias hojas carta, las enrollaban después como un papel de baño gigantesco; eran metros y metros donde solo se leía: "Thalia te amo, te amo, te amo, Thalia te amo". Me llenaban de ositos, tarjetas con besos, álbumes de mi carrera, flores, corazones; y eso sucedía por toda Sudamérica pero también se repetía en Grecia, Hungría y diferentes ciudades de Europa. Era grandemente recibida en el viejo y en el nuevo continente. Por ejemplo en Brasil, cuando me presentaba en los programas en vivo o en los *shows*, me impresionaba que cuando me veían, las chicas se llevaban las manos a sus mejillas y se arañaban la piel, mientras lloraban gritando con todas sus fuerzas.

Al llegar a mi hotel, veía por la ventana cómo los fans se tiraban a dormir en el suelo un día antes del concierto para esperarme a que saliera y saludarme. En esos casos, mandaba a alguien de mi equipo a que les comprara algo de cenar y les dijera que me ponía muy nerviosa verlos allí tirados, que por favor se fueran a dormir a sus casa esa noche, que les prometía que al día siguiente los saludaría. Esto me pasó varias veces en mis *tours*, porque cuando hacíamos *shows*, el club de fans nos seguía y yo les decía que perfecto, pero con la condición de que me dejaran pagarles un hotel porque no quería que pasaran la noche en la calle. Siempre fui muy consciente de cuidar a mis fans, porque ellos me cuidan a mí. Ellos son para mí, mi gente, mis amigos, son los más leales. Muchos de estos grupos de fans todavía existen y han estado conmigo desde el principio. Con los años, muchas de las chicas han tenido hijas y hasta les han puesto mi nombre, y sus hijitas conocen mis canciones. Eso es para mí el mejor galardón. Mi regalo, mi premio por tanto trabajo duro.

Donde me encontrara se reunían familias completas, hablándome en su idioma natal y cantando mis canciones en español, eso era una locura. En Brasil me hicieron Reina del Carnaval de las escuelas de samba de Rio de Janeiro; sin duda, una de las experiencias más maravillosas de mi vida. Además, me enamoré perdidamente de Rio de Janeiro, de su comida, su música y su alegría por la vida, inyectándome la idea de grabar en portugués para ese mercado.

Rosalinda fue mi última telenovela hasta el día de hoy, con un libreto de Delia Fiallo y producida por Salvador Mejía. La telenovela se estrenó en 1999 y, aun cuando en México no obtuvo el *rating* de las Marías, fue un gran éxito. Así también en países como Perú, Argentina, Bolivia, Holanda, Francia, Estados Unidos, Alemania y África, fue todo un *hit*. Pero ya para estos momentos mi salud estaba minada; trabajábamos muchísimo. En una ocasión en que teníamos que grabar una escena en una antigua estación de ferrocarriles, la planta de luz no había llegado. Yo había comenzado mi día a las siete de la mañana; eran las tres de la mañana y no llegaba la planta. No podía sentarme ni acostarme para descansar pues ya estaba vestida y tampoco podía arrugar la ropa, por lo que me reclinaba en una especie de tabla con pasamanos. Comenzamos a grabar como a las cuatro de la mañana, la temperatura estaba a cuatro grados bajo cero, y nosotros vestíamos cosas muy ligeras. Yo no sentía los dedos de los pies del frío tan terrible que hacía. Ya para cuando terminamos de grabar, alcancé a cumplir veinticuatro horas de trabajo continuo. Cómo no iba a enfermarme. Tuve gripa y calentura que me duró una semana, a pero eso sí, no podía dejar de trabajar.

Vida gitana

Muy temprano en mi carrera, justamente a partir del momento en que mi mamá y yo nos fuimos a vivir a Los Ángeles, nuestra vida tomó un perfil "gitano". Nos íbamos de viajes por temporadas larguísimas durante las cuales vivíamos todo el tiempo en hoteles, arrastrando maletas de un lado para otro. No regresábamos a casa sino quizás tres veces al año como máximo. No parábamos. Era una vida que me encantaba porque todos los días nos esperaba una experiencia nueva y fascinante y en ese sentido podía estar segura de nunca aburrirme. Mi mamá y yo vivíamos felices, pero mis hermanas añoraban tener a su mamá cerca en fechas especiales, en momentos difíciles o hasta en una simple tarde de domingo. La atención de nuestra madre estuvo enfocada en mí durante varios años, cuando en realidad también tenía a otras cuatro hijas que la querían y la necesitaban al igual que yo. Pero sin que nos lo propusiéramos, las cosas se dieron así.

Mis hermanas muchas veces pensaron que mi mamá me prefería a mí y que ellas habían dejado de existir para ella. Eso, por supuesto, no era verdad, pero así lo sentían y yo debo admitir que hasta cierto punto las entiendo. Ellas lo que querían en lo más profundo de su alma era tener a una mamá presente y quizás por eso tampoco entendían que viviéramos sumergidas en mi carrera y que nos hubiéramos dejado llevar por el exceso de trabajo de tal manera que no teníamos tiempo suficiente para estar todas juntas en familia, como en los viejos tiempos.

Si no estábamos hablando por teléfono para confirmar si nos habían o no pagado un *show* o si nos ofrecían un papel en una novela nueva, estábamos resolviendo problemas con el equipo de trabajo, contadores y abogados, entre otras personas relacionadas con nuestros proyectos. Recuerdo que un Día de la Madre estábamos en casa de una de mis hermanas y de repente nos llamaron a informarnos que habían metido al ingeniero de sonido y al líder de mi banda a la cárcel en un país de Sudamérica porque llegaron sin mí y no les creían que sí se iba hacer mi *show*. El pago por la presentación ya estaba en mi cuenta y mi equipo se había adelantado al viaje para organizar todo antes de mi llegada. Intentamos solucionar el asunto por teléfono pero fue imposible, entonces tuvimos que dejar a toda la familia reunida y tomamos un avión de urgencia para resolver toda la situación. En realidad nuestra vida era bastante agitada y muy difícil de explicarla a nuestros seres queridos.

En México se realizan un sinfín de ferias relacionadas con la primavera, con la ganadería y con las festividades de cada lugar, pueblo o región y en ellas nunca falta el palenque. El palenque es un lugar donde el escenario y las butacas para el público están diseñados en círculo, como si fuese una plaza de toros en miniatura, en donde se encentran varias filas de tablones de madera, bancas o sillas alrededor del centro, y ahí se desarrollan los *shows* de artistas importantes y las famosas peleas de gallos. Se puede decir que la gran mayoría de los artistas mexicanos han pasado por los palenques y en mi caso, cantar en los palenques era lo más duro, porque tenías que esperar a que la pelea de gallos terminara, limpiaran el centro del escenario, conectaran instrumentos musicales y que los músicos los probaran para empezar el *show*. Esto podía ser de las doce de la noche a las dos de la mañana, todo dependía de cuánto tardaba en morir el gallo perdedor. Hay toda una economía subterránea en esos *shows* y todo se paga en efectivo. Una vez, mi mamá se puso a pelear con el empresario de un palenque que era como "mafiosón" y le dijo: "Si usted no nos paga por adelantado, Thalia no sale a cantar". Y sin decir nada, el hombre agarró su pistola y encañonó a mi mamá en la sien respondiéndole: "¿Cómo que no sale, Señito?". Sobra decir que el *show* comenzó tres minutos más tarde.

Estas vivencias no las compartíamos con mis hermanas para no preocuparlas; ellas solo veían lo que el resto de la gente veía; era mas fácil que se enteraran a través de las noticias, o medios de comunicación, que por nosotras que no teníamos el tiempo suficiente para platicar ampliamente con ellas de lo que estábamos viviendo. Es posible que por eso se les hiciera tan difícil entender lo que manejábamos a diario. Estábamos en diferentes planos de vida. Mientras ellas tenían tiempo para estar con sus amigas, para ir los eventos de los niños, al cine al teatro, para sabrosear la vida, yo iba a mil kilómetros por hora y con mi mamá de bufanda.

Es difícil explicar la cantidad de trabajo que exige esta carrera cuando el éxito y la fama han tocado a tu puerta. En ocasiones te encuentras envuelto en un huracán de proyectos, trabajos, rostros diferentes, presiones, viviendo en un torbellino en donde el tiempo no existe; se va como agua, de pronto no sabes ni en donde estás. Despiertas en un hotel y te duermes en otro, te subes a un avión y viajas durante doce horas para llegar a tu destino y sin glamour alguno, corres por los largos e interminables pasillos de diferentes aeropuertos, para alcanzar tu conexión a otro país. Te despiden en un idioma y te reciben en otro; estás mal alimentada comiendo lo que sea que esté a tu alcance, pierdes horas de sueño, horas de convivencia con los tuyos, horas, días, meses de tu vida. Los productores quieren que te presentes en su *show*, y todo el mundo quiere tener algo que ver contigo; quieren un pedazo de ti, un trocito tuyo; mucho más cuando te ponen el titulo del "Rey Midas de los *ratings*", te ven con ojos de Rico Mac Pato y casi sabes lo que están pensando: *Con ella vamos a hacer nuestro agosto*. Comienzas a cobrar más dinero por cada trabajo y esa cifra va creciendo cada vez más. La fama entra en acción y en ese momento el público, los fans, entran a formar parte primordial de tu vida pues son ellos quienes te mantienen en la cima verdaderamente.

Cuando estaba de vuelta en casa, mis hermanas me llamaban para salir e íbamos a comer o a cenar, o nos juntábamos a ver películas en casa de alguna de ellas, pero estaba tan agotada que al llegar a su casa me dormía en un sillón, despertándome solo para despedirme e irme a mi casa. En otras ocasiones estaba tan metida en mi rollo, tan obsesionada con mi carrera, que no era capaz de darme cuenta de que ellas a quien buscaban era a su mamá y a su hermanita menor, no a la mánager ni a la artista. Mi mamá no hablaba de otra cosa más que de su producto, o sea de mí, y fuera de eso en realidad eran pocos los temas de conversación. De alguna manera, mi madre había logrado su éxito profesional —el prestigio y el respeto que nunca había tenido— a través de mi carrera, y eso es algo que yo comprendo muy bien porque pude ver de cerca cómo trabajó muy duro para que yo saliera adelante.

El hecho de que mi madre se haya dedicado tanto a mi carrera, creo que tiene que ver con que fue una actriz frustrada que nunca llegó a realizar su sueño. Cuando era muy jovencita, mi madre era una mujer extremadamente bella que cuando iba por la calle la gente se volteaba a mirarla. Tenía una belleza como de aquellas divas del cine de oro, como una Rita Hayworth, y con un cuerpo exuberante para una jovencita de quince años. Por eso en la colonia donde vivía se la pasaban cazándola tanto los jóvenes del barrio como los hombres influyentes. Este fue el caso, por ejemplo, de don Emilio Fernández, mejor conocido como el "Indio" Fernández, gran productor y cineasta de la época de oro del cine mexicano que, cuando la vio, la siguió y le entregó una tarjeta de presentación para que fuera a los Estudios Churubusco en donde le haría una audición. Estos estudios fueron muy famosos a mediados de los cincuentas pues eran como nuestro Hollywood mexicano. Era el lugar donde se rodaban las antiguas películas en blanco y negro; el lugar en donde se desarrolló realmente la cinematografía de México. Pero mi madre nunca fue.

En otra ocasión un señor que vivía cerca de su casa, la invitó a que se presentara en el programa de *Variedades de medio día*. Mi madre nos contaba que siempre venían a pedirle a mi abuela que les dejara retratarla, pero mi abuela siempre decía lo mismo: "No, no, y ¡no!", dejando a mi madre con la inquietud y la duda de lo que pudo haber sido. Nunca llegó a ser actriz pero sin duda lo vivió todo a través de mí, y se convirtió en una gran empresaria, no frente a las cámaras como tal vez había deseado alguna vez en su corazón, pero era el rostro detrás de cámaras, y eso le dio mucha fuerza en el medio.

Cuando la fama te envuelve con toda su gloria, cuando todos te quieren, cuando todos cantan tus canciones, cuando los empresarios se pelean por ti y te pagan doble o triple para que vayas a tal lugar y te mandan aviones privados con todo lo que quieras, es muy fácil perder la perspectiva. Los pies se te van despegando de la tierra y ni te das cuenta de lo que está sucediendo porque todo es como un sueño.

La fama te saca de la realidad y te introduce a un plano en el que todo se puede; y algunas veces esa sensación de poder me hizo hacer cosas tontas y arrogantes por el simple placer de hacerlas. Una vez me encontraba de gira en España, y en un momento que tuvimos para divertirnos, me fui a un club a bailar con mis colegas, mis bailarines y mis músicos que eran mis únicos amigos en aquel entonces. Nos sentamos en un área privada VIP y comenzaron a llegar las botellas de champán. Yo me senté en el sofá y había muchos chicos guapísimos alrededor tomándose sus copas, mirando y coqueteando conmigo. Uno de mis compañeros me dice:

—¡Pero qué bruta eres! ¿Ya te fijaste en el fulano ese que está ahí parado mirándote y que está guapísimo? Si yo fuera tú estaría ahí junto a él, platicándole.

A lo que mi ego de aquella época respondió:

—¿Qué no te das cuenta de que yo lo que quiero lo tengo cuando yo quiera? Mira cómo le trueno los dedos y viene como cordero degollado hasta aquí.

Y así lo hice. Lo miré fijamente, le hice señas con mi dedo índice de que se acercara y el pobre chico vino a conocerme. Era el bombón más guapo del antro, y vino con una amplia sonrisa a sentarse a mi lado. Cuando estuvo sentado cerca de mí, me giré hacia mi amigo, y le dije segura de lo que había hecho:

—¿Satisfecho? Yo lo que quiero lo tengo, y si me quiero llevar a este a otro lugar, me lo llevo. Y si lo quiero comprar, me lo compro también.

Lo pienso ahora, y no puedo creer que haya sido capaz de decir semejantes cosas. En ese momento yo tendría veintitrés o veinticuatro años nada más y ya me sentía una diosa. Pensaba que el mundo estaba a mis pies y que podía controlar todo y a todos los que estaban a mi alrededor... Era completamente inconsciente del poco control que en realidad tenemos y lo frágil que puede ser la vida. En esa época estaba tan acostumbrada a que todo fuera siempre como yo quería, y cuando las cosas no salían a mi manera, me contrariaba intensamente o me pegaba en lo más profundo de mi ser.

Hubo una ocasión, en particular, donde recuerdo haber sentido lo que es un golpe al ego. Llevaba casi dos años saliendo con un novio, uno de los empresarios jóvenes que despuntaba en la sociedad de aquel entonces. En mi mundo teníamos una relación ideal, dos jóvenes exitosos a quienes les encantaba divertirse juntos. Pero un buen día dejó de llamarme sin explicación. Esto me sorprendió de sobremanera, ya que sentía que era una ofensa directa a mí. ¡Nadie dejaba a Thalia! Todo lo contrario, ¡era Thalia la que los mandaba a volar!

En esos días en que no me llamaba, decidí salir con unas amigas a un restaurante de la ciudad y cuál no sería mi sorpresa cuando al ir entrando al restaurante él le estaba poniendo el abrigo a una fulana para salir por la misma puerta por la que yo entraba. Al verlo me quedé paralizada, no supe qué hacer, no supe si jalarlo y hablar con él, si bajarle el pellejo a la susodicha o darme mis aires de grandeza al estilo María Félix, viéndolo de arriba para abajo como poca cosa. La verdad es que me quedé parada como planta, y así "plantada", mis amigas me arrastraron al bar y sin más explicaciones me pidieron cinco rondas de tequila al hilo. Mientras tomaba mis tequilas venían a mi memoria todas las veces en que yo hice lo mismo, mi estrategia era que cuando una relación ya no me hacía vibrar, les decía suavecito, de manera indirecta, que deberíamos ya separarnos y que cada quien se fuera por su lado. La mayoría de las veces ellos no querían oírlo y hacían oídos sordos siguiendo el noviazgo como si nada, y yo pensaba: "No hay más ciego que el que no quiere ver. El que es masoquista, hasta la muerte le sabe". Así que, sin ningún miramiento, me embarcaba en otro noviazgo. Cuando ellos se daban cuenta y me reclamaban yo les decía: "Aayyy,… pues te lo dije de mil maneras, tú nunca quisiste escuchar".

Esa noche, sentada junto con mi tequila, me bebí una taza de mi propio "chocolate". Fue tan grande esta lección que removió en mí el sentimiento de culpa y la necesidad de redimirme. Me sentí tan mal que agarré todas las agendas que llené a lo largo de mi vida y levanté el teléfono para llamarlos uno por uno a pedirles perdón por el daño que les había hecho. Algunos me decían, "Pero de qué me hablas, eso fue hace más de cinco años, ya ni me acordaba...", otros me confirmaban, "No sabes lo que yo necesitaba oír esto de ti, gracias". En realidad lo único que mi corazón deseaba era escucharlos decir, "¿Sabes qué Thalia? Te perdono", y después de hacer esto, muchos pedacitos de mi alma volvieron a mí.

Hay momentos y circunstancias de la vida que te paran en seco. Para que no sigas por donde vas, tienen que darte un jalón para detener tu loca carrera, tu actitud; o un sentón, o una buena bofetada para recapacitar y despertar revalorizando tu esencia como ser humano y darte cuenta de que, ni la fama, ni el éxito, ni el egocentrismo, pueden darte la paz y el amor que son la substancia por la cual uno está en el mundo.

Momentos imborrables

A medida que fueron pasando los años y llegó la etapa de la Thalia tipo Rey Midas, me equivoqué en infinitas ocasiones más. O lo que es lo mismo, ¡tuve que pedir perdón muchísimas veces! Todavía me resulta raro ver fotos mías de aquella época. Porque luego del éxito de las *Marías,* fueron tres años de plena y absoluta locura, con horarios de trabajo inhumanos. Por eso, cuando veo a una Britney Spears rapándose la cabeza, agarrando a sombrillazos el auto de los paparazzis, que tiene dos hijos, se divorcia y se descarrila... me impresiona y siento mucha pena por ella, pero la entiendo perfectamente bien. Porque cuando eres tan jovencita, tan vulnerable y no sabes nada de la vida, de pronto todo el mundo está pendiente de lo que haces o dices, o de cómo se llama tu osito de peluche con el que duermes desde pequeña... terminas a un punto del camino en donde te rebelas. Es como decirle a los fans y a la prensa: "Ustedes me hicieron así, ahora me aguantan; ya no soy la niña buena que ustedes quisieron ver en mí, tengo también otra cara". Y esto se convierte en un conflicto fuertísimo que solamente puedes enfrentar tú.

Con el exceso de poder, sientes que manejas al mundo entero. Puedes hacer lo que quieras, a la hora que quieras y realmente lo haces. ¿Cuántas veces no cerré restaurantes completos para ir a cenar platillos extravagantes con mis familiares y amigos? Cuando hacía telenovelas, en mi camerino en Televisa tenía mi propio gimnasio. Eso no se había visto nunca antes allí, ni siquiera lo habían tenido las actrices más importantes de la historia de la televisión mexicana. Tenía refrigerador, microondas, cama, ducha, todo lo que yo necesitaba o pidiera. Vestían a mis personajes con ropa Versace, Moschino, D&G, Scada, cuando llegaban a la etapa del éxito. A la vista de muchos parecía que era una extravagancia sin límites, pero en realidad yo vivía en los estudios de grabación por año y medio, no salía, no tenía tiempo de comer fuera y prácticamente no veía la luz del sol. No tenía vida. Quizás por eso me complacían en todo. Tenía un menú específico que cocinaban especialmente para mí, en el comedor de los altos ejecutivos de la empresa, y diariamente me lo llevaban a mi camerino ya que ni energía me quedaba para caminar hasta el comedor. De hecho siempre estaba escogiendo: "O camino y gasto mi energía, o la conservo para las siguientes veinticuatro escenas que nos faltan por grabar". Fue una gran inversión de mi vida para alcanzar ese sueño internacional que rondaba en mi cabeza desde chiquita.

Cuando estaba en México trabajando, en algunas ocasiones salía para distraerme con mis amigos, pero era solo en ocasiones especiales como cuando nuestro equipo nacional de fútbol quedó en las semifinales del Mundial y todo México se reunió en el Ángel a celebrar. Fuimos todos usando mascaras de luchadores, a mezclarnos con los miles de fanáticos que celebraban en la calle… Hasta comprábamos unos botes de spray de burbuja y hacíamos guerritas con desconocidos, todos contra todos. Era una gran travesura que me hacía sentir viva, gritando y divirtiéndome como cualquier ciudadano, participando de un momento de gloria nacional.

Pero esos momentos, en verdad eran pocos. A pesar de todo lo que tenía, en realidad me pasaba la vida encerrada en mi trabajo. Me acostumbré a entrar a las tiendas de ropa, las cuales cerraban para mí, y me compraba la última colección de algún diseñador que me llamaba la atención. Me llevaban las compras al hotel y me pasaba la tarde probándome mi ropa nueva. ¿Y por qué no? Lo veía como mi recompensa por trabajar tan duro por tantas horas y por tantos años. Era como cuando estás a dieta todo el tiempo y llega el fin de semana y te comes un pedazo de pizza, un pastel de chocolate con extra crema y una malteada de fresa. En ocasiones me guardaban el salón privado en alguno de mis restaurantes favoritos, todo después de haber trabajado diecisiete horas encerrada en un estudio de grabaciones en Televisa. Y esto fue creando una imagen misteriosa alrededor de lo que se decía que yo hacía, desde sacarme tres costillas —y que según la leyenda, un doctor dice que las tiene en formol en su clínica como galardón a su trabajo—, hasta las listas interminables de mis necesidades cuando llego a trabajar, que si velas blancas, que si flores de azar, que si el incienso de tal templo de la India, que si las botellas de agua traídas de islas exóticas… en fin, cosas que ni me pasan por la cabeza. Lamentablemente, la gente se deja llevar por lo que escucha en programas de chismes, que es a donde van a parar este tipo de historias. Hasta el día de hoy, muchas veces me sucede que cuando platico o interactúo con alguien que no conozco, muy a menudo me dicen que jamás pensaron que fuese tan normal o tan auténtica. Les sorprende cómo soy pues por lo que algunos artículos de prensa presentan de mí, se imaginaban que no era más que una mujer plástica y falsa. Puede ser que en algún momento esa imagen pesó más de lo que yo en mi esencia tenía para dar, y que poco tenía que ver con mi verdadero ser.

Pero en medio de toda esa locura, de los mitos, las horas pasadas encerrada en el estudio o aprovechando al máximo mis contados ratos libres, mi máxima satisfacción eran los momentos en los cuales yo podía sacarle una sonrisa a otro ser humano. Cuando se acercaba la Navidad, por ejemplo, era como si me inyectaran una energía diferente y empezaba a planearlo todo para llevar a cabo mis proyectos personales; como el llevar camiones de juguetes a las vecindades más necesitadas, o mandaba a hacer canastas navideñas que contenían desde pavos, pan, salchichas, todo tipo de latas, pastas, arroz, granos y artículos de primera necesidad, para todo mi equipo de trabajo; también llevaba un camión lleno de puros ositos de peluche a un albergue de niños huérfanos; no solo era una necesidad personal, sino también una forma de sentirme viva al ver esas caritas sonrientes de los niños y de la gente; eso me llenaba, era realmente el único alimento de mi alma en ese momento.

¿Qué aprendí de todo esto? Que el éxito te quita cosas, pero también te da mucho. Aprendí que más allá de mis propias expectativas y obsesiones con la perfección, sí soy una persona muy disciplinada. Tengo una capacidad innata de hacer lo que se me dice que debo hacer, lo mejor que lo puedo hacer y en tiempo récord, si es posible. María Félix alguna vez me dijo que la disciplina era lo más importante que uno tenía que tener en esta carrera. Pero la mía era —y todavía es— como del más allá. Es una fuerza que me nace de las entrañas y me *obliga* a andar siempre la milla extra, como dicen los americanos. Soy muy entregada. Siempre he estado tempranísimo en todo, lista a ensayar, con maquillaje y peinado desde la madrugada si es necesario. Algunas veces hasta he estado dispuesta a tomar riesgos físicos para hacer bien mi trabajo y de ello tengo varios ejemplos y experiencias.

En *Marimar*, una vez hicimos una escena en la que yo salía huyendo cuando descubría que mi novio se iba a casar. Me tenía que subir corriendo como una loca hasta un acantilado como si me fuera a aventar. Era un acantilado de verdad, entonces los directores ofrecieron ponerme una cuerda de seguridad para que no fuera a haber ningún riesgo de accidente. Pero yo sin pensarlo dos veces les dije que lo haría así nomás, al natural, sin soga y sin dobles. Obviamente lo hice porque quería que la escena saliera lo más realista posible. Es que siempre vivía en carne propia los sufrimientos de mis personajes. Creo que por eso caí en depresión tantas veces mientras hacía novelas. Me dolía en todo el cuerpo que Sergio le rompiera el corazón a Marimar, o que Jorge Luís del Olmo dejara plantada a María Mercedes solo porque era pobre y sin educación. Todos mis personajes se volvían locos en algún momento, y yo también. Cuando metieron a María Mercedes al manicomio, había una escena en que me amarraban, me aventaban y me dejaban tirada en una habitación blanca infernal. Esa escena fue tan fuerte para mí que entré en un estado de *shock* en la vida real, porque tuve que gritar y forcejear tanto con las supuestas enfermeras, que creo que perdí noción de que era solo una escena. Me la creí de verdad. Terminamos de grabar, y yo no podía parar de llorar; estuve como hora y media histérica. Me tuve que encerrar en mi camerino. Fue como una catarsis, quizás provocada por el cansancio de las largas horas de trabajo.

Con *Marimar*, me tenían que pintar todos los días con una

capa gruesa de maquillaje, de pies a cabeza, para hacerme lucir costeñita y con una piel dorada bajo el sol. Me ponían el tono café más oscuro de maquillaje en crema. ¡Cómo olvidarlo! Se me secaba la piel, y me salía acné porque tenía los poros totalmente tapados. Todas las semanas tenía que pasarme una hora en el área de cuidado de la imagen de los artistas de la empresa, haciéndome faciales y tratamientos láser para el acné.

Otra cosa que pasaba con la costeñita, y que al final de cuentas me llevaba yo a mi casa, era el olor a comida enlatada de perro. Para que se viera en cámara que Pulgoso me estaba viendo a la cara cuando le hablaba, su entrenador ponía la comida de la lata en sus dedos para que el perro la oliera y la viera. Cinco dedos por encima de mi cabeza colocaba sus dedos con la comida y mientras la escena se grababa, morusitas aceitosas de esta comida caían sobre mi cabeza dejándome una estela de carnicería insoportable.

También en *Marimar*, recuerdo una escena en que el personaje de Angélica, que era la madrastra de Sergio, el protagonista, me tiró un brazalete en el lodo y me hizo sacarlo con la boca. Mi directora Beatriz Sheridan me cuidaba mucho, entonces para que yo no tuviera ningún tipo de enfermedad por tragar fango de verdad que pudiera contener algún tipo de bacterias o animales microscópicos, decidió construir con el equipo de escenografía, una especie de charquito de chocolate simulando el lodo. Pusieron un plástico debajo y derritieron cientos de barras de chocolate, pero no funcionó; de antemano se veía rara la textura. Cuando se grabó la escena en donde yo recojo con la boca el brazalete que se encontraba en el lodo-chocolate, al revisar el video se veía un color anaranjado alrededor de mi boca que no se percibía natural. A simple vista, se veía un lodo de "mentiritas", por lo que le dije, "Betty, yo no tengo problemas con la escena, hagámosla con lodo de verdad" y, aunque no quería, la imagen grabada y mi insistencia lograron que accediera a realizar la toma en el ambiente natural. Volvimos a grabar la escena con lodo de verdad y así quedó. Tuve que hacerlo. Era la escena que determinaba lo que sería la venganza de Marimar, era el clímax de la historia y tenía que salir lo más real posible. Todavía la gente me dice que llora al verla, porque la humillación en el rostro de Marimar era tenaz.

En *María la del barrio* también viví momentos interesantes y de mucha adrenalina. Ella se ganaba la vida recogiendo botellas en el basurero y la filmación la hacíamos en el tiradero de basura más grande de la ciudad de México. Olía a cadáver y a ratón muerto todo el tiempo. Y pasábamos horas allí. No podía taparme la cara por mi papel, pero tampoco lo hacía porque aprovechaba en los descansos para hablar con los pepenadores, que son los que se ganan la vida rebuscando en la basura, igual que María la del barrio. Mientras ellos escarbaban las montañas de basura real, yo escarbaba mi basura de "mentiritas" ya que el equipo técnico montaba una basura de utilería, preseleccionada, digamos más "limpia", supervisada para no poner en riesgo mi salud ni la de ningún miembro del equipo. Ver a los niños buscando entre la basura algo que comer, así como sus carritos, muñecas o cualquier otro juguete que hacían suyos, me marcó de por vida. Meses después, regresaba con despensas y juguetes para esas familias que vivían alrededor de la basura.

Para mí siempre fue importante hablar con la gente real, los que habían inspirado a los escritores a crear mis personajes; hablar con las Marías Mercedes, con las Marimares y con las Marías del barrio. Cuando parábamos las grabaciones entre escena y escena, me les acercaba a los pepenadores y les decía: "Oiga qué onda, ¿por qué veo que su bebé está ahí corriendo en pañales por toda la basura? ¿No le preocupa que se enferme?". Y ellos me respondían, "No, Señito, ellos están acostumbrados". ¡Eso me impactaba tanto! Sobre todo porque allí se encuentran desde cabezas de animales hasta manos y pies de seres humanos, al igual que fetos en diferentes grados de descomposición. ¡Realmente muy fuerte! Cuando yo caminaba sobre la basura sentía que el piso se movía debajo de mí como una alfombra viva; eran las cucarachas y los ratones que correteaban bajo las bolsas de plástico, cajas, papeles o cartones. Era como una alfombra movediza. Acababa de grabar y me tenía que meter a mi camerino-*camper*, directamente a la ducha. No sé si era por quererme quitar de encima el olor, o por enjuagar esas imágenes tan fuertes que se arremolinaban en mi mente.

Estos son los momentos que, aunque fuertes y crudos en algunos casos, atesoro como vivencias extraordinarias en mi carrera como actriz.

Otros momentos que me desgastaban y frustraban eran las escenas en que lloraba de verdad, metida en mi papel, sintiendo en carne propia el dolor, en pleno sufrimiento, y de pronto "Cooortee... se movió una luz". ¡¿Qué?! ¿Quién había dicho eso? Quería matar al que había gritado, al que no había asegurado la luz, al que fuera; porque en actuación, volver a recuperar ese momento es muy, pero muy difícil. Lo puedes volver hacer como un buen actor de telenovela entrenado para realizarlo cuantas veces sea necesario; pero ese primer momento en que te sobrecoge toda la esencia y todos los átomos de tu ser ya no regresa. Retomar el hilo y ese sentimiento inicial, no es tarea fácil.

En *Rosalinda*, hicimos otra escena similar a la del acantilado. En un momento en que Rosalinda se vuelve loca y está a punto de lanzarse de un edificio, la escena también la filmamos sin protección abajo, sin arnés, sin nada, ni siquiera un colchoncito de pérdida. Hubo un momento en el cual pensé, "Si me quisiera tirar ahora mismo podría y seguro moriría en el acto". No tenía deseos suicidas ni nada de eso, pero me di cuenta de que me estaba arriesgando demasiado sin necesidad. Siempre estaba en el filo del peligro. Algo que jamás haría ahora.

A mi propio ritmo

En mi carrera musical el camino ha sido intenso y muy productivo, como todo. De la mano de mis canciones me fui transformando, renovando, reinventando. Comencé grabando en discos de acetato o *longplays* de 30 revoluciones, o 45 cuando eran sencillos. Seguí con los cassettes o *tapes*, para luego pasar a los CDs, y actualmente estoy en la era del mp3. Caminando con la tecnología, no me puedo imaginar qué hubiera pasado si las actuales redes cibernéticas hubieran formado parte de mi vida profesional como actriz y cantante. Y sin la maravillosa herramienta del Internet, que en segundos da la vuelta al planeta mi nombre, mi carrera, mi persona llegó a cautivar a más de 180 países en el mundo, con las únicas armas que tenía a mi alcance: la televisión, la radio y la prensa escrita. ¿Cómo se hubiera desarrollado mi carrera si esto hubiera existido en mis inicios? Para estas nuevas generaciones la fama es instantánea, ya sea que actúes, cantes o simplemente hagas un video divertido y lo subas a YouTube para que millones de personas conozcan tu nombre, hoy en día cualquiera puede ser famoso instantáneamente, lo que hace que los nuevos artistas tengan también más competencia.

Pero por más atractiva que sea la idea de la fama instantánea, yo prefiero el camino recorrido en el cual el sembrar es tan importante como el cosechar, donde las experiencias se transforman en enseñanzas y donde la fama no es solamente un clic a un video, sino una acumulación de vivencias y pasos firmes que son las columnas que pueden sostenernos en el venir de los años. Por nada del mundo cambiaría lo que me tocó vivir pues es lo que me ha hecho quien soy hoy día, es lo que me define como persona, como artista, como mujer. Y por eso estoy eternamente agradecida.

Con varios discos grabados, multiplatino y siete novelas grabadas, lo mejor que he recibido, el mayor honor que se me haya dado es la satisfacción de sentir la aceptación de mi público, un público que cruza fronteras, lenguas y razas. Saber que mis personajes llegaron y siguen llegando a las casas de miles de personas, todos los días acompañándolas y haciéndolas soñar a través de estas historias es para mí algo estremecedor. Me conmueve profundamente. El recordar a aquella jovencita que se había metido durante dos semanas en su cama por las críticas severas y la falta de aceptación del público, y después verla realizada en una gran estrella de la mano de sus tres Marías, aceptada por una multitud de diferentes razas, lenguas y culturas, ¡ese premio no se compara con nada!

CAPÍTULO TRES

LIBERTAD

Querida Libertad:

Preciosa e inigualable amiga, cuánto tiempo viví sin conocerte. Cuántos días, cuántas noches, cuántas horas existí caminando del brazo de la cautividad quien hizo, durante mucho tiempo, el máximo esfuerzo para que nunca nos encontráramos. Logró, en algún momento, mantenerme en la oscuridad de cada pensamiento negativo que ponía en mi corazón; trató de inmovilizarme colocando cadenas de ansiedad, de dolor, de soledad; insistió en llevarme de la mano, directamente a las trampas que había puesto en mi camino; pero no consiguió desviar nuestra cita que se había concertado desde la eternidad.

Nuestro momento llegó y, cuando menos lo pensé, te tuve frente a frente.

Qué amor y qué paciencia la tuya, mi amada Libertad,

con cuánta ternura quitaste de mí las cadenas y cerrojos que llevaba arrastrando a lo largo del camino.

Me abrazaste, me envolviste, pude respirar tan profundamente, que tuve conciencia de mí, de mi espacio, de mi ser, de mí misma.

Libertad, qué bello es tu nombre; en él está la Eternidad.

Junto a ti, libré una de las más grandes batallas.

Logré vencer y salí victoriosa del cautiverio de mi mente... a la libertad.

Libertad

El ritmo frenético en el que estaba trabajando se volvió insostenible. Me sentía cansada todo el tiempo, agotada, sin energía, sin fuerzas. Me seguía encantando mi trabajo, la gente que conocía, los viajes, el privilegio de presentarme en un escenario ante un público que se sabía mis canciones, pero estaba llegando a un punto en el que tenía, necesitaba, parar. En lo más profundo de mi alma sabía que necesitaba un cambio, necesitaba la libertad y mi primera aliada en esta búsqueda fue la luna que una noche se convirtió en mi confidente.

Estaba realizando un *tour* musical por Centroamérica donde una de las presentaciones fue al aire libre. El clima cálido y tropical hizo que ese momento fuera muy especial, la brisa acariciaba mi cuerpo y jugaba con mi cabello... Alcé mi vista, y de pronto, como una aparición en medio de la noche, vi la luna más grande que jamás hubiera visto; estaba justo enfrente de mí, y yo la miré intensamente mientras cantaba. De repente, cuando llegué al puente musical de la canción, le empecé a hablar a la luna, mis palabras se elevaron hacia el cielo, y con todo mi corazón comencé a decir: "Mis ojos están viendo esta luna, y yo sé que los ojos del hombre que va a ser el amor de mi vida, esa persona que no conozco, también la está viendo...". En ese momento sentí que todo mi ser vibraba de arriba abajo, con tal intensidad que ese momento se hizo eterno. "Sé que estás ahí", continué. "Sé que me estás sintiendo en este momento y que pronto nos vamos a encontrar... pronto nos vamos a amar. No sé dónde estás, o en dónde vives... No sé quién seas, pero esta noche te estoy sintiendo... en este momento preciso". Era tan intenso lo que estaba sintiendo que mis lágrimas comenzaron a correr libremente sobre mi rostro. "Sé que el amor es real", me dije, "y sé que tú existes y que estás ahí para mí".

Y fue desde ese momento en que sentí con claridad que esa persona, ese hombre estaría esperándome con la misma ilusión y seguridad, listo para aquel día en el que el destino nos reuniría para siempre.

El Rebelde

Pude confirmar la certeza de que mi verdadero amor me estaba esperando en algún lugar del universo un día en casa de mi hermana Titi, con una amiga de ella que era vidente. En aquel entonces yo llevaba una pena muy profunda en el corazón; mi primer amor, El Rebelde, había muerto. Nuestro amor había nacido de una mirada: estábamos en una reunión departiendo con amigos y en un momento él y yo nos encontramos frente a frente. No había escapatoria, nuestras miradas estaban destinadas a encontrarse. Era una mirada de esas que te dan la certeza de haber conocido a esa alma que alguna vez estuvo en otro cuerpo en otro espacio, en otro tiempo. Sabes que tu espíritu y el suyo ya habían estado juntos, que ya se intuían. La mirada que intercambiamos aquel día fue una mirada tan electrizante y poderosa, que imaginándonos lo que podía pasar, de inmediato a ambos nos sacudió un poder que nos separó porque sabíamos que no íbamos a controlar lo que pudiera venir.

Y aun así, vino. Desde el instante en que nos conocimos, sentí una atracción muy fuerte hacia él, tanto física como intelectualmente. Me fascinaba que tenía una mente muy libre, era un hombre que no le temía a nada, ni a romper las reglas ni a decir "no" y sabía siempre ir más allá de lo que se esperaba de él. Era un rebelde en todo el sentido de la palabra, y su energía me inspiraba de una forma muy poderosa. Habiendo pasado casi toda mi vida en el mundo del espectáculo, un negocio que exige que los artistas digamos que "sí" a todo, la perspectiva de él era totalmente novedosa y embriagante. Me enamoré profundamente de él y muy pronto comenzamos a pasar todo nuestro tiempo juntos.

Teníamos todo y nada en común, fue una de esas relaciones que sobrecogen todo tu ser, y aunque nos quisimos quitar éramos el uno para el otro. Fueron varios años de una relación apasionada, divertida, cómplice, intensa que nos hacía fundirnos en uno solo, siempre estábamos juntos y era una atracción física mas allá de nuestro control. Pero al mismo tiempo nuestra relación tenía un elemento autodestructivo, la intensidad con la que nos adorábamos era tan intensa, sensual, obsesiva y devastadora y por eso mismo nos era muy difícil separarnos. Era como una mariposa que cuando ve la llama de una vela, aunque se queme no deja de ser hipnótica y se inmola ante la belleza de la luz. Así pasaron nuestros días luchando tumultuosamente con ese amor incontrolable y sabiendo en lo más profundo de nuestras almas que a pesar de todos nuestros deseos de formar una vida juntos, eso no iba a pasar.

Sin embargo, con la ilusión del amor en el alma, un día mi rebelde llegó con un anillo de compromiso en la mano y me pidió que fuera su esposa. Sin pensar en todos los problemas que teníamos —imaginándonos quizás que al casarnos se esfumarían— comenzamos a planear nuestra boda. Ambos estábamos emocionados ante la perspectiva de compartir nuestras vidas, de unirnos por la eternidad. Pero por mucho que intentáramos olvidarnos de lo malo y pensar en todo lo bueno, los problemas que siempre estuvieron presentes en nuestra relación durante tantos años, no tardaron en reaparecer. Sobre todo sus celos. Siempre fue un hombre celoso, pero después de que nos comprometimos, su actitud se tornó enfermiza. Nuestras vidas se convirtieron en un infierno. Él sentía celos de los besos en mis telenovelas, celos de mis bailarines cuando me tocaban, celos de mis vestuarios... era como si no hubiera nada que yo podía hacer sin que él se pusiera celoso. No era que nuestra relación fuera abusiva, simplemente nuestro amor se convirtió en una obsesión malsana. Peleábamos todo el tiempo.

Una noche que habíamos salido a bailar en una discoteca en Acapulco me encontré con un viejo amigo que me hizo mucha ilusión volver a ver. Entonces me salí un momento de la pista de baile para hablar con él y que me contara de su vida, pero cuando el Rebelde me vio hablando con otro hombre, perdió por completo el control. De inmediato comenzó a gritarme y me agarró del brazo con fuerza para llevarme a una esquina donde siguió insultándome sin parar. Al recordar el incidente me doy cuenta que ni siquiera sé qué me estaba diciendo... lo único que se me quedó para siempre grabado en la memoria fue la ira y la distancia que alcancé a percibir en sus ojos, parecía poseído. En ese momento me di cuenta que la relación había tocado fondo y que no habría nada que pudiéramos hacer para recobrar la confianza del uno en el otro. Esa noche, algo se murió en mi interior.

Entonces nos separamos. Sin embargo la conexión tan profunda que teníamos nos seguía atrayendo como dos imanes. Aunque en mi alma yo lo único que quería era pasar el resto de mi vida con él, en mi mente sabía que era simplemente imposible. Ni él ni yo podíamos seguir con esa situación tan desgastante. Le pusimos un punto final a la relación, y para no pensar más en el dolor que estaba sintiendo, me metí a fondo en mi nuevo proyecto que en ese entonces era *Marimar*.

Pasó el tiempo y aunque nos logramos acostumbrar a estar separados, ambos sentíamos mucho dolor. No nos veíamos sólo hablábamos por teléfono. Varios de nuestros amigos en común me decían que lo veían muy mal, que su amor por mí lo estaba matando. Y mientras yo me sumergí en el trabajo y lograba mantenerme ocupada para olvidar mi dolor, el Rebelde se dio a comportamientos muy extremos y destructivos. Yo sabía que tenía algunos problemas de salud y de hecho los doctores le habían dicho que tenía que dejar sus comportamientos extremos antes de que fuera demasiado tarde. Pero claro, siendo el Rebelde que era... nunca les hizo caso.

Un día de grabación, en locación, donde estábamos todo el equipo de la novela a la hora de la comida en los jardines de lo que era la hacienda Santibáñez, mi madre recibió una llamada. Con el celular en la mano, vi cómo su cara se transformó y de inmediato supe que no podía ser nada bueno. Mi madre bajó el teléfono, me agarró del brazo levantándome de la mesa, me abrazó con mucha compasión y me dijo:

—Hijita, me acaban de avisar... se acaba de morir.

En ese momento le quité el teléfono de la mano y le pregunté a la persona que estaba al otro lado:

—¿Quién? ¿Quién se acaba de morir?

La voz en la línea confirmó la sospecha que había en mi corazón... Mi Rebelde se había muerto. En ese momento salí corriendo sin rumbo fijo, mis piernas solamente corrían hacia el campo abierto, lejos, lo más lejos de donde estaba. Lloraba y temblaba y en un momento paré a descansar debajo de un árbol, sentía que mi corazón se iba a estallar. Mi dolor era indescriptible, gritaba desde lo más profundo de mi ser, no comprendía que mi alma gemela ya no estaría nunca más conmigo. En mi mente se recrudeció la muerte de mi padre. Pensaba en cómo mi padre murió por mi beso de amor, mi Rebelde murió por mi beso de amor. Ambos hombres habían sabido que estaban enfermos sin embargo se habían dejado morir. "¿Por que me abandonaste?" le grité como si me oyera. "¿Por qué te fuiste? ¿Por qué me dejaste?". Justo en ese momento vino una brisa, agitándolo todo, especialmente las pequeñas flores del árbol bajo el cual estaba sentada. Entonces me cayó una lluvia de florecitas blancas, cayó como bálsamo sobre mí, reconfortándome y como diciéndome, "Aquí estoy, y siempre lo estaré... a tu lado siempre", y desde ese momento su presencia estuvo cerca de mí, en incontables ocasiones, hasta ese día en casa de mi hermana Titi.

Ese día mi hermana invitó a un grupo de sus amigas con el morbo de que una vidente muy buena iba a estar en su casa, y como no había nada que perder, yo también fui a chismear. En lo que unas se leían el futuro, otras atacábamos la cocina de mi hermana, hasta que llegó al fin mi turno. Nos sentamos en un lugar privado de la casa y la vidente empezó a hablarme de mi futuro, sin embargo en un momento la actitud de la mujer se tornó inquieta y me dijo: "¿Sabes? Hay alguien aquí presente en el cuarto con nosotras". Sentí que se me erizaron todos los pelitos del cuerpo: *¿Cómo que hay alguien aquí con nosotras? Un fan-*

tasma, un alma, un espíritu... qué miedo, pensé. La mujer prosiguió y comenzó a describir a mi Rebelde con puntos y señales, y yo, incrédula, me decía, *Esta seguramente me investigó todita antes de venir para apantallarme.* Y fue entonces que me empezó a describir cosas que solamente él y yo sabíamos, momentos íntimos que habíamos vivido, a los cuales nadie, ni en confidencia con mis hermanas, hubiera tenido acceso. Ella dijo: "Él está aquí porque quiere que sepas que ya vio al que será el hombre que cuidará de ti. Quiere decirte que no tengas más miedo a entregarte al amor, que ya no le huyas a este, que es un hombre que te amará y te cuidará con honestidad y amor sincero". "Por eso estoy aquí", dijo mi Rebelde, "para decirte que me retiro de tu vida. Hasta este momento te cuidé pero muy pronto llegará el que te cuidará de ahora en adelante, todo estará bien". En ese momento tuve una catarsis. Fue una mezcla de llanto, amor, felicidad, sorpresa y, extrañamente, de libertad. Él se iría, descansaría, y al mismo tiempo yo me liberaba de las culpas que sentía muy adentro por la muerte de mi padre y por la de él. Salí de ese cuarto renovada, transformada, liberada... abierta al amor.

Ahí comenzó mi búsqueda.

Mientras esperaba que el mensaje que lancé al universo regresara con su respuesta para mí, mi carrera seguía avanzando a pasos agigantados, en un loco frenesí, en un huracán en donde al alzar la vista no encontraba la salida, no encontraba la luz; tenía un vacío interno, un hoyo en el alma que no podía saciar con nada.

Angustias y fobias
Como es lógico de esperar, yo viví situaciones que escaparon de mi control; a medida que mi carrera se hacía más sólida, también

se volvió más compleja. Quería que todo fuera perfecto, que saliera siempre como yo lo había planeado. Hoy entiendo que eso es imposible cuando trabajas en grupo, no solo eres tú, sino muchas personas que intervienen en un proyecto; así que cualquiera de ellas pude cometer un error que para uno podría ser imperdonable. O vivir situaciones que van mas allá de todo lo planeado, contextos que formaban parte habitual de mi vida, como cuando se me rompía el vestido justo antes de entrar en escena, cuando íbamos tarde para una presentación, cuando no se presentaba uno de los músicos... por ejemplo, cinco minutos antes de comenzar el *show*, el cierre de tu vestuario se atora y se rompe, ¡qué adrenalina! Por supuesto que mi vestuarista traía una bolsita que se abrocha a la cintura llamada "cangurera" cargada de todo lo necesario, agujas ya enhebradas con diferentes colores de hilos, seguros de todos los tamaños, curitas, cintas adhesivas, pastillas para el dolor de cabeza, y todo lo que pudiera servir para arreglar de inmediato el problema... qué experiencia agarramos. Había ocasiones en que mi vestuarista tenía que cocerlo apresuradamente sobre mí, mientras yo trataba de ayudarlo, ajustando la tela a mi cuerpo, no había tiempo de quitármelo. Entonces así salía, interpretaba la canción y de regreso, a romper la costura para ponerme el siguiente vestuario. Era una locura detrás del escenario.

En realidad, este tipo de situaciones podía provocarme un malestar tal, que hacía que mi mente trabajara aceleradamente, como un hámster que entra en su pequeña rueda, corriendo y corriendo, dando vueltas y vueltas desenfrenadamente hasta agotarse, sin moverse de lugar; así era mi mente —me dominaba de tal manera que en ocasiones no dormía. Necesitaba controlar mi mente, necesitaba un cambio de piel, necesitaba liberarme.

Algunas veces, teníamos reuniones de trabajo y planeábamos

la estrategia a seguir. Cuando no salían las cosas como yo las tenía organizadas en mi cabeza, empezaba mi "hámster" a correr; gire y gire en su ruedita, y mis pensamientos me bombardeaban repitiéndome constantemente: *¿Por qué no le dije que hiciera esto? ¿Por qué me quedé callada y no le respondí esto? ¿Cómo le permití hablarme así?*, y me repetía constantemente estas preguntas, haciendo un imaginario de la escena y hablándome a mí misma, respondiendo o diciendo lo que en su momento no dije. Qué tortura, qué prisión, y el resultado era obvio, no estaba satisfecha con lo que había hecho, aun cuando mi equipo, o la gente me dijera: "Que bárbara... estuviste fenomenal", yo no me lo creía.

Me tomó muchos años comprender todo esto que me sucedía, con la ayuda de psicólogos experimentados y mi propia búsqueda en lecturas de temas psicológicos, de autoestima y espirituales. Con el tiempo aprendí a hacer un alto en el camino, aprendí a verme, a ser consciente de mis pensamientos y a parar de manera definitiva este loco frenesí que en ocasiones me desquiciaba. Aunque debo reconocer, que en algunas ocasiones el "hámster" regresaba a su ritmo loco, entrando a su "ruedita", vuelta y vuelta, hasta el momento en que yo me daba cuenta de este torbellino de ideas y paraba, ahora conscientemente, de la "ruedita".

Aprendí entre tantas terapias, la importancia de encontrar herramientas que me sirvieran, ya fuera con respiraciones, lecturas o meditaciones. Uno de esos ejercicios que me tranquilizaban y me regresaban al presente era el de mi palabra mantra. Es necesario tener una palabra estratégica que te repitas en voz alta cuando te descubres en el círculo vicioso de pensamientos; algo como: "Ya te escuché, gracias", algo que te permita regresar al presente, y te saque de estar viviendo lo que no existe.

Otra de las cosas que me salvó y me devolvió la calma fue buscar actividades al aire libre como hacer alpinismo, yoga y escalar al aire libre. Estas actividades me ayudaron a descubrir un verdadero equilibrio en mi cuerpo, mi mente y mi alma, y hasta el día de hoy les doy prioridad ante cualquier otro compromiso que pueda llegar a tener. Mi lucha fue frontal conmigo misma, difícil por las fobias que fui desarrollando a lo largo de mi vida y por mis pensamientos que eran más repetitivos. Pero del fondo resurgí, me obligué a vivir mi presente, me obligué a cuidar de mí.

Desde los dieciocho años, comencé a desear, añorar y necesitar mi independencia; mi vida se había centrado exclusivamente en mi carrera, no tenía oportunidad de desear o pensar en otra cosa. Mi mamá, cuyo amor por mí jamás he puesto en duda, por primera vez en su vida había logrado, por ella misma, desarrollar una carrera de mánager paralela a la mía; así que la combinación de mamá-mánager, mánager-mamá, llegó a fundirse de tal manera que durante mucho tiempo fue imposible separarlas; su forma de trabajar en mí, para mí y conmigo, prácticamente me convirtó en una minusválida. Todo lo tenía ya arreglado, todo ya estaba hecho, solucionado, no había nada que aprender, nada que saber, y prácticamente yo solo debía dedicarme a lo "mío".

Así que, como cualquier joven de esa edad, empecé a sentir la necesidad de experimentar por mí misma la seguridad de poder vivir sola. A pesar de que mi mamá nunca fue demasiado posesiva ni dominante conmigo o, por lo menos, nunca me lo dejó ver, yo anhelaba embarcarme en mi propia aventura. El saber que con mi trabajo yo podía fácilmente mantenerme y ser independiente económicamente, me daba la sensación de no necesitar a nadie diciéndome lo que tenía que hacer ni cuándo tenía que hacerlo.

Mientras viví en México, teníamos una casa muy bella diseñada por el arquitecto Aragones, uno de los más reconocido jóvenes arquitectos de ese momento. La había construido en una área exclusiva de la Ciudad de México. La casa era demasiado grande, así que en un piso vivía mi mamá, y en otro yo. Esto me daba suficiente libertad para entrar y salir a la hora que quisiera, sin tener que darle demasiadas explicaciones. Así que, "cada chango a su mecate", es decir, cada cual hacía su vida por su lado. Yo me iba a bailar con mis amigos hasta la madrugada, después nos íbamos a los clásicos taquitos al pastor, con su rebanadita de piña, unas gotas de limón, una salsa bien picosa para esa hora de la madrugada y a darle... los taquitos iban desapareciendo uno a uno hasta dejar limpio el plato. Y después, cada quien a su casa a dormir hasta entrado el día. Sin embargo, había ocasiones en que prácticamente yo llegaba a mi casa, me bañaba, me ponía unos *pants* y tenía que salir corriendo a Televisa, pues el llamado a grabación era muy temprano. Llegaba en calidad de "bulto" a sentarme a la silla para peinado, maquillaje y después vestuario. Realmente no me quejaba porque de alguna manera yo había podido salir a divertirme un poquito entre tanto trabajo tan pesado y demandante; había salido a reírme y a bailar con mis amigos, que realmente eran pocos; pero contaban como una multitud.

De los diecinueve a los veintisiete años, mi ritmo de trabajo era a marchas forzadas. Novela tras novela, palenque tras palenque, presentación musical tras presentación musical; así que mis escapes eran muy importantes, eran la forma más rápida de que la presión saliera de mi ser.

Cada telenovela traía sus propios retos y cada una demandaba más y más de mí. En una ocasión, en *María la del barrio*, tuve una crisis nerviosa. Los últimos capítulos se hacían en vivo y yo sentía que el peso de la telenovela caía sobre mí. Si alguna vez deseé volver a hacer teatro, prácticamente lo hice al final de la telenovela pues aquí no se podía decir: "Se repite". Aquí las imágenes pasaban directamente, vía satélite, a los hogar de cientos de miles de personas; sin un ensayo previo. La única toma era la que salía, y esa toma era la mejor. No había cómo rehacerla ni había otra opción. Fue tanta mi ansiedad en esos días de filmación que tuve una crisis nerviosa. Asistimos a una reunión de emergencia en la oficina de Salvador Mejía, junto con Valentín Pimstein y Emilio Azcárraga Jean. En la reunión yo estaba temblando de ansiedad y les decía una y otra vez: "Ya no puedo... ya no puedo...". Emilio, que además de ser en ese tiempo un alto ejecutivo de la empresa, hoy presidente de Televisa, se había convertido en un gran y querido amigo, me abrazó y me dijo: "Tranquila, todo va a estar bien. Vamos a ver qué hacemos". Estaba atrapada dentro de mi cansancio, de la presión de todo lo que estaba pasando, de mi desesperación; así que tomé las manos de Emilio y las apreté con tal fuerza que llamé su atención alertándolo de mi verdadero estado emocional: "¿¿Que no entiendes Emilio, que yo quiero una vida normal?? ¡¡Quiero ser una mujer normal!! Quiero ser común y corriente, tener paz y tranquilidad... Yo ya no puedo con esta responsabilidad... ¡ya no puedo! Es mucha presión para mí... Sueño con ser madre, con tener mi familia, ¿cuándo va a ser esto? ¿Entiendes lo que te estoy diciendo? Si no regreso a foro ahorita no sale el capítulo esta noche, ¿si me entiendes?".

Me dieron un tranquilizante y regresé a mi camerino, mientras ellos deliberaban sobre qué hacer. Llegaron a la conclusión de que tenía que descansar un tiempo; así que me dieron dos semanas, decidieron mandarme a mi casa de Los Ángeles y ya ellos se las arreglarían. Y bien que se las arreglaron, pues hicieron un recuento de los mejores capítulos de *María la del barrio*, mientras yo trataba de recuperarme.

Claro, había sido una crisis nerviosa por todo lo que estaba sucediendo. Pero esta solo era la puntita del iceberg, en el fondo solo quería liberarme tanto de hacer telenovelas, como de las cadenas de responsabilidad que pesaban sobre mí.

Sin embargo, no todo fue tan dramático ni tan complicado. En medio de todo lo difícil que podía ser mi trabajo a ratos, mi esencia pícara nunca la perdí. Fui muy noviera, parrandera y divertida, y gracias a Dios nunca fui de drogas; solo pensarlo me aterraba, porque el patrón de conducta de mi familia es adictivo y compulsivo, y yo sabía que si probaba alguna droga me iba a ir hasta el fondo. Oportunidades nunca me faltaron, como era ya una estrella de la pantalla chica y una cantante famosa, llegaban y ponían frente a mí pastillas, cocaína, marihuana, me las querían dar de regalo, a manos llenas, pero conociendo mi estructura familiar, huí de ellas, siempre viéndolas de lejos, con miedo. Pero eso sí, el tequilita, el vodkita, las margaritas… ¡se me iban como agua! Eso si se me daba, y me divertía a más no poder. Las carcajadas, las bromas y el baile eran mi escape, una forma de rebelarme contra mi mamá, que no paraba de decirme con quién salir y con quién no. Yo solo hacía oídos sordos y buscaba salir con quien yo quería.

Cuando estábamos en casa, yo tenía cierto nivel de autonomía y una vida, por así decirlo, fuera del círculo de mi madre. Sin embargo, cuando viajábamos, estábamos juntas en todo momento. Y como además de ser su hija también era la artista que manejaba, esto muchas veces creaba roces entre nosotras. A la par de este tren de vida, ciertos eventos que viví sin buscarlos comenzaron a provocar en mí una serie de fobias que me acompañarían durante mucho tiempo en mi vida, haciéndome día a día esclava de estas manías.

Estas manías se manifestaban en los momentos menos esperados, y me causaban una tensión que me era difícil de controlar. Uno de los eventos que detonó estas fobias sucedió cuando tenía dieciséis años y mi hermana Fede y yo fuimos a comer hamburguesas a un lugar nuevo que habían abierto cerca del Liceo

Franco-Mexicano, mi escuela de la secundaria. El lugar estaba lleno de estudiantes, principalmente de secundaria y preparatoria por lo cual cuando llegamos, nos metimos hasta el fondo del restaurante, cerca de un gran vidrio para ver pasar la gente por la calle, donde nos sentamos a comernos nuestras hamburguesas. Yo acababa de entrar a Timbiriche, y cuando me vieron, varios de los estudiantes que estaban en el local se juntaron a pedirme un autógrafo. Yo firmé algunos de ellos, pero eran muchos, por lo que les dije: "Chavos, se me va a enfriar mi hamburguesa, déjenme terminármela y ahorita le seguimos". Nunca imaginé lo que iba a pasar. Comenzaron a juntarse alrededor de nuestra mesa mínimo unos treinta muchachos insultándome por no darles el autógrafo en ese momento. Empezaron a golpear la mesa con sus puños y sus rostros se transfiguraron en muecas de burla y amenaza... esa burla que solo se da cuando estás en grupo, lo que hoy se conoce como *bullying*. Yo entre en un pánico terrible, pero pude controlarme. Gracias a Dios mi hermana Fede reaccionó rápidamente, se levantó y me sacó de ahí. Mientras caminábamos hacia la salida, los muchachos nos iban abriendo paso pero no faltaron los empujones y las manos amenazando con golpearnos. Llegamos a la calle y nos subimos al auto, y apenas se cerró la puerta me solté a llorar... lo único que quería era comerme una hamburguesa.

Esta fue una de las primeras fobias que adquirí, el terror de tener muchas personas alrededor mío, multitudes de personas cercándome, cerrando el círculo de mi entorno. Una y otra vez tuve que enfrentar esta fobia social. Otro episodio que reforzó el de las hamburguesas, fue el que ocurrió cuando nos habíamos presentado en un *show* y todos los fans de Timbiriche querían una foto o un autógrafo de nosotros. Había una gran multitud de jóvenes que al vernos subir en la camioneta que nos estaba trasladando, corrió hacia nosotros rodeando el vehículo. Teníamos todas las ventanas cerradas y querían que las abriéramos para pasarnos sus fotografías, discos, playeras y otras cosas más para autografiárselos. Al no abrirles, los muchachos comenzaron a mover el vehículo de un lado a otro, por un instante pensé que la camioneta se volteaba. El pánico entró en un segundo, no sé ni cómo salimos de ahí, y aunque al final no nos pasó nada, esa impresión de fragilidad me ha acompañado en todo momento.

Este tipo de vivencias comenzaron a crear en mí momentos de mucha aprensión física y emocional. Comencé a desarrollar cierto tipo de manías. Así como el personaje de Jack Nicholson en la película *As Good As It Gets* donde prendía y apagaba la luz y abría y cerraba el cerrojo de su puerta infinidad de veces antes de poner un pie fuera de su departamento, o el personaje de Leonardo di Caprio en *El Aviador* que se lavaba compulsivamente las manos hasta sangrar, así me venían esos ataques compulsivos de mis manías; entre broma y broma mi familia me comenzó a decir Howard Hughes mucho antes de que saliera la película.

Pasaron muchos años para saber por qué actuaba de manera tan obsesiva. La doctora con la que trabajé para curarme de mis fobias me hizo entender que muchas veces vives cambios tan radicales que no puedes entenderlos ni controlarlos, se te escapan, como el aire que no puedes atrapar, o como el agua, que la sientes mas no puedes agarrarla. Cuando no hay una estructura normal en lo que vives o experimentas en la vida, de manera subconsciente desarrollas lo que se conoce como agorafobia, que es un trastorno de ansiedad que consiste en el miedo a los lugares donde no se puede recibir ayuda, por temor a sufrir una crisis de pánico; en realidad se puede definir como miedo al miedo. Entre los miedos que experimenta el agorafóbico están el perder el control y hacer el ridículo, o el no querer salir de su casa entre otros. Así que al desarrollar mis obsesiones y mis manías, lo que estaba buscando en realidad era seguridad, sentir que tenía el control de mi vida y de mi mente al seguir estos rituales que me había formado. Sé perfectamente que uno no tiene el control de nada... pero una cosa es saberlo y otra muy distinta, entenderlo. Hoy supero día a día estos pensamientos que despiertan las fobias alrededor de mí; cuando me siento vulnerable a estos encuentros, inmediatamente respiro profundo, pienso en algo bello —como en una playa bañada de sol y yo sentada debajo de una palmera, tranquila, sintiendo la brisa del mar en mi piel— y sin dejar de respirar llego a la tranquilidad y al control de mi persona.

Y mientras yo luchaba por encontrar mi equilibrio personal, mi actividad se hacía más pesada, me hacía querer dejarlo todo atrás. Quizás por eso, cuando vi la oportunidad de independizarme, dejé todo. No quería pensar: *¿Cómo dejar a mi madre sola cuando ella se dedicó a mí?*. Me repetía y me repetía a mí misma que tenía todo el derecho de hacer mi vida sola... Eran ideas y pensamientos ambivalentes que me causaban un gran malestar. Además no creía que mi madre estuviera preparada para dejarme ir.

Sin embargo, y en medio de todo ese malestar por el que estaba pasando desde el punto de vista de mi carrera y de mi vida personal, conocí al amor de mi vida, un neoyorquino con ascendencia italiana que le daría un giro completo a mi existencia. Jamás me hubiera imaginado cómo sucederían las cosas, pero después de tan solo unos meses de conocerlo decidí lanzarme a la aventura y me mudé de México a Nueva York.

Un cupido llamado Emilio

Todo empezó en 1992 cuando me invitaron a participar en uno de los programas más importantes a nivel nacional e internacional que se llevaría a cabo en Acapulco. Era el festival musical dirigido, organizado y creado por Raúl Velasco un grande de los *shows* musicales de aquellos tiempos. Con él llegaron a México grandes figuras como Roció Durcal, Raphael y Julio Iglesias, al igual que artistas italianos, americanos y brasileños, entre muchos otros. De hecho, todos los intérpretes musicales de aquella época querían que Raúl Velasco los invitara a su programa musical televisivo *Siempre en domingo* pues si él los presentaba tenían el éxito asegurado.

Fue en ese festival que tuve la fortuna de conocer a Emilio Estefan, esposo de la famosísima Gloria Estefan. Como era un espectáculo especial, nos estábamos quedando en una villa del Hotel Las Brisas, muy famoso en Acapulco; cada villa tenía su piscina privada llena de flores de colores con la maravillosa vista hacia la bahía de Acapulco. Yo estaba en traje de baño disfrutando del lugar cuando de repente, escuché que mi mamá gritaba desde el balcón para abajo:

—¡Flaca! ¡Flaca!… ¡Aquí! —decía mientras agitaba la mano para que la vieran—. Estamos Thalita y yo aquí arriba… ¿qué están haciendo?

Y la Flaca, que no era otra que Lili Estefan —sobrina de Gloria y Emilio Estefan— respondía al saludo invitándonos a su villa:

—Yolanda, ¿por qué no vienen acá? Está mi tío para que lo conozcan…

Hacía meses habíamos estado en Miami en el programa de radio que hacía Lili Estefan y mi mamá, atrevida como es, le había pedido que nos presentara a su tío porque ella quería que me grabara un disco. Lili, muy generosamente le prometió que así sería cuando se diera la oportunidad. Pero la oportunidad llegó sin esperarla. Y Yolanda Miranda, mejor conocida entre el gremio como "El Doctor Cerebro", no iba a dejar pasar ese momento por nada del mundo. Me gritó:

—Thalita, ven para acá, qué estás haciendo ahí sentadota. Ven que tenemos que ir a conocerlo. Ponte un vestido o un pareo sobre el traje de baño y vamos ya, ¡ándale, mi'jita!

Y así lo hicimos. Nos montamos en un carrito de golf, que es la única manera de llegar a otras villas en este hotel, y cuando llegamos a la de Lili, ahí se encontraba el "Gordo de Molina" que en ese tiempo era un paparazzi, y le estaba sacando fotos a Jon Secada, a Lili y a Emilio Estefan. Mi madre inmediatamente se presentó:

—Hola, yo soy Yolanda Miranda y esta es Thalia.

Saludó efusivamente a Lili y a Emilio; cuando yo me acerque a Emilio para saludarlo, me miro y me dijo:

—Claro que sé quién eres. Nos traes de cabeza en la casa, ¿tú sabes que Glorita es fan de *Marimar* y nos sienta a su madre y a mí a ver la novela todas las tardes?

¿Ellos viendo mi novela?, pensé. *¡Y además no se la pierden!*. Me quedé impactada, nunca pensé que ellos me vieran todos los días en la sala de su casa. Terminé, junto con Jon Secada y Lili en la piscina formando parte de la sesión de fotografías. Por supuesto, que mientras esto pasaba, mi madre ya estaba hablando con Emilio, y prácticamente casi le sacaba el contrato para la grabación de un disco:

—Emilio —le dijo muy seriamente mi mamá—, tú eres el Rey Midas de la música y mi hija es el Rey Midas de los *ratings* de la televisión. Se tienen que juntar y tú tienes que hacerle un disco. Ella ya está haciendo uno ahorita, pero por lo menos dale una canción.

En ese momento me encontraba a mitad de la grabación de lo que sería mi cuarto disco *En éxtasis*, dejando a Fonovisa para meterme a EMI Latin mientras a la par, promocionaba mi tercer disco *Love*, en el que viene "Sangre" de mi autoría, "La vida en rosa", una adaptación en español del éxito de Edith Piaf "La vie en rose", "María Mercedes" y la canción "Love". "Sangre" y "Love" se convirtieron en un hit; y la verdad hasta ese momento me iba muy bien. Mis dos últimos álbums habían ganado múltiples discos de oro y de platino y yo estaba lista para más. Si el próximo era con Emilio Estefan, para mi iba a ser la "Gloria"…

Emilio, tan caballero como siempre, le decía a mi madre que insistía en el proyecto:

—Sí vieja, hablemos con calma —tratando de desviar la conversación para otra ocasión.

—A ver, Thalita… Cántale para que te oiga… —y bueno, yo quería desaparecer.

¿Cómo que cántale para que te oiga? ¿Pues no veía que estaban todos descansando alrededor de la alberca? Claramente no era ni el momento, ni el lugar. Emilio se dio cuenta del bochornoso momento, y le preguntó a mi madre que cuándo teníamos pensado ir a Miami.

—Mañana mismo, si es necesario —le contestó rápidamente, y él le dijo que cuando estuviéramos por allá le habláramos; él nos esperaría en su estudio. Incluso le dijo a mi mamá al despedirse que lo sentía mucho, que él nos recibiría en el estudio de Miami pero sin garantías, porque no tenía interés de producir a nadie que no fuese su esposa o a Jon Secada, a quienes se dedicaba a producir y a manejar sus carreras.

Meses después, Cristina Saralegui me invitó a su *show* para hacerme un programa especial. Al regresar a mi hotel luego de grabar *El show de Cristina*, tenía un mensaje de los estudios de Crescent Moon —que son las oficinas de Emilio— diciéndome que me presentara en el estudio. Al recibir el mensaje, mi mamá y yo una vez más brincamos en la cama como dos locas. Si todo iba bien, esto significaría el *crossover* de mi carrera musical.

Así, sin más, llegamos a Crescent Moon. Emilio Estefan es uno de los grandes empresarios del mundo musical, con una gran visión para la música, los negocios y la selección de sus artistas; y desde que me conoció en Acapulco, venía siguiendo mis pasos. Ya estaba familiarizado con mi música. Mi mamá y yo muriéndonos de los nervios y totalmente eufóricas, entramos en aquella fantástica mega oficina, decorada con discos de oro, de platino, portadas de revistas de todo el trabajo artístico de Gloria.

Mientras estábamos observando los premios y reconocimientos, entró Emilio diciendo a manera de saludo:

—Te tengo una canción que quiero que cantes. La tenía para Gloria pero no sé por qué, la canción me dice "Thalia", cada vez que escucho la letra —me decía mientras desplegaba una amplia sonrisa. Y, en su sistema de sonido que abarcaba toda una pared, de piso a techo y de lado a lado con bocinas de todos los tamaños y los reproductores de sonidos más sofisticados que había visto hasta el momento, puso la cinta y en los primeros acordes, sentí como los vellos de mi piel se erizaban de pies a cabeza… era "Piel morena".

Después de escuchar la canción, me dirigí a él:

—¿La puedo grabar? Me meto en tu estudio y la grabamos ahorita mismo —le dije viéndolo a los ojos.

Emilio se rió.

—Tranquila, tenemos mucho tiempo por delante para que la ensayes y te la aprendas —él no creía que fuese capaz de grabar así, sin ensayar. Yo traía la escuela de Marta Zabaleta y Julissa en la época de *Vaselina* y había sido entrenada por Luis de Llano para Timbiriche, donde todo era "apréndetelo y en cinco minutos lo grabamos". Con el ritmo de las novelas, en donde el guión se cambiaba de un momento al otro y las escenas "son para hoy... a ensayarlas, y se graban hoy", mi cerebro era una esponja. Estaba entrenado para absorber diálogos, canciones, coreografías, y era capaz de memorizar todo parlamento o partitura en segundos para ejecutarlo de inmediato.

En mi mente yo me decía: *Esta canción ya está, me meto al estudio ahorita y en tres tomas la tenemos... y punto. Se imprime.* Insistí de tal forma que, aun cuando no estaba muy convencido, Emilio llamó al compositor Kike Santander a que viniera; quería saber hasta dónde iba a llegar la "mexicanita". Media hora después llegó el hombre que esperábamos. Yo le hice dos o tres repasadas a la canción, él me corrigió algunos tonos, y ahí, ante los ojos atónitos de todos, nació "Piel morena", uno de mis más grandes éxitos a nivel mundial.

Llegó el amor

Justo cuando terminé la filmación de *María la del barrio*, terminaba también mi relación con Fernando Colunga, un noviazgo de telenovela. Les paso el dato a todas sus fans: Fernando es un caballero en toda la expresión de la palabra: dulce, tierno, divertido y un gran amigo.

Como iba muy seguido a Miami a ver a Emilio Estefan para el proyecto de mi siguiente disco, desarrollamos una amistad muy sincera. Hubo momentos en los que me sirvió de paño de lágrimas; además de ser mi productor, se había convertido en uno de mis grandes amigos. Él y Gloria tienen un matrimonio muy sólido, algo a lo que yo aspiraba. Así que le contaba de mis relaciones y mis intentos fallidos por encontrar al hombre de mis sueños, a mi príncipe azul. Nuestra relación de trabajo había trascendido a un plano casi familiar, cuando mi mamá y yo llegábamos a Florida, su familia nos esperaba siempre con una comida o con una cena.

En una de esas pláticas en las que le contaba de mis asuntos del corazón, me dijo:

—Mi chiquitina… Tú eres una reina y conozco a alguien que es perfecto para ti… Estoy seguro de que ese es tu rey.

Yo me le quedé viendo con una actitud de, "ni se te ocurra, no quiero saber de nadie". Sin embargo Emilio no se dio por vencido y en repetidas ocasiones me volvió a hablar de aquel rey, un tal Tommy Mottola que era amigo suyo y que también estaba pasando por lo mismo. Yo no tenía ni idea de quién era ese ser humano, ni me interesaba demasiado averiguarlo a decir verdad. Pero Emilio no perdía oportunidad de mencionarlo. "Algún día tienen que conocerse e ir a tomarse una copa al menos. En verdad… son igualitos, ¡como dos gotas de agua!", me repetía una y otra vez.

Un día indagué un poco más acerca del personaje y Emilio dio más detalles. Me explicó que había estado casado dos veces, que tenía dos hijos, que era mayor que yo y que vivía en Nueva York. Mis ojos se abrieron de tal manera que creo que Emilio se turbó… ¿Qué clase de hombre me quería presentar? Yo, saliendo de todos mis pesares, ¿y él queriendo presentarme a tal complicación? Pero, como dice un refrán mexicano, "Matrimonio y mortaja, del cielo bajan". Así que después de más de un año de que Emilio insistiera con el "tema Mottola", se dio el primer encuentro.

Yo había viajado a Nueva York porque me habían ofrecido hacer una película independiente. A mis agentes y a mi mamá les parecía que era una pérdida de tiempo y me habían prohibido hacerlo porque para ellos no tenía mucho sentido que, de hacer novelas exitosas a nivel internacional, fuera a Estados Unidos a hacer algo pequeño y de poco presupuesto. Pero yo necesitaba un cambio de aire. Quería intentar algo distinto y salir un poco de mi rutina y de los estudios de televisión. De esta forma empaqué y me fui a Nueva York por unos meses. Yo venía de estar un mes yendo a todos los festivales de música de Francia y España promocionando *Amor a la mexicana* en todas sus versiones, había remixes para aventar para arriba, y era la canción del verano en Europa. Como ya me habían mandado el guión de la película, mientras me encontraba viajando por el viejo mundo lo ensayé cuantas veces pude y me lo aprendía de memoria fonéticamente, pues era en inglés. Los productores me habían grabado los parlamentos y esas grabaciones me las mandaron en cassettes, para que pudiera aprenderme las líneas tal cual las oía, de memoria ya que mi inglés en una escala del 1 al 10, ¡era un 2!

Terminada mi gira regresé directamente a mi casa en Los Ángeles. Necesitaba unas cuantas semanas para mejorar el acento y la pronunciación; y de ahí, directo a Nueva York donde pasé tres meses filmando la película. El ultimo día de grabación, le hablé a Emilio y le dije:

—Mañana es mi día libre. Me voy de compras, al teatro y después me regreso a México. Oye, Emilio, ¿por qué no le dices a tu amigo, ése del que siempre me hablas, que me llame para salir? Pero sólo a tomar una copa, ¿okay? Nada de comiditas ni nada. Porque eso de soplarme una cena entera y aguantar a un tipo que me dé una flojera pavorosa, tú sabes que no es lo mío.

Su euforia llegaba desde el otro lado del teléfono, por fin iba a salirse con la suya; y ni tardo, ni perezoso, le habló de inmediato a su amigo.

Tiempo después me comentó Tommy que cuando Emilio le habló le dijo:

—Tommy, ¿te acuerdas de mi amiga que he querido presentarte? Una Reina para un Rey, amigo mío. Está en Manhattan, invítala a salir, espera que le llames.

—Oye Emilio —le respondió de inmediato Tommy—, no estoy en el mejor momento para salir con nadie... Sólo la invitaré a una copa, ¿okay? Nada de cenitas ni nada.

Él tampoco quería saber nada de nadie.

Hacía mucho frío y estaba nevando, así que enfundada en mi abrigo llegué al lugar. Cuando entré al restaurante, el *maître* me guió hasta la barra que se encontraba bajando unas escaleras. El lugar era muy italiano, con velas en las mesas, lo que lo hacía muy especial. Yo traía un abrigo color marfil y el cabello largo y suelto, muy a la Marimar, que es mi cabello natural. De todos los hombres que se encontraban ahí, sobresalía un hombre guapísimo sentado solo en una mesa, con un martini helado en la mano y, mientras bajaba las escaleras, yo rogaba que fuera él porque desde el primer instante en que lo vi me atrajo. Según caminaba, el rumbo era hacia el hombre guapo, y fue entonces que él me sonrió y supe que era Tommy Mottola. Ahora que lo pienso, sabe Dios qué hubiera hecho si no me hubiese gustado para nada. ¡Menos mal que no fue así!

Esa noche conversamos por horas, realmente no sé ni qué platicamos porque mi inglés no era muy bueno y solamente hablaba lo más indispensable. Sin embargo él parecía entender todo lo que yo expresaba; lo que realmente me salvó de mi precario inglés fue la memorización del guión de la película que acababa de terminar, así que según leía yo su lenguaje corporal, le disparaba con una que otra frase de la película y parecía que caía como anillo al dedo porque hasta se reía, indiscutiblemente que esa película independiente tuvo su razón de ser. Todo en él me encantó desde el primer momento; fue tan galán, tan varonil, tan maduro... No recordaba haber conocido a un hombre de este calibre. Ahí sentados en esa mesa sin siquiera conocernos, Tommy ya me inspiraba seguridad, tranquilidad, sentía que podía decir cualquier cosa frente a él y que no se escandalizaría. Desde el primer momento me di cuenta de que era un hombre de mente abierta y hasta el día de hoy esa es una de las cosas que más me gustan de él.

Cuando nos despedimos, muy formales los dos y con mucho respeto, me pidió volver a vernos. Dijo: "*So, when do I see you again?* (¿Entonces, cuándo te veo nuevamente?)", y le respondí en tres palabras: "*In one year* (En un año)". El pobre no entendía nada, pensaba que yo no había comprendido. Entonces repetía: "Cuanto tiempo tu y yo vernos de nuevo?", en un español masticado y yo le volví a responder lo mismo: "En un año... *In one year*".

Tuve que explicarle como pude que yo tenía un compromiso de grabación en México y que duraría prácticamente un año. Tenía que retornar a México porque ya había firmado mi contrato para empezar a grabar *Rosalinda*. Parecía mentira, pero en realidad yo no estaba exagerando cuando le decía que no me vería en un año pues me tenía que regresar a México al día siguiente. Pero él no tenía idea de cómo funcionaba el mundo de las novelas en México y simplemente pensó que me había confundido y que lo que quería decir era "*In one week* (En una semana)". Pobre, se quedó vestido y alborotado. En ese momento ninguno de los dos vio futuro. Pero como dicen los americanos, "*when there's a will, there's a way*" (¡querer es poder!). Regresé a mi país y estuve encerrada en los estudios año y medio, pero ni siquiera eso pudo evitar que nos enamorásemos.

Si para mí no hay imposibles, pues me encontré a otro que tampoco los tiene. Cuando llegué a mi casa parecía una floristería: estaba llena de arreglos florales, con tarjetas que decían "fue un placer conocerte", "espero verte pronto", y todas firmadas por Tommy Mottola.

En una de las llamadas para agradecerle tanta belleza floral, él me había mencionado que se iba a ir a la isla caribeña de St. Barts un par de semanas a pasar unas vacaciones en un yate. Entonces se me ocurrió mandarle un detalle para el viaje: le compré unos lentes para el sol maravillosos y una bellísima bata de baño. Fui donde un amigo que tenía una maquiladora, le mandé quitar la etiqueta original y le mandé hacer una con su nombre. Además hice que en el bolsillo delantero le bordaran sus iniciales. Ambos presentes se los envié a su oficina con una nota que decía: *Esta bata es para que te cubras del frío cuando salgas del mar, y estos lentes son para que cuiden tus ojos de los rayos del sol*. Tiempo después me comentó que para él fue algo tan "shoqueante" porque nadie nunca se había preocupado por él, siempre había sido él quién daba, daba, daba, y nunca nadie había pensado si al salir del mar tendría frío, o si necesitaría proteger sus ojos de los rayos del sol: "Ahí, *baby*", me dijo, "me ganaste el corazón".

Cortejo de lejos

Desde mi regreso a México, día a día, seguían llegando diferentes arreglos florales a mi casa acompañados de dulces, chocolates y ositos de peluche. Nos mandábamos cartas, poesías, canciones, y así nos fuimos enamorando, como en los tiempos de antes, cuando había que esperar meses para recibir la carta del amado que vivía lejos. Pero por más que nos gustara hacer las cosas de forma muy romántica y a la antigua, también nos acercaba la modernidad, por lo que al final del día siempre nos hablábamos hasta que alguno de los dos se quedaba dormido.

A los tres o cuatro meses de la primera cita, Tommy me invitó a pasar un fin de semana juntos a Miami. Accedí porque además Emilio y Gloria querían que fuéramos a cenar todos juntos. Y como era de esperarse, la pasamos muy bien, como en familia y relajados. Nos reímos mucho esa noche. Ellos estaban felices de que su papel de Cupido hubiera funcionado. Sobre todo, porque cuando le dijeron a Tommy que yo era actriz y cantante, casi me deja plantada en el restaurante. Se había separado para luego divorciarse hacía sólo unos años de Mariah Carey y lo menos que quería era meterse con otra cantante; mucho menos, con una actriz. Y encima, que no hablaba su idioma. Pero él y yo estábamos predestinados. No había forma de sacarle la vuelta.

De hecho, cuando supe que él era el ex marido de Mariah Carey me causó mucha gracia porque yo no tenía ni idea de quién era él hasta que até ese cabo. Además, siempre admiré mucho a Mariah como cantante. Es más, me encantaba su música. Es una pionera que marcó una diferencia en el estilo vocal y sobre todo en las baladas, con esas subidas de tono tan únicas y características de ella. Y por supuesto que con el mánager, presidente de su compañía disquera en ese entonces, Tommy Mottola, lógicamente todo estaba a su favor para lograr la fama que logró. Sigo pensando que es una mujer con un talento digno de admiración. El arreglo floral más grande y bello que recibí cuando nació nuestra hija Sabrina fue el de ella.

Al comienzo de la relación me preocupó un poco el tema de lo que se decía de Tommy en todos lados, que si era un hombre malvado que encerraba a su esposa en una "jaula de cristal" y no sé cuántas barbaridades más. Lo pintaban como "Barba Negra", el ogro de los cuentos de terror que encerraba a las mujeres en la torre más alta del castillo… pero yo me daba cuenta de que nada de eso podía ser verdad pues ese no era el hombre que yo estaba conociendo. Por el contrario, Tommy era y sigue siendo un señorón, en todos los aspectos, y conmigo siempre ha sido el más dedicado, amoroso y cariñoso de los maridos.

Durante el año y medio que pasé grabando *Rosalinda* nos seguimos escribiendo cartas, nos tomábamos fotos en nuestros trabajos, en nuestras casas; era como conocernos de lejos. Yo le describía: "Mira, este es mi camerino, aquí está mi vestuario, y esto es lo que como entre grabación y grabación, estos son mis compañeros de trabajo…". O le enviaba de mi casa: "Esta es mi recámara, mira mi oso de peluche consentido, esto es lo que comemos en México…" y le describía lo que había en el refrigerador o lo que estaban cocinando en mi casa. También yo lo descubría a través de lo que me mandaba: "Esta es mi oficina, esto es lo que veo cada mañana desde mi ventana, esta es mi recámara, este es mi auto…" foto tras foto, carta tras carta, así manteníamos la llamita encendida mientras yo terminaba de grabar la novela.

Después de nuestro primer encuentro en Miami con los Estefan decidimos que sería muy buena idea seguir encontrándonos allí los fines de semana. A mí me encantó la idea porque la verdad es que nuestro amor estaba creciendo y lo que más necesitábamos era vernos. Así que hablé con los productores de mi telenovela y les dije que llegaría mucho más temprano a grabar si me soltaban el viernes al mediodía. Los productores ya me conocían como "la maquinita de trabajo" y sabían que si me lo proponía podía grabar hasta veinte escenas de un jalón, por lo que accedieron sin dejar de darme la instrucción debida: "Eso sí, te tomas el primer vuelo tempranito a México, y directo al foro de grabación, aquí te esperamos". No hubo nunca ningún problema, así que yo salía de Televisa directamente al aeropuerto, eran tres horas de vuelo, el mismo tiempo que tardaba Tommy en volar de Nueva York a Miami. Todos los viernes me subía al avión todavía maquillada y peinada de Rosalinda y como ya comenzaba con una especie de agotamiento crónico, me dormía todo el trayecto. Le pedía a la azafata me despertara media hora antes de aterrizar y así me dirigía al mini bañito del avión, en donde me refrescaba y me cambiaba de ropa. Luego bajaba del avión y ya me esperaba un auto que me trasportaba directamente al restaurante donde se encontraba, con martini en mano, mi magnate del amor.

Así pasamos nuestro primer año de noviazgo.

Al terminar *Rosalinda*, felices de que ya podíamos gozar más tiempo juntos, Tommy me invitó a pasar un verano con él en su casa de los Hamptons. Ni tarda ni perezosa llegue con doce maletas y mi perrito... y como un estación de radio que se escucha en México "La consentida... la que llegó para quedarse", llegué como invitada y nunca más volví a México. En realidad necesitaba unas largas vacaciones, el doctor me había dicho que debido al tren de trabajo que había llevado en los últimos quince años, avión tras avión, novela tras novela, *show* tras *show*, el desgaste físico y emocional había impactado mi cuerpo y necesitaba regenerarme. Me diagnosticaron una profunda fatiga, falta de sol en mi cuerpo y un extremo agotamiento, al grado tal que me dijo que necesitaba como un año de descanso, y quién sabe si en ese tiempo me recuperaría del todo; estaba completamente desgastada. Así que mi receta fue: un verano en bikini a un lado de la alberca, margaritas, lentes oscuros y musiquita... así, cómo no me iba yo a recuperar...

Fue en ese verano que nos enamoramos profundamente. Mientras más tiempo pasábamos juntos, más nos gustábamos y mientras más nos gustábamos más nos queríamos. Al terminar el verano me dijo: "¿Por qué no te quedas a vivir en mi casa conmigo para siempre? Quiero que vivamos juntos".

Le expliqué que le había prometido a mi mamá salir de mi

casa de blanco para casarme, como el resto de mis hermanas… una tradición familiar y muy mexicana. Le describí lo mal que me había ido en el amor, dondequiera que había depositado mis ilusiones y cada vez que había apostado por el amor, nunca me había funcionado. Le expresé mi más profundo miedo, y con mucho amor y paciencia Tommy me reconfortó y me convenció de que era una buena idea. En realidad yo huía del concepto del matrimonio, disfrutaba de mi libertad y de mi fama, pero para dar este paso en un compromiso de pareja, yo necesitaba de toda la seguridad de no volver a salir lastimada. Pero Tommy era como si me conociera desde siempre y supo decirme algo que me reconfortó y me hizo tomar una decisión al respecto: "Salta… yo te voy a agarrar. Mis brazos siempre estarán abiertos para sostenerte y agarrarte. No temas… Pase lo que pase aquí estoy yo. De dónde saltes yo te voy a agarrar… no te dejaré sola y siempre estaré aquí para sostenerte", me dijo. Y luego continuó: "Pero quiero lo mismo para mí, quiero sentir que puedo apoyarme en ti… ¿quieres saltar conmigo?". Sintiendo su apoyo y la fuerza de su amor por mí por fin pude soltar mis temores y me dije, "¿Por qué no?".

A partir de ese momento, mi vida cambió totalmente. Aunque tuve la dicha de llegar a este país en las mejores condiciones, me dolió demasiado haber dejado atrás mi patria, como le duele a cualquier inmigrante, supongo. No solo comencé a experimentar lo que era vivir por mi propia cuenta, sin mi mamá, sino que también pude sentir lo que es el exilio. Seguramente, mucha gente se identificará conmigo al decir que la añoranza de la patria es uno de los sentimientos de nostalgia más fuertes que se puedan sentir. Es como que te arrancan de raíz, un pedazo de entraña, dejándote un vacío imposible de llenar, el vacío de tu tierra que te vio nacer, te ayudó a crecer y te llenó de ella. Es un sentimiento que tendré por siempre… por el resto de mi vida, me guste o no me guste.

Mexicana en Nueva York

Lo más difícil de querer ser independiente es comenzar a serlo. A mis veintiocho años, con mi vida metida en doce maletas, mi perro maltés, llena de sueños, miedos y esperanzas, dejé México para aventurarme en las calles de Manhattan. Quería vivir mi propio cuento de hadas. Al fin había encontrado al hombre de mis sueños, mi príncipe azul. Todo lo que pasaba a mí alrededor era hermoso y muy romántico; por fin me encontraba a las puertas del amor. Pero con lo que no contaba era con la reacción de mi madre cuando le conté de mis maravillosos planes. Ahora sí, por primera vez en su vida, experimentaría el síndrome del nido vacío ya que de alguna manera no lo había vivido del todo cuando mis hermanas se casaron y se fueron, pues siempre había alguien con ella y, por supuesto, ese alguien era yo. Sin embargo esta vez, yo que era la última, salía de casa rompiendo la tradición. Me fui a vivir con mi amado sin casarme, conmocionando a mi madre y rompiendo en mil pedazos la ilusión de ver a su última hija, la pequeñita, salir de casa vestida de blanco, como el resto de mis hermanas.

Entonces, de vivir en mi ciudad rodeada de Toda la gente que quiero, pasé a compartir por primera vez mi espacio diario con un hombre, y a moverme en un departamento en el piso 35 de un edificio en Manhattan, que era una caja de cristal volando, llena de vidrios por todos lados para ver toda la ciudad. Era bellísimo e impresionante. Pero aún con todo lo que mi nueva vida tenía para ofrecer, extrañaba mucho la familiaridad de mi vida en México y lo cómoda y acompañada que me sentía viviendo allí. Al mudarme a Nueva York sentí como si estuviera dejando atrás un trozo de mi alma. Tuve que salir de mi zona de confort que era México, un lugar donde lo tenía todo, para llegar a Nueva York, en donde simplemente era una inmigrante más, lejos de su tierra. Fue un cambio de ciento ochenta grados.

No era la primera vez que vivía en Estados Unidos. Cuando tenía solo veinte años me compré mi mansión en Bel Air, en Los Ángeles, California, y mi Rolls Royce descapotable; sentía que ya había logrado el famoso sueño americano. Pero la experiencia fue totalmente diferente. En Los Ángeles no importaba dónde me parara, todos me conocían. Me sentía como en casa, desde los grandes restaurantes de Beverly Hills y Rodeo Drive, hasta los más pequeños de cocina mexicana, donde vendían tacos y tamales. Ahí era a donde me iba a comer con mis amigos, y todos los mexicanos, mis paisanos, salían de la cocina a saludarme. Nada que ver con Nueva York. Nueva York es una jungla de asfalto, donde la competencia es al máximo pues, como decía Frank Sinatra: "Si la haces en Nueva York, la haces en donde quieras".

Además del cambio geográfico, estaba el cambio en mi entorno social. Así, de ser Thalia pasé a ser la esposa de Tommy Mottola, de tener todas las miradas y atenciones solo para mí, ahora tenía que compartir la atención con mi esposo; y más en Nueva York donde él es Rey y yo pasé a ser una Reina sin rostro

En las obras benéficas a las que acompañaba a Tommy, yo era una perfecta desconocida, me sentaba en la mesa que nos asignaban donde me llovían las preguntas de cajón: "¿Y tú, qué haces? ¿Quién eres? ¿A qué te dedicas?". Entonces una y otra vez, tenía que explicar quién era, qué hacía, de dónde venía… algo que nunca me hubiera tocado hacer en México, ni en todos los territorios en los cual me conocían y se sabían mi vida de memoria.

Era un cambio tremendo, una locura. Fue una época muy estimulante, pero también difícil.

El cambio fue brutal, de una vida agitadísima, con un calendario sin días de descanso, pasé a una casi inmovilidad impactante y a la vez reconfortante. Hice un alto en el camino que me permitió, por primera vez en años, encontrar el descanso y la tranquilidad que muy en el fondo anhelaban y necesitaban mi cuerpo y mi mente.

Una cosa es ir de vacaciones a Nueva York, y otra muy diferente es vivir en Nueva York. Cuando Tommy se iba a trabajar, yo aprovechaba para recorrer todo lo que podía de esta ciudad tan cosmopolita. Tuve el tiempo que yo quería para visitar todos los museos, pudiendo recorrer las salas de exhibición y admirar las diferentes colecciones de arte, de historia, de arqueología. Esculturas, pinturas, galerías... lo recorrí todo, una y otra vez. Caminé por la calle comiéndome un *pretzel* calentito, o me formé en la línea para comerme dos *hot dogs* con chucrut y un licuado del Grey's Papaya... todos esos eran gustos que nunca había disfrutado por mí misma; y ni qué decir de sentarme en una banca de Central Park y ver pasar a tanta gente de diferentes edades, con modas diversas, colores sobrios o brillantes, con perros, en bicicleta, en patines, con los iPods colgados... Qué diversidad, por vez primera podía disfrutar de esos momentos y ser simplemente una más entre la gente. Era mi momento, era mi decisión... por fin estaba teniendo el tiempo y el espacio para ser simplemente yo.

Los primeros meses en Nueva York fueron de plena metamorfosis y mi vida estaba cambiando; como una oruga que está totalmente inmovilizada dentro de su capullo, hasta que el cambio comienza en lo más profundo de su ser, rompiendo el capullo. La oruga empieza a extender sus alas sin importar el dolor que siente al desplegarlas, y por fin… se suelta a volar… ya transformada en mariposa. Es un proceso doloroso pero de los más bellos que hay. Al igual que esa oruga, yo sentía que muchas cosas estaban cambiando en mi interior y que muy pronto me llegaría el momento de extender mis alas y reinventarme. Mi transformación estaba en camino.

Tanto Tommy como yo estábamos en nuestro mejor momento: Sony estaba en su punto más alto, Tommy era el presidente de la empresa, tenía a su cargo una corporación mundial de 15.000 empleados. Cuando tomó su puesto en Sony, las ventas de la companía se estimaban en mil millones de dólares. Cuando él dejó Sony, el valor de las ventas se acercaba a los 7 mil millones de dólares debido a sus estrategias y desempeño. Él creó, entre otros conceptos, el movimiento conocido como "el boom latino" con Shakira, Ricky Martin, Jennifer López y Marc Anthony. Llevaba la carrera de Destiny's Child y Céline Dion entre otros.

Yo por mi lado ya me había convertido en una marca global, mis discos y mis telenovelas se vendían en Francia, España, Turquía, Indonesia, Hungría, Grecia, México, Centro y Sudamérica, por mencionar unos cuantos. Los dos ya habíamos logrado nuestras metas profesionales, estábamos en el pináculo de nuestras carreras y ya nos habíamos realizado completamente desde un punto de vista profesional, por lo tanto pudimos darle toda la energía y atención a nuestro naciente amor.

Una de las cosas que más disfrutábamos compartir era nuestra pasión por la música. Pasábamos horas escuchando canciones, hablando de por qué nos gustaban, desmenuzando la producción musical, los arreglos, las melodías, desde un punto de vista creativo y artístico. Desde mi primer disco como solista, siempre estuve involucrada en el más mínimo detalle, desde como quería que sonara la guitarra, hasta el sintetizador que deseaba utilizar o dónde quería que entraran los coros. Me apasionaba escribir mis canciones y escuchar cómo se desarrollaban ante mis oídos, sin hacer a un lado el arte del disco, las luces, el vestuario, el logo y la portada… yo estaba siempre en todo. Formar parte del desarrollo de los discos siempre ha sido lo mío. Gracias a Tommy tuve la fortuna de estar en los lanzamientos de los discos más importantes de esa época. Fui la primera en escuchar el disco *crossover* de Shakira *Whenever, Wherever*, o la primera mezcla del tema "My Heart Will Go On", interpretada por Celine Dion y utilizada por el director James Cameron en su película *Titanic*; o en ver la última edición del video de "Living la Vida Loca" de Ricky Martin. Cuando la estábamos viendo, me giré y le dije a Tommy: "Pongan más de cuando él mueve las caderas, ¡¡eso es lo suyo!!", entonces él inmediatamente dio la orden de que pusieran unas tomas más de la famosa "movida de cadera" de Ricky Martin. El estar en los estudios, conocer a los artistas, a los mejores compositores y productores; desde raperos a rockeros, o artistas pop; de un Michael Jackson, a un Bon Jovi, eso para mí fue magia pura. En esos momentos yo era un ser libre, llena de arpegios y música constante.

El hombre de mi vida

Yo nunca había vivido un amor como el que estaba experimentando con Tommy. Por vez primera sentía que estaba con un hombre, en todo el sentido de la palabra. Por primera vez me sentía libre, amando como nunca había amado; qué hermosa libertad cuando el amor sale por cada poro de tu piel. Me estaba convirtiendo en una mujer plena, entera y con una determinación de guardar esos buenos sentimientos en mi alma para siempre, pues sabía que con él compartiría mi vida.

En Tommy encontré mi alma gemela. Él viene de un barrio italiano ubicado en el Bronx, él también es "chacharero", le gusta coleccionar todo tipo de objetos curiosos. A pesar de ser el empresario musical más importante en su gremio a nivel mundial, al igual que yo, él viene de un barrio popular. Desde que estamos juntos lo suyo lo transformé en mío y de alguna manera su barrio me conectaba a mi colonia. Hoy en día hasta vamos a comprar la carne y el pan a una cuadra de la iglesia donde él fue bautizado; mi casa se llena de panes rellenos de *prosciutto* y *mozzarella*. El restaurante Dominique's nos manda cuerito de chicharrón relleno de albóndiga italiana con su salsa roja; o nos llegan los productos de la pastelería D'lilos: como los cannollis, pastelitos italianos hecho a mano, que nos comemos en casa acompañados de un delicioso café *espresso*. Aunque no estoy en mi patria, el ambiente familiar italiano me recuerda mi hogar lleno de voces, de pláticas, de aromas y de ese calor que sólo se siente en familia.

Es maravilloso tener alguien con quien hablar el mismo idioma. En nuestra profesión, tenemos que cubrir una agenda de ciertos eventos con diferentes compañías importantes en donde guardamos, de manera puntual, la etiqueta social. Pero en la intimidad, salen nuestras raíces, nuestro "barrio", nos sentimos cómodos con nuestras bromas, nuestra forma dicharachera de hablar, nuestras groserías, nuestro sentido del humor negro, en fin, nuestro auténtico yo en la invaluable cercanía que nos une, que es nuestra familia.

Después de vivir un tiempo en Nueva York, me di cuenta de que no solamente quería hacer mi vida con Tommy sino que además me sentía capaz de agarrar las riendas de mi carera llevándola a los Estados Unidos, para subirme en la Ola Latina, la cual se estaba convirtiendo en un furor a nivel mundial. Pero a quien le gustó esa idea al mismo tiempo de que le causó conflicto, fue a mi mamá. Y mucho más cuando me senté con ella para decirle que era necesario que nuestra relación de trabajo finalizara, ya que si yo me iba a casar, también necesitaba llevar mi carrera a otro nivel, contando siempre con sus irremplazables consejos y observaciones. Y la verdad es que lo que quería era lograr mi independencia y así disfrutar de nuestra relación de madre e hija.

"¿Sabes qué, mamita?", le dije, "Voy a manejar mi carrera desde Estados Unidos y para eso necesito tener un mánager allí. Necesito que me entiendas, mami, es el momento de hacer mi *crossover* y el proyecto *Arrasando*, al cual le seguirá mi primer disco en inglés *Thalia*, es el plan que mi disquera me esta proponiendo. Además existe la oportunidad de crear mi carrera empresarial lanzando mi líneas de ropa y de accesorios en las grandes tiendas norteamericanas. En Estados Unidos todo funciona diferente, son diferentes leyes, diferentes contadores, diferentes criterios; todo es diferente y ni tú ni yo lo entendemos ahora; pero quiero aprender esto por mí misma… de primera mano. Por favor mamita entiéndeme, es mejor para mí y es mejor para nosotras, quiero tan solo ser tu hija. Necesito a mi madre".

Y con dolor de ambas partes, logré mi independencia.

Fue muy duro para las dos, se trataba de la separación de una madre y una hija, de dos seres que convivieron muchos años y compartieron tantas cosas juntas… Era una separación necesaria, porque así es la vida, porque así es cuando uno crece… pero no dejó de ser dolorosa. Siempre le agradeceré el haber estado a mi lado, el crecer y descubrir juntas un sinfín de cosas bellas, enfrentar aceptar y resolver otras, y sobre todo, la seguridad de contar siempre la una con la otra. Le agradeceré las tantas veces que luchó como fiera para cuidarme y protegerme, para velar por mí y para proteger mis intereses. Mi mamá fue, es y seguirá siendo el pilar a través del cual yo crecí, me transformé y maduré. Los valores de honestidad, rectitud, sinceridad y firmeza son rectores que mi madre inculcó en mi ser desde pequeña; no hay, ni habrá, ningún poema, ninguna canción, ninguna frase, ninguna acción que pueda describir el profundo y gran amor que siento por ella, con todo el respeto que merece quien me dio la vida, me crió y me ha amado incondicionalmente; mi cómplice, mi amiga. Existía una simbiosis tan fuerte y estrecha entre las dos, que si yo me levantaba sintiéndome mal, cuando la llamaba, ella estaba en cama sintiéndose mal. Si yo me sentía melancólica o triste, lo más probable era que ella se encontrara de la misma forma. Aún sin hablar, nos percibíamos, nos conocíamos, nos olíamos; no necesitábamos pronunciar palabra alguna, nos lo decíamos todo con la mirada. Ella es uno de mis más grandes amores, el viento fresco que impulsa mis alas.Gracias por todo, mamá.

Gracias a este cambio de vida, pude experimentar lo maravilloso que es sin lugar a dudas la libertad. Nadie puede decir que es libre, hasta que no la conoce. Muchas veces pensamos que el no estar prisioneros o cautivos es sinónimo de libertad, pero en realidad, creo profundamente que si no hay libertad en tu ser interior, tú mismo eres tu carcelero. He conocido a muchas personas que están cautivas de sus dolores, de sus miedos, de sus problemas, de una muerte cercana, de una frustración, de una incomprensión a su forma de ser; esclavos del alcohol, de las drogas, de las mañas, de las mentiras, de tantas cosas que sin estar conscientes de ellas, han entregado en sus manos la libertad tan bella con la que Dios nos hizo.

Qué poderosa puede ser la mente, llega a ser tu mejor amiga o tu enemiga más despiadada. Tiempo atrás leí un libro cuyo contenido me llegó directamente al corazón: *Lo que dices, recibes: las palabras están cargadas de dinamita,* por Don Gossett. En el libro, el autor explica lo importante y trascendente que es hablar solamente lo que es necesario para encontrar lo que es la grandeza espiritual, y dejar de hablar de cosas inocuas que deterioran la vida —un poco como la ley de la atracción. El poder lo puso Dios en el hombre al pronunciar el verbo... Su verbo, así que lo que pronuncias se siembra y después se cosecha. La libertad depende de cada uno de nosotros, y somos nosotros quienes retenemos, nosotros quienes soltamos. Todo depende de nosotros. Con esta lectura comprendí que si no había un cambio de pensamiento y palabra en mí, nunca se podría manifestar en mi realidad o en mi propia existencia.

Por ejemplo, hace como tres años me encontré con una carta que había escrito en 1995, mucho antes de conocer a Tommy. En esa carta yo había descrito exactamente al hombre que quería a mi lado, su físico, sus manos, sus piernas, en fin, todo... muy bien detallado. También decía que quería que fuera muy amoroso, entregado, dedicado, leal, comprometido, divertido... tal cual yo lo anhelaba, y muchos otros detalles que lo harían ante mis ojos, el hombre ideal. Qué sorpresa fue leer esta carta años después y descubrir que era una descripción exacta del hombre con el cual comparto mi vida.

Lo que dices, recibes: las palabras están cargadas de dinamita.

Mi historia estaba escrita desde la eternidad, Dios tenía trazado mi camino. Logré romper las cadenas de mi prisión, destruí las dudas, acabé con los temores, decidí dar el paso más importante que era conocer la vida de frente, abrir los brazos y abrazarme a ella; y esto solo lo podía realizar yo sola, de cara a la vida, de cara a la libertad. Atesoré esta maravillosa libertad cuando la descubrí y, hoy por hoy, la defiendo de todo, de todos; y sobre todo, de mí misma.

Aprendí que la libertad depende de uno mismo.

CAPÍTULO CUATRO

AMOR

Querido Amor:

Siempre te imaginé como un concepto de perfección.

El estado ideal de ser humano.

Esa imagen que uno tiene que, al disfrutarte, al poseerte, se encontrará la felicidad infinita, la solución de toda carencia.

Esa lucha constante por encontrarte a pesar del tiempo, la distancia y las situaciones.

Millones de corazones a lo largo de la historia dieron su vida por ti.

Cuántas guerras se han desatado por el amor a un ideal.

Eres a la vez tan frágil, tan delicado, que si no te cuidan bien, mueres pronto.

Sabes ser también un asesino a sangre fría, despiadado y meticuloso con tu víctima.

Yo te he tenido en todo tu esplendor, me has hecho

vibrar, llorar, volar, tocar inimaginables universos, sentir cada átomo de mi cuerpo, descubrir mis sueños más escondidos.

En mi caminar contigo conocí personas increíbles, otras indeseables y solo tú, Amor, a tu antojo, controlabas mis emociones, me engañabas, me hacías ver lo que no era.

Así me trajiste por una gran parte de mi andar hasta que tú y yo tuvimos esa conversación acalorada, en la cual, con toda honestidad, te pedí que me dieras una tregua.

Platicamos de las lecciones que me diste, de lo aprendido, de lo irrepetible y lo importante de los errores.

Y sí, como buenos amigos, nos dimos la mano prometiéndonos que cada vez que nos reencontráramos seríamos primero grandes amigos, seríamos respetuosos el uno con el otro, nos aceptaríamos tal cual, sin querernos cambiar o modificar en nada. Seríamos libres, naturales, verdaderos. Auténticos en nuestra esencia. Seríamos de nuevo como niños. Inocentes, amables, sencillos y suaves.

Y esa promesa la vivimos en el Aquí y en el Ahora.

Con mi amado, con mis hijos, con mi familia y mis amigos.

Con todos se cumple, con todos se vive esa lista llena de amor que creamos juntos en esa tarde lluviosa.

Ahora estás en todo y en todos.

Ahora vives, respiras y brillas a través de mí… a través de todo y de todos.

Amor

En la vida, como en el amor, hay que arriesgarse. De eso se trata. ¿Si no para qué estamos en esta tierra? Yo estoy convencida de que las cosas en que más me he arriesgado en la vida son quizás las que más satisfacción me han dado, tanto en mi carrera como en mi vida personal. El amor es sin duda algo que se construye con el tiempo, que se trabaja, pero si nunca te arriesgas a hacerte vulnerable a otra persona para entregarte de verdad, entonces nunca vas a poder querer en serio porque para ganar hay que apostar.

Hace catorce años yo me arriesgué a mudarme con un hombre que apenas conocía de un año interrumpido por la distancia y los compromisos profesionales. Pero mi corazón estaba sediento del amor que él me estaba dando. Se sentía bien, y pensé que si se sentía bien, quizás era porque lo era. Entonces di un salto al futuro y, contra las recomendaciones de muchas personas a mi alrededor —incluida mi madre—, me fui a una ciudad nueva, en un país nuevo para vivir de verdad nuestra historia de amor.

Pero por más enamorada que estuviera, la mente también es muy poderosa y muy adentro de mi alma yo no lograba callar esos pensamientos negativos que me venían a diario: *¡Qué tonta eres! Cuando se canse de vivir contigo te dejará plantada y nunca te propondrá matrimonio porque no será necesario. Como ya consiguió lo que quería, tenerte en su casa...* Aunque sabía que Tommy me adoraba y me trataba como a una princesa, me atormentaba mucho pensar que esos pensamientos negativos se convirtieran en realidad; y encima, mi mamá también me lo repetía todos los días. Me decía que Tommy me iba a humillar y que iba a quedar muy mal parada y triste. Estoy segura de que no lo decía con mala intención sino porque se preocupaba por mí, pero no voy a decir que sus advertencias no me afectaban. Sin embargo yo le respondía siempre que estaba muy a gusto con él, que sabía quién era y yo confiaba en él. Tanto lo repetí que tuvo que creerme, aunque siguió insistiendo hasta un poco antes de la boda.

El compromiso

Al poco tiempo de mudarnos a vivir juntos decidimos que queríamos construir una casa en Miami, pues estaba clarísimo que queríamos estar juntos y que en algún momento nos íbamos a casar. Ambos sabíamos que pasaría, porque lo que estábamos sintiendo era demasiado fuerte. Él siempre me decía que quería que fuese su esposa, me lo decía de vez en cuando, sin embargo nunca me hubiera esperado que se decidiera tan rápido. Un día sin pensarlo me dijo seriamente:

—Vamos a casarnos. Yo te amo y quiero pasar el resto de mi vida contigo... vamos a casarnos.

Aun cuando yo deseaba tanto oír esas palabras, la emoción que sentí en ese momento hizo que empezara a llorar:

—Tommy, sí, sí quiero casarme —le dije emocionada—. Pero antes, quiero que algo quede muy claro entre nosotros —le dije mirándolo a los ojos muy seriamente—. Quiero que sepas que si yo estoy contigo es por amor, no por nada más. Yo llevo un ritmo de vida y tengo un estatus en el que siempre voy a vivir. Económicamente tengo todas las posibilidades de darme los lujos y las comodidades a las que estoy acostumbrada y así esté contigo o sin ti, yo siempre seguiré viviendo así.

Tommy me miró y me respondió:

—Si, *Baby*… lo sé. Por eso, lo único que tengo para darte soy yo. Y quiero ofrecerte lo mejor de mi persona.

Y ahí abrazados, llorando, confirmé en mi corazón que Dios me estaba dando la oportunidad de vivir ese momento. Fue una hermosa conversación, pero no hubo nada de anillo.

Varios fines de semana más tarde, estábamos de visita en Miami, en la casa número uno de los Estefan en Star Island, que es en la que hospedan a sus invitados cuando van de visita. Había un atardecer bellísimo en el que todo el cielo estaba teñido de morado con pinceladas que iban del lila, al rosa y al naranja. Estábamos viendo la puesta del sol, él me tenía abrazada por detrás mientras disfrutábamos del paisaje. Estábamos vestidos guapísimos los dos porque luego teníamos que irnos a una cena. Y entonces así, sin ningún preámbulo, yo le dije que ese era uno de los momentos más bellos de mi vida y que quería atesorarlo para siempre en mi memoria. Me dijo, "¿De veras, *Baby*? Espérame un segundo", y salió corriendo. Entonces de repente me quedé ahí sola como una palmera muy bien plantadita, justo cuando acababa de decir que era un momento maravilloso. No entendía qué le había pasado a Tommy ni por qué me había dejado ahí abandonada. *Qué raro es,* pensé para mis adentros, *qué personaje extraño.* Tres minutos después, llegó apresurado, sin perder la galanura, y con un regalito envuelto en papel plateado con un hermoso moño de satín gris. Con mucha delicadeza me lo puso entre las manos y dijo mientras me observaba abriendo la cajita:

—Quiero que siempre recuerdes este momento que tanto te ha hecho vibrar.

Algo me decía que podía ser mi anillo de compromiso... ¡Qué nervios y que emoción la que sentí! Estaba temblando por dentro hasta que el muy pícaro me agarró la oreja y en un tono muy romántico me dijo:

—Se te van a ver muy bellos, verdaderamente hermosos.

Mi anhelo se deshizo en un segundo, ¡casi lo mato! Y claro, me dije a mí misma que no era bueno ilusionarse tanto. Tratando de controlar el nudo que se me hizo en la garganta, desaté el moño y comencé a quitar los hermosos lazos. Fui abriendo poco a poco la cajita, cuando de pronto al ver el interior... la cerré abruptamente. ¡No podía creer lo que había visto! ¡No podía creer lo hermoso que era mi anillo de compromiso! Tommy se me quedó viendo a los ojos, llorando y me dijo: "¿Te quieres casar conmigo?". Entonces me puso el anillo en la mano y yo casi me desmayo de la felicidad. Nos abrazamos y nos besamos por mucho rato y sobre todo lloramos. Nos metimos a la casa y ahí nos estaban esperando todos nuestros amigos pues ya Tommy les había contado. Fue una hermosa cena de celebración con mojitos, comida cubana y uno que otro tequilita, por ahí. Una noche increíble que jamás olvidaré.

Siete meses más tarde nos casamos. Ya había encontrado al amor de mi vida y supongo que lo que sentí fue que el tiempo perdía importancia. Todo estaba fluyendo y aun cuando todo fue muy rápido, yo no le cambiaría ni un punto ni una coma a mi historia de amor. Si volviera el tiempo atrás, lo haría todo exactamente igual.

Hace poco recordé algo que me pasó una vez que estaba de visita en Nueva York. Era 1997 y yo había ido a promocionar el estreno de la película de dibujos animados *Anastasia*, donde fui la voz de la protagonista y canté los temas de la banda sonora para la versión en español. Me hospedaba en el Hotel Plaza, era invierno y la gente se movía de un lado a otro entre las calles llenas de luces navideñas y adornos de todo tipo; estaba nevando y los copos se veían como las estrellas. Desde la ventana de mi habitación yo miraba las calles atascadas de gente con bolsas llenas de compras navideñas, todo ese ajetreo, esa vida allá abajo. Entonces pensé: "No puede ser que con tanta gente que hay en el mundo, yo esté aquí sola. Cómo puede ser que ahí afuera no esté el amor de mi vida, no lo puedo creer...", me dije. "Ahí afuera está el amor de mi vida, ¡lo decreto!".

Aunque me pasaba todo el día rodeada de gente, lo que sentía era una soledad profunda, una soledad del alma. Deseaba mucho encontrar a ese hombre que me haría sentir feliz y completa. Entonces esa noche decidí que cuando llegara esa persona que debía estar caminando allí afuera en la Quinta Avenida, yo le diría "Hola, amor, te he extrañado tanto...". Por lo que creo fielmente en que lo que pronuncias realmente lo recibes, y que cuando anhelamos con todo nuestro ser algo, somos escuchados. Porque lo más increíble de esta historia es que Tommy sí estaba en esas calles; su oficina incluso quedaba cerca de donde yo me estaba hospedando esa noche. Yo sé que lo que dije no fue ninguna casualidad. Sin saberlo le mandé un mensaje diciéndole que viniera a encontrarse conmigo cuando el momento y el destino fueran propicios, quería que supiera que lo estaba esperando. ¡Qué bueno que es un hombre obediente!

Otro momento increíble que me confirmó que Tommy era el hombre de mi vida fue cuando descubrí que era el mánager de Hall and Oates, uno de mis grupos favoritos en la historia de la música. No solo era su representante, sino que se sentaba con ellos en el estudio y escribían canciones juntos. Las mismas canciones con las que yo soñaba, lloraba y me emocionaba en mis años de adolescencia en México. Tommy estaba ahí desde siempre. Me acompaña sin saberlo, desde que tenía tan sólo diez u once años; de alguna forma él ya estaba presente en mi vida.

En todas las relaciones en las que había estado hasta que conocí a Tommy, nunca estaba segura de cuáles eran las verdaderas intenciones de los hombres que salían conmigo. La mayoría se acercaba a mí para sacar algún tipo de provecho, pocos eran los honestos. Para entonces ya me había armado mi propio mecanismo de defensa y hasta llegué a convertirme en una mujer muy desconfiada. Así anduve por la vida hasta que encontré un hombre que no necesitaba nada de mí, que me quería por mí misma y no por la fama o el éxito que hubiera alcanzado; y lo mismo le pasó a él conmigo. Él era un acaudalado hombre de negocios, estaba en el pináculo de su carrera; y yo, llegaba a él en el mayor de mis éxitos, conocida mundialmente por mis novelas, con varios éxitos musicales que me dieron a ganar discos de oro y platino y totalmente estable económicamente. Tanto él como yo no buscábamos colgarnos de la fama del otro, ni buscábamos sacar provecho de nada; éramos dos corazones solitarios y lastimados, que se encontraron en el camino; y sin prejuicios de ningún tipo, iniciamos nuestra relación con el mayor de los respetos y un espíritu abierto.

De muchas maneras, la clave de nuestro éxito como pareja está en que cuando nos encontramos, ambos habíamos cometido todos los errores habidos y por haber en el área del corazón. Ya sabíamos lo que no era negociable y qué tan lejos éramos capaces de llegar por el amor. Es la sabiduría que viene con haberse equivocado muchas veces, siempre y cuando reconozcas que te equivocaste. Ahí está el secreto: es cuando la experiencia de los malos momentos se transforma en un tesoro invaluable que te permite reconocer el camino que no debes seguir y valorar lo verdadero. Me ha tomado tiempo desarrollarla, pero ahora tengo una antenita que me permite escuchar con claridad lo que dice mi intuición.

Tommy y yo estamos al mismo nivel espiritual, emocional y personal; no es sólo mi pareja, es mi parejo en todo. Aquí no cuentan los años, cuenta la experiencia. Él también se ha equivocado, lo cual le da la serenidad de saber que es humano, y por eso tiene un equilibrio que a mí me hace sentir segura, tranquila. Su brújula está en su centro y por ende la mía también. Qué suerte tuvimos al encontrarnos.

Al igual que yo en mi mundo, él es una figura pública muy importante en los Estados Unidos y por ende se veía envuelto en muchos chismes que para mí no eran nada tranquilizantes. Como en todo, este tipo de rumores siempre correrán; a mí lo que me importa es cómo es Tommy conmigo, cómo soy yo con él, y la relación tan especial que tenemos. Los demás que se imaginen lo que quieran. Lo único que a mí me importa es que al fin conocí a un hombre que, al igual que yo, tiene clarísimo lo que quiere. Pero lo más importante es que sabe cómo conseguirlo… ¡y ME ha conseguido!

La señora M

Me encontraba a punto de dejar mi soltería. En algunos meses sería la señora Mottola, y como me imaginaba una boda de cuento de hadas, los preparativos eran muchísimos y muy meticulosos.

Lo único en lo que podía pensar era en que me casaba, y todo estaba concentrado en ese momento. Mi familia estaba conmigo, dándome consejos, apoyándome en todo.

Tommy me había llevado a Vera Wang, que es la máxima diseñadora de vestidos de novia en el mundo, la número uno. Aunque hace un trabajo exquisito con los vestidos que diseña, yo en mi corazón ya lo había decidido. Más que una gran diseñadora, yo lo que quería era que mi vestido se hiciera con mucho cariño y mucho amor. Entonces llamé a Mitzy, el diseñador de las estrellas en México, a quien quiero como a un hermano. Le marqué desde mi casa:

—Mitzy… me caso —le dije sin más.

—¡¿Queéee?! —oí el grito del otro lado de la bocina.

—Sí, ¡me caso! —repetí—, y no puede haber nadie en el mundo que me haga mi vestido de novia con tanto amor como me lo vas a hacer tú.

Se tardaron como seis meses en hacer mi vestido, y es que era un sueño. Fue confeccionado en seda pura y organza, la cual se mandó a Turquía para ser bordada a mano con hilos de plata, perlas naturales y cristales Swarovski; los rasos fueron encargados en las casas de importación localizadas en Nueva York y en Los Ángeles. Todo el ensamble de mi vestido se hizo en México y quedó maravilloso pero pesadísimo —su peso completo estaba cerca de los catorce kilos. Se hicieron otros dos vestidos para esa noche, uno para la cena que tenía un monograma con las iniciales TMT, por Thalia Mottola Thomas, que fue el que usé para el banquete; y otro más ligerito, para bailar "hasta que el cuerpo aguante".

En la víspera de mi boda, Tommy y yo decidimos pasar la noche por separado. Aunque prácticamente vivíamos juntos, esa noche la quería pasar con mi familia, imaginando que salía de mi casa vestida de blanco, aunque claro, en este caso mi casa sería el hotel The Mark. Sin embargo, al final del día, Tommy y yo nos reunimos en nuestro último día de solteros pues para mí era muy importante que él hiciera una oración conmigo y que aceptara a Jesús en su corazón; de alguna manera se tenía que presentar como la cabeza que iba a estar al frente de nuestro matrimonio. Juntos nos pusimos a orar, nos encontramos espiritualmente y fue un momento bellísimo; realmente ahí fue nuestra unión, estábamos ante la presencia de Dios.

Al día siguiente, 2 de diciembre de 2000, todo era una locura. Todas mis hermanas, mi mamá y mi abuela, estábamos en los diferentes cuartos brincando de un lado a otro, ya que se habían acomodado en diferentes habitaciones los maquillistas, los peinadores; mientras que mis sobrinos y mis amigos de México terminaban de ponerse lo más guapos que podían. Todo iba perfecto hasta que me miré al espejo ¡y vi el grano gigantesco que me había salido arriba de la mejilla! ¿Cómo me iba a salir un *fucking* grano justo el día de mi boda? Menos mal que mi maquillador maravilla me lo disimuló a la perfección, probablemente fue el estrés el que me lo causó. Un contratiempo de último minuto que no podía controlar. ¡La ley de Murphy en su máximo apogeo!

Todo siguió avanzando sin problema cuando de repente escuché una voz con un tono que no me gustó mucho:

—Mi Thalis… —me dijo Mitzy medio nervioso, con la voz hecha un hilito—, tu vestido de novia no cabe por el elevador.

¿De qué me hablaba? ¿Cómo que no entraba mi vestido de novia? ¿Dónde me lo iba a poner? ¿Cómo iba a salir del hotel? En algún lado tenía que ponérmelo. De inmediato se habló con el gerente del hotel, y me prestaron un salón de fiestas en la planta baja. Entre mesas, sillas y tablones me empezaron a vestir Mitzy y Daniel, su ayudante, que también ha sido parte de mi familia de toda una vida. Trabajaron afanosamente para colocar perfectamente el vestido y justo parecía que todo se había solucionado cuando al salir del hotel para entrar a la limusina... TAN, TAN, TAN, TAAAN... todos parados con los ojos muy abiertos... ¡No había forma de entrar! ¡El vestido no cabía por la puerta!

—¡Daani... ! —le dije a Daniel casi gritando—. Métete tú primero y jala la cola hasta el fondo de la limusina.

Entre Mitzy y Dani lograron meter los metros y metros de cola, doblándola de tal manera que cuando saliera del auto, la cola fuera desplegándose poco a poco. Enseguida se subió mi mamá ayudándome con las crinolinas del vestido y al último me acomodé yo. "¡Cómo que no se puede!", me dije a mí misma, "todo cabe en un jarrito, sabiéndolo acomodar". Pero en realidad no era un jarrito, era una de las limusinas más largas y grandes que pudimos encontrar en Nueva York.

La ceremonia se hizo en la Catedral de San Patricio localizada en la Quinta Avenida. Lo curioso de esta historia es que cuando tenía catorce años y estaba de visita en Nueva York con mi mamá, al visitar la catedral, y sentadas en una de las bancas de madera cerca del altar, la miré y le dije: "Aquí me voy a casar algún día". Yo no me acordaba de esto hasta que estuve en plena planificación de mi boda y mi mamá me lo recordó. Increíble la ley de la atracción... Qué sabía yo a los catorce años con quién me iba a casar ni dónde lo haría. Me maravilla pensar que todo lo que hacemos, decimos o vivimos, forma parte de un plan perfecto.

Una semana antes, se habían casado cerca de allí, en el Hotel Plaza, Catherine Zeta-Jones y Michael Douglas. La policía de la ciudad había tenido que bloquear la avenida por seguridad porque se habían juntado como tres mil personas a curiosear. Te imaginas, ¡tres mil personas acompañándote en uno de los días más importantes de tu vida! Me impresionó muchísimo. Me impresionó aún más cuando me enteré que el día de mi boda se reunieron cerca de diez mil personas, para acompañarnos. Había gente de todos los países, de las Filipinas, de México, de Grecia y de toda Latinoamérica. Me conmovió ver semejante demonstración de cariño y hasta el día de hoy estoy agradecida con los miles de fans que me acompañaron a celebrar mi propio cuento de hadas. ¿Quién hubiera imaginado que una niña de Ciudad de México se casaría en un lugar tan precioso y rodeada de fans, amigos y familia venida de todas partes del mundo? Fue en realidad una bendición, algo que siempre recordaré y que llevaré en mi corazón.

Un poco antes de llegar a la catedral, de pronto sentí que algo se me enredaba en los pies. Casi no veía ni a Mitzy ni a Dani porque el vestido prácticamente llenaba el interior de la limusina.

—¡Mitzy! —grité—. Algo se me ha enredado en los pies, no los puedo mover, no quieren que me case… ¡No quieren que me case!

Inmediatamente Dani se puso en acción, prácticamente se "echó un clavado" por debajo de la tela para llegar a mis pies.

—No veo nada, prendan la luz, o pásenme una lámpara, o algo —decía desesperado.

¿De dónde quería que sacáremos una lámpara? Adentro del auto estábamos cuatro locos desesperados, mientras que afuera la gente esperaba emocionada para ver salir a Thalia en todo su esplendor, a una especie de espejismo de princesa casándose con su príncipe azul. Pero Thalia empezaba a entrar en un estado de pánico; el chofer que manejaba la limusina sacó de quién sabe dónde una pequeña lamparita, que de mano en mano llegó a Dani; y de pronto, una voz que emergió de los kilos de tela de seda y raso, rompió el silencio y las zozobras:

—¡Ya vi! Tienes enredado un hilo de caña que se salió de una de las crinolinas… —explicó mientras cortaba el hilo y arreglaba el "pequeño problemita". Todo fue tan rápido... de pronto sentí que mis tobillos se liberaban justo a unos metros de donde la limusina se iba a parar al pie de San Patricio.

Cuando el vehículo se detuvo, Emilio Estefan y mi hermana Laura, que eran los padrinos de la boda, ya me estaban esperando; mi familia también ya se encontraba en el lugar. Salí sin ningún problema bajo los miles y miles de flashazos que cayeron sobre mí en ese momento. Gritos de júbilo acompañaban cada movimiento que hacía, la emoción de ver a esas miles de personas hizo que se me agolparan las lágrimas en los ojos. Tuve que controlarme para no llorar de la emoción. Conforme iba subiendo las enormes escaleras de la catedral, la inmensa cola del vestido iba cubriéndolas sin ningún problema.

Tommy y yo habíamos decidido que queríamos una ceremonia íntima con solo la familia y los amigos; así que una vez que entramos se cerraron las puertas de la iglesia. La ceremonia la queríamos grabar, y quisimos hacerlo nosotros mismos. Para ello, se colocó una cámara grúa que estaba grabando todo, además de otras tres cámaras ubicadas estratégicamente, con lo cual se cubría toda la ceremonia; Tommy quiso grabar un especial de televisión, pero sólo para nosotros. Todos los paparazzi se quedarían afuera mientras se celebraba la ceremonia. De hecho antes del evento, unos agentes de seguridad entraron al lugar para revisar que todo estuviera en orden, y descubrieron a un paparazzi que se había subido a una columna. ¿Cuántas horas habrá pasado encaramado en lo alto de esa columna? No lo sé, lo bajaron y lo acompañaron hasta la salida. Fue muy curioso que a pesar de que no queríamos que fuera público, en cierto momento a alguien, que nunca supimos quién era, se le ocurrió dejar entrar a treinta de las diez mil personas que venían de todo el mundo, para acompañarme en el día más importante y definitivo de mi vida.

Yo me encontraba en un pequeño salón cuando comenzó la ceremonia. A través de un cristal empecé a ver cómo iban entrando mis hermanas, mi mamá, y mi corazón quería salírseme del pecho... qué momento tan especial y tan único. Cuando oí los primeros acordes de la marcha nupcial, comencé a caminar hacia el altar.

Yo había pedido que mi vestido tuviera una cola muy larga, misma que solamente estaba prendida de la cintura y que se quitaría cuando terminara la ceremonia. La había pedido así porque quería representar todo lo que yo había vivido antes de ese momento: las cargas, las dudas, los pesares, la soledad, las tristezas, los temores, los miedos. El momento del matrimonio era el momento de soltar todo, de dejar atrás el pasado, y abrazarme al maravilloso presente que se estaba abriendo ante mí. Todo iba muy bien hasta que al querer subir las pocas escaleras de acceso al altar, empecé a tener dificultad para avanzar; claro, no contaba con la alfombra que cubría la pequeña escalinata, y que las perlas, los cristales Swarovski y los hilos de plata se iban atorando con las fibras de la alfombra. Cada paso que di me costó mucho, era muy pesado, hasta que por fin llegué al lado de mi futuro esposo.

Ahora que lo pienso creo que nunca me di cuenta de todo lo que cargaba en mi corazón, y que iba a soltar en ese momento. De pronto, allí parada en el altar junto al amor de mi vida, que lloraba como yo, me volteé y vi en primera fila a mis hermanas, mi madre, mi abuela, mi familia y mis amigos. Todos testigos de algún momento en mi vida, creciendo conmigo, acompañándome y ahora, entregándome al hombre que había ganado mi corazón; todos compartiendo mi felicidad.

Cuando la ceremonia terminó, me quitaron la cola del vestido, y pude moverme con ligereza. Sí... había dejado ir el pasado y daba la cara al presente. Felices mi flamante marido y yo nos tomamos de la mano y cuando salimos, nuevamente escuchamos los gritos de la gente, en todos los idiomas, deseándonos felicidad. Fue algo muy especial. ¿Cómo pagar esas muestras de amor? No tienen precio.

Llegamos al salón, estaba bellamente decorado, eran alrededor de 500 invitados. Como en todas partes, los grupos se van uniendo, así que de un lado estaban todos los mexicanos y amigos de habla hispana, y del otro, todos los americanos. La sorpresa de la noche fue cuando de pronto se apagaron las luces, y el silencio fue roto por Donna Summer cantando las primeras notas de "Last Dance". Para mí fue un regalazo, ya que ella es una de mis cantantes favoritas. No fue sino que ella apareciera en el escenario para que todos se lanzaran a la pista cantando y bailando al compás de estas notas. Ya cuando estábamos más prendidos, se subieron al pequeño escenario Emilio Estefan, que fue directamente a tocar los bongos mientras que su esposa Gloria cantaba con Marc Anthony y Donna Summer y uno de mis sobrinos tocaba la guitarra. Luego nos subimos Tommy y yo, la comediante Rosie O'Donell, cantando y tocando todos a coro. Desde el escenario veía cómo bailaban Jennifer López, Danny de Vito, Cristina Saralegui, Lili Estefan; y sentados más a lo lejos, Michael Jackson, Robert de Niro y Bruce Springsteen entre otros. ¡Qué honor! Nunca en mis sueños me hubiera podido imaginar que un día celebraría mi boda con un gropo tan destacado de artistas que llevo escuchando toda mi vida. En algún momento de la noche, Tommy me sentó en una silla, cerca de la pista, tomó el micrófono y empezó a cantarme un clásico de Frank Sinatra: "I Got You Under My Skin" ("Te tengo bajo mi piel"). Fue un momento bellísimo porque yo sé que siempre me tendrá muy adentro, en sus entrañas, en su ser, debajo de su piel.

Como la Cenicienta, a las doce de la noche los americanos se pararon y se fueron. Yo pensé, "¿cómo? ¡si apenas comienza la fiesta!". Pero todos los latinos traíamos pila por delante, y el grupo de invitados mexicanos me decía, "¿Y a qué hora es el pozolazo, mi Thali?", porque en México se acostumbra la cena de la boda, y para casi el amanecer, un rico pozole, bien picosito para seguir en el "bodorrio". Esa era parte de mi tierra, ahí, en el corazón de Manhattan.

Ahora, yo había planeado todos mis vestidos y tenía todo perfectamente organizado. Pero cuando Tommy y yo decidimos "huir", nos dimos cuenta de que a nadie se le había ocurrido que necesitaría algo para cubrirme al salir. Mi tercer vestido era muy ligerito y como estábamos en diciembre, afuera estaba a un grado bajo cero. ¡De haber salido así me habría congelado! Así que rápidamente eché un vistazo y descubrí a la esposa de mi sobrino con un abrigo de piel café, probablemente de zorro. Llegué hasta donde ella estaba y prácticamente se lo quité diciéndole: "Te lo mando mañana al hotel", y con este sobre mis hombros, desaparecimos de escena. Tommy y yo nos íbamos a nuestra luna de miel.

Matrimonio y familia

Como todo matrimonio, Tommy y yo nos ajustamos a nuestra nueva vida, compartiendo todo y decidiendo juntos. Es trabajo diario la convivencia, el edificar y construir nuestra relación, planificando cada paso, cada idea, ha sido un aprendizaje continuo para los dos. Descubrir nuestros límites, y hasta donde se puede llegar sin violentar el espacio personal del otro, es todo un reto, un maravilloso reto que nos ha permitido madurar como matrimonio y como personas.

Después del matrimonio yo seguí trabajando en mis proyectos.

Empecé a preparar mi disco *Arrasando* y la gira de conciertos; así como *Thalia*, el disco en inglés y el sencillo con Fat Joe. Desarrollé mi línea de ropa para una cadena de tiendas, la colección de chocolates con Hershey's, la colección de anteojos y lentes para sol y puedo decir que todo ello me mantenía muy ocupada.

Al fin y al cabo es parte de mi crianza. En mi casa la mayoría de mis hermanas trabaja, era parte de nuestra formación, "Echa pa'lante, no mires atrás", como dice mi canción; así que seguí haciendo lo que conocía: trabajar, a la par de crecer junto con mi marido que a pesar de que nos llevamos varios años de diferencia, vivimos como en una adolescencia perpetua. Nuestra diferencia de edad era otro punto normal para mí ya que mi mamá se casó con un hombre mayor que ella, y por ende, mis hermanas también. De hecho el más joven de mis cuñados le llevaba a mi hermana diez años, el mas "grandecito" veintidós; por lo que a mí siempre me ha parecido normal tener a mi lado un hombre mayor que yo. Es parte de la historia de las mujeres de mi casa.

Elegir al padre de mis hijos siempre había sido un tema que me aterraba. Temía que no fuese lo suficientemente bueno o que no fuera comprometido con sus hijos; me asustaba que algo le pasara y que se muriera al igual que mi papá. Después de unos años de casados pensé que era tiempo de tener un bebé, además mi reloj biológico ya estaba sonando. Cuando empezamos a planificar la llegada del bebé, me di cuenta de que Tommy era tan novato como yo; aun cuando él ya había tenido a sus dos hijos en su primer matrimonio. En realidad lo que pasó fue que se dedicó tan en cuerpo y alma a su carrera durante tantos años, que se perdió los mejores momentos de los primeros años de la vida de sus hijos. Básicamente éramos dos personas platicando y deseando ser padres, ambos con cero experiencia.

Desde que el deseo de tener un bebé surgió en mis entrañas,

volvieron los pensamientos obsesivos. Temía no estar preparada para semejante reto. Los pensamientos contradictorios me daban vueltas y vueltas en la cabeza. *¿Y si no soy buena mamá?*, pensaba, *yo no quiero repetir los esquemas de conducta que se dieron en mi casa...*. Dudaba: *¿y si Tommy y yo no somos buenos papás?*. Una metralleta de ideas locas cruzaban a mil por hora en mi cabeza; lo único que podía pensar era que yo no quería repetir ningún patrón familiar y mucho menos quería que Tommy repitiera lo suyo. Estaba convencida de que ambos teníamos que buscar la forma de darle a nuestros hijos el tiempo necesario para que crecieran felices, seguros de sí mismos y no dejar que el trabajo se impusiera por encima de las necesidades familiares. Nos daríamos a la tarea de encontrar un balance exacto en donde el trabajo no se impusiera a nuestra familia.

También me aseguré de ser justa con Tommy y no juzgarlo por su pasado como padre, porque todos los seres humanos cambiamos y tenemos no solo el derecho, sino la habilidad de ser mejores cada día. Él se moría por ser papá nuevamente y eso era lo único que yo tenía que considerar. Apliqué la lección de vivir en el presente, olvidar el pasado y no pensar demasiado en el futuro. En mi presente, ya había encontrado al que sería mi compañero de vida. Tommy era el hombre con quien siempre había soñado estar; el padre que siempre quise darles a mis hijos.

Sin embargo, como todo en la vida, las cosas no resultaron exactamente como planeábamos. Cuando por fin decidimos que estábamos listos para concebir, no lo lográbamos. Empezamos a intentarlo desde 2004 y si hay algo de lo que pueda arrepentirme, es de no haber empezado a tratar de tener hijos antes, tan pronto nos casamos pues de verdad me costó mucho embarazarme. Nadie te dice que después de los treinta años la mujer comienza a disminuir su conteo de óvulos saludables para ser fertilizados. Y que después de los treinta y cinco años solo con suerte puedes quedar embarazada. Porque las mujeres nacemos con cierto número de huevos que van muriendo con los años. A esto, súmale el hecho de que la sociedad de hoy día te dice, "Triunfa, realízate profesionalmente primero, que ya luego tendrás tiempo para tener hijos". ¡Cuántas no caemos en esta trampa y luego miramos hacia atrás lamentándonos porque ya nuestros cuerpos no están tan fuertes para un embarazo! Y, en algunos casos, esto empieza en el hogar, a través de nuestras propias madres y abuelas que no tuvieron más opción que quedarse en la casa pariendo y cuidando niños desde los diecisiete años y al vernos a nosotras que sí tenemos alternativas, nos alientan a que no cometamos el mismo "error" que ellas. En mi caso con un cuerpo ya cansado y trabajado de tanto ir y venir, desvelones, aviones, cambios de horarios, trabajos a marchas forzadas, era añadirle la cereza al pastel.

Para Tommy, que yo no quedara embarazada también fue duro. Sobre todo porque no podía evitar pensar que quizás la vida le estaba cobrando el que nunca estuvo presente para Sarah y Michael, sus hijos del primer matrimonio. Los concibió, y son sus hijos, pero en realidad no estuvo con ellos como padre porque estaba demasiado ocupado siendo Tommy Mottola, el empresario de talla global. Se obsesionó con su trabajo y así se le pasaron los días, se le pasó la vida de sus propios hijos. Cuando hemos platicado de este tema, no deja de decirme: "No sabes, *Baby*, el sufrimiento que me causa el no haber estado con ellos en sus años más importantes; que no estuve ahí, para sostenerlos en sus momentos más vulnerables. Y lo peor, es que ya no puedo regresar la hoja por más que quiera. Trato de ser un mejor padre ahora y ayudarlos en todo; pero ellos, ya me ven como un padre distante". Yo por mi lado, veo con qué desesperación quiere estar presente en sus vidas, pero el tiempo no se puede regresar y todo lo vivido los ha afectado profundamente a los tres. Yo sentía que al tener un hijo, de alguna manera su presencia les daría a los tres la oportunidad de rescatar su relación como padre e hijos bajo una nueva perspectiva, y sabía que le daría a Tommy una nueva oportunidad de hacerlo bien.

Por mi parte, sentía mucha carga al pensar: *¿Para qué esperé tanto en tener hijos? ¡Qué egoísta he sido!*. Pero todo tiene su recompensa, y esperar sin desesperar es una virtud muy especial. Mientras nosotros intentábamos y apostábamos por la vida, el destino nos tenía reservada una sorpresa que no solo pondría a prueba nuestro amor de pareja, sino que además comprometería el amor de toda una familia con un suceso que cambiaría radicalmente nuestras vidas. Una vez más, el amor sería la columna vertebral que nos sostendría a lo largo de esta oscura pesadilla y al final de todo, viéndolo con perspectiva, el amor se impuso; el amor triunfó.

El amor, con sus lazos compasivos, con su gran paciencia, con su sabiduría, tejió sus redes para rescatarnos y restaurar nuestros corazones que en esos momentos se habían resquebrajado ante la presión tan grande que tuvieron que vivir. De no haber sido así, nos hubiéramos rendido a la primera batalla, en lugar de estar celebrando, día a día, la gran victoria del regalo tan maravilloso que es la vida.

CAPÍTULO CINCO

PERDÓN

Querido Perdón:

¿Cuántas veces pasaste a mi lado y le hablaste a mi corazón?

¿Cuántas veces quisiste tomarme de la mano para caminar juntos? Realmente no lo sé.

Nunca has dejado de insistir, has tocado a mi puerta desde que era una niña; algunas veces comimos juntos; otras tantas ni siquiera te abrí la puerta.

Pero hoy reconozco que eres parte de mí.

Tu amor, tu paciencia, tu tenacidad y enseñanza, han logrado hacerme entender lo importante que es soltar las ataduras que no me permitían ver con claridad y actuar con sinceridad.

Gracias a ti, he logrado encontrar el equilibrio en mi vida.

Gracias a ti me he recuperado, he perdonado lo que me

hacía daño a mi alrededor; he perdonado a muchas personas, cercanas y lejanas, conocidas y desconocidas, amadas o queridas, que de alguna manera me han dañado a lo largo de mi vida; y lo más importante es que tú, mi amado Perdón, me enseñaste a reencontrarme, abrazarme y aceptarme tal como soy.

A ti no te dejaré ir nunca de mi lado.

Te pido que siempre camines conmigo.

Que de tu mano enfrente lo que no comprendo.

Que vea con tus ojos, para perdonar lo que no entiendo y dejarlo ir.

Perdón, hermano mayor de la Libertad... Gracias por estar conmigo.

Perdón

Aceptar mis errores ha sido un paso crucial en mi proceso de sanidad espiritual. Para mí no ha sido nada fácil aprender a perdonar, sobre todo perdonarme a mí misma. Es más, si no hubiese sido por mi hermana Ernestina, con quien tuve el ejemplo más hermoso de lo que es el perdón absoluto, jamás lo hubiese logrado.

La noche del 22 de septiembre de 2002 mi vida, y la de toda mi familia, cambió para siempre. Ese día, mis hermanas Laura y Ernestina fueron secuestradas. Este terrible evento es, y ha sido siempre, uno de mis traumas más grandes, una de las experiencias que más me ha costado superar. No podía asimilar ni perdonarme a mí misma que por mi condición de figura pública y por estar casada con una persona como Tommy, un potentado dentro de su medio, alguien les hubiera arrebatado la libertad a mis hermanas. Es en gran parte por eso, por respeto a la privacidad de mis hermanas y teniendo en cuenta la delicadeza del asunto que jamás me he pronunciado sobre este tema públicamente. Sin embargo, no puedo hablar de mi vida, del proceso por el que he tenido que pasar para conocerme, aceptarme y encontrar mi balance, sin contar cómo viví ese terrible momento. Porque puedo decir, sin lugar a dudas, que ha sido la prueba más grande que ha puesto Dios en mi camino. Sólo el perdón ha podido ayudarme a sobrellevar este suceso que paralizó nuestra cotidianidad y me ha enseñado a vivir con este inmenso dolor que todavía siento cada vez que recuerdo aquéllos treinta y cuatro días infernales. Porque aunque físicamente fueron mis dos hermanas las que fueron secuestradas, anímicamente, toda la familia estuvo secuestrada durante esos treinta y cuatro días; afloraron los miedos, los dolores, las heridas más antiguas y sobre todo la zozobra de no saber el final real de aquella experiencia.

El 22 de septiembre de 2002 había transcurrido como un día normal y estaba anocheciendo. Después de que me hicieran un masaje, subí a mi recamara para prepararme a dormir, cuando de pronto sonó el teléfono: "Bueno…", respondí como siempre. Al otro lado de la línea escuché: "Está Thalia?". Era la voz de un desconocido por lo cual de inmediato supe que algo no estaba bien. A mi casa nadie me llama preguntando por Thalia, pues nadie conocido me llama por mi nombre artístico. Alcancé a pensar que quizás fuera algún fan que había conseguido mi teléfono y que quería algún tipo de información personal, así que le pedí que no volviera a llamar y colgué, pero el hombre insistía preguntando si estaba Thalia en casa. Luego, sin perder un instante, añadió:

—Tú no me conoces, pero soy un amigo de tus hermanas y las tengo secuestradas, para que lo sepas, las tengo en mi poder y te estoy llamando porque en su celular estaba tu número de teléfono. Las tengo conmigo, en mi poder, a estas dos viejas…

Antes de seguir oyendo, mi reacción inmediata fue decirle que dejara de molestar, colgando rápidamente el teléfono. Bajé corriendo hasta donde estaba Tommy, y le conté lo que había pasado. Él intentó calmarme, pero pude ver que en sus ojos se asomó la preocupación y el temor. Aunque no quería creer lo que acababa de escuchar, muy en el fondo de mi ser sabía que esa voz decía la verdad. Podía intuírlo, palparlo, no había equivocación; mi mente lo negaba, pero muy en el fondo mi corazón lo afirmaba. Sentí una adrenalina muy extraña, una ansiedad desesperante.

Inmediatamente, llamé a la casa de mi hermana Laura y me contestó uno de mis sobrinos, su hijo mayor:

—Mi amor, ¿donde está tu mamá? —le pregunté.

Su voz sonaba asustada, cuando me contestó:

—Tía, me acaban de llamar a decirme que a mi mamá y a mi tía Titi las tienen secuestradas.

En ese momento me sepultó una avalancha de miedo, angustia, temor, dolor, impotencia; esa desesperación que no te deja moverte ni pensar bien. Me dieron ganas de correr y gritar por todas partes, jalarme los pelos, arrancarme la piel. ¿A quién buscas, a quién le pides ayuda, quién puede confortar tu corazón en esos momentos? En esos instantes supimos que no era una broma de mal gusto. Laura y Titi estaban secuestradas. No lo podía creer. La cabeza me daba vueltas y de inmediato entré en estado de *shock*. Una de las cosas que más me afectó fue que todo esto estaba pasando en México y yo estaba en Nueva York, y eso hacía que la sensación de impotencia fuera aún más grande.

He tenido tres accidentes automovilísticos muy fuertes, en los que, de no haber sido por Dios, quizás no habría sobrevivido. Esa sensación repentina de "¿qué fue lo que pasó?" que sobreviene cuando sientes que tu presente se ve interrumpido por algo catastrófico, me resultó muy familiar. Es prácticamente un choque de frente, un golpe que no esperas, una catástrofe que no percibes que viene inminente hacia ti y lo que ocurre es una sensación de irrealidad-real; exactamente lo que sentí esa noche al recibir esa llamada.

De inmediato pensé en ellas, en cómo estarían, si estaban golpeadas, si las habían lastimado. Pensé en cómo estarían solas a expensas de quién sabe quién, asustadas, pensando en sus hijos, en su familia. El único pensamiento que daba vueltas y vueltas en mi cabeza era ¿cómo puedo ayudar? ¿Qué puedo hacer? Qué impotencia, Dios mío, qué dolor, qué soledad. Y mis sobrinos, los hijos de mi hermana Laura y las hijas de Titi, ¿cómo se sentirían? Qué orfandad... Lo único que quería era abrazarlos y transmitirles la seguridad de que todo iba a pasar y que todo estaría bien. Sabía que mi mamá iba a enloquecer en cuanto lo supiera, y el solo pensar en eso me partía el corazón. Qué momento tan difícil... Tanto dolor, tanta angustia y yo en Nueva York tan lejos de mi tierra, de mi familia, de todo.

Me sentí terriblemente perdida. Un temor absoluto me recorre toda el alma cada vez que recuerdo aquel día, y puedo decir que ha sido un proceso muy largo el de llegar a aceptar, entender y procesar todo ese dolor para seguir adelante. Ha sido un trabajo interior muy profundo pues la asimilación de que esto también le ha pasado a otras familias no minimiza el dolor. Independientemente de cuántas personas tienen que pasar por esto a diario, se siente como si uno fuera la única persona y la única familia a la que jamás le haya pasado. Sin embargo sabes que hay otros seres que han vivido lo que tú estás viviendo en ese momento, y lo que hay que comprender, eventualmente, es que nadie tiene la culpa

Mi madre y mi padre en Xochimilco. / My mom and my dad in Xochimilco.

Esta es "la Chancha" como le llamábamos en casa a esta cabeza reducida. / This is "la Chancha," the nickname we gave this tiny head at home.

La Reducción de Cabezas es el "Hobby" de un Científico

Mi padre y yo. / My father and I.

En La Paz, Baja California. Una autentica mini-Marimar. / In La Paz, Baja California. An authentic mini-Marimar.

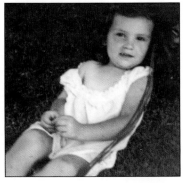

En mi escuelita con mi madre. / At preschool with my mother.

Saliendo de mi casa, arriba izquierda, rumbo al Kiosco Morisco. / On my way out to the Kiosco Morisco.

Mi bautizo en los brazos de mi madre con todas mis hermanas. / My baptism in the arms of my mother, with all my sisters.

El programa de televisión, *La Mujer Ahora*. / The TV show *La Mujer Ahora*.

La primera vez que salí en televisión cuando tenía 3 años. / My first appearance on TV at three years old.

Mi sección de cocina con Evelyn la Puente show matutino. / My cooking segment on Evelyn la Puente's morning show.

Primera vez intrepretando a Sandy en *Vaselina* junto con Benny Ibarra como Danny. / The first time I played Sandy in *Grease* with Benny Ibarra in the role of Danny.

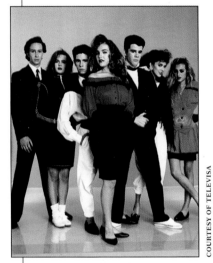

Timbiriche. / The band Timbiriche.

En el papel de María la del Barrio en el basurero. / In my character María la del Barrio standing in a real landfill.

Cantando en una presentación de Timbiriche. / Singing at a Timbiriche show.

Uno de los looks de mi disco *Love* hecho con margaritas, mis favoritas. / One of my looks for the *Love* album, made with daisies, my favorite flower.

Una de mis presentaciones en *Siempre en Domingo* conducido por Raul Velasco. / One of my performances on *Siempre en Domingo*, hosted by Raul Velasco.

Los vestuarios excéntricos han sido parte de casi toda mi carrera. / Eccentric wardrobes have always been a huge part of my career.

En el pico mas alto de popularidad de la trilogía de las Marías,
yo visito Las Filipinas. Las novelas rompieron records de audiencia en 180 países y han sido vistas
por dos mil millones de personas
en el mundo. / At the height of
the popularity of the novela tril-
ogy, I visited Manila, Phillipines.
The novelas were highly rated and
seen in more than 180 countries
by more than two billion people.

María Mercedes. / María Mercedes.

Marimar. / Marimar.

Adela Noriega y yo en *Quinceañera*. / Adela Noriega
and I in *Quinceañera*.

RUBEN MARTIN/COURTESY SONY MUSIC LATIN

Renacimiento como intérprete, *Primera fila* en vivo. / Comeback as a perfomer during *Primera fila*, live.

FCUEVA-UNIVISION

Premio lo Nuestro a la Música Latina. / Lo Nuestro Award for Latin Music.

MAGGIE RODRIGUEZ

Celebrando las ventas de "Piel Morena" y "Amor a la Mexicana". / Celebrating the sales of "Piel Morena" and "Amor a la Mexicana".

Músicos en recepción con gobernadores de Bali. / Musicians during a reception with the governor of Bali.

Donde viajo celebran mi nacionalidad con un buen mariachi. ¡Viva México! / Wherever I go, my nationality is celebrated with a good Mariachi band. *¡Viva México!*

Recepciones tipicas de cada país con sus vestuarios, y siempre rodeada de los niños. / Typical receptions in the countries I've visited, typical clothes, and always surrounded by children.

Reflejando una profunda triztesa en Venecia. Ni la juventud, ni los jóvenes guapos llenaban mi soledad. / Looking very sad in Venice. Neither my youth nor the good-looking boys could fill my solitude.

Visitando un orfelinato en México D.F. 2001. / Visiting an orphanage in Mexico City in 2001.

Como la portavoz de March of Dimes en 2006. / My job as the spokesperson for the March of Dimes in 2006.

Reunión con fans en Europa 2005. / Meeting my European fans in 2005.

Vistiéndome en el salón de fiestas del Hotel Mark. / Getting dressed at Hotel Mark in New York.

En la limusina camino a mi boda. Derecha a mi madre, Mitzy, y en la mano izquierda Danny. / In the limo on my way to my wedding ceremony. My mother and Mitzy to the right, Danny on the left.

Cortando nuestro pastel de bodas. Cada piso era un sabor diferente. / Cutting our wedding cake. Every level had a different flavor.

Tommy y yo con Michael Jackson el día de mi boda. / Tommy and I with Michael Jackson on our wedding day.

Gloria Estefan y Rosie O'Donnell suben al escenario mientras Donna Summers canta en nuestra boda. / Gloria Estefan and Rosie O'Donnell hop onstage as Donna Summers sings at our wedding.

Tommy y yo con Gloria y Emilio Estefan. / Tommy and I with Gloria and Emilio Estefan.

Presentación navideña en Rockefeller Center al otro lado de la catedral de San Patricio donde Tommy y yo nos casamos. / A Christmas special performing on Rockefeller Plaza across from St. Patrick's Cathedral, where Tommy and I got married.

Bailando con el Presidente Barack Obama durante el concierto de "In the White House: Fiesta Latina", celebrando la herencia musical hispana en el South Lawn de la Casa Blanca, octubre 13, 2009. / Dancing with President Barack Obama during the "In Performance at the White House: Fiesta Latina" concert, celebrating Hispanic musical heritage, on the South Lawn of the White House, October 13, 2009.

El final del concierto en la Casa Blanca el 13 de octubre durante la grabación de "In Performance at the White House: Fiesta Latina." De izquierda a derecha: Eva Longoria, George Lopez, Tito "El Bambino", Marc Anthony, Jennifer Lopez, Gloria Estefan, Emilio Estefan, José Feliciano, yo y miembro de Aventura Anthony "Romeo" Santos. / The concert finale at the White House of the October 13 taping for "In Performance at the White House: Fiesta Latina": (*left to right*) Eva Longoria, George Lopez, Tito "El Bambino," Marc Anthony, Jennifer Lopez, Gloria Estefan, Emilio Estefan, José Feliciano, me, and Aventura member Anthony "Romeo" Santos.

Tommy y yo en una barbacoa para el 4 de julio en Aspen. / Tommy and I at a Fourth of July BBQ in Aspen.

¡Mi primera pesca! Montauk, N.Y. / My first catch! Montauk, New York.

Escalando en Utah. / Rock climbing in Utah.

Clases de trapecio en Bridgehampton, verano de 2010. / Trapeze lessons in Bridgehampton, summer 2010.

Mi cumpleaños en Da Silvano, dos meses antes de que naciera Sabrina. ¡Tommy me sorprendió con un pastel especial! / My birthday at Da Silvano, two months before Sabrina was born. Tommy surprised me with my likeness on the birthday cake.

Recogiendo manzanas en Millbrook, N.Y. Este es posiblemente el momento en el que contraje la enfermedad del Lyme. Es una zona muy bella, con muchos árboles ¡y muchas garrapatas! / Picking apples at the orchard in Millbrook, New York. This is possibly the moment I could have contracted Lyme disease. The area is beautiful but heavily wooded and full of deer ticks!

Último mes de medicinas y suplementos prescritos para combatir el Lyme. / Last month of medicines and supplements prescribed for my Lyme disease.

Perdiendo mi pelo y mi masa muscular en la lucha contra la enfermedad de Lyme. / Losing my hair and muscle mass in the fight with Lyme disease.

Sabrina y yo. / Sabrina and I.

Mis dos amores: Sabrina cantándole a su hermanito en mi pancita, le dice "Yuyu". / Here are my two loves. Sabrina is singing to her baby brother in my belly, whom at the time she called "Yuyu."

de lo que pasó, simplemente es lo que nos tocó vivir. Durante mucho tiempo me torturé y me culpé a mí misma por todo lo que tuvieron que vivir mis hermanas, hasta que al fin comprendí, con mucho trabajo, que todo eso en realidad se escapa de mis manos pues al final todo está en manos de Dios. Así es que he tenido que aprender a sacarme todo ese dolor, esa impotencia, esa carga, esa culpa, desde lo más profundo de mi corazón, para poder recobrar mi paz y mi equilibrio.

El secuestro

La noche del secuestro, Titi iba a ver actuar, por enésima vez, a Laura en la obra de teatro que estaba haciendo en ese momento, *La casa de Bernarda Alba*. Titi siempre ha sido la hermana que está pronta a apoyar a las otras, sin embargo esa noche, no tenía deseos de ir al teatro. Era domingo y de hecho le dolía la cadera así que ya estaba metida en la cama. Una de sus hijas había solicitado unos boletos para ir a ver a mi hermana Laura al teatro con su novio y los papás de su novio, pero al final optaron por ir a otro lado. Así que tenían unos boletos que se iban a perder cuando Titi recibió la llamada de su comadre Ana quien le expresó el deseo que tenían ella y su esposo de ir al teatro, por lo que ella aceptó acompañar a sus compadres. Se levantó de la cama, se arregló y esperó a que pasaran por ella.

Así que se dirigieron al teatro para ver la obra y al término de ella pasaron al camerino a saludar y a felicitar a Laura; ella emocionada los animó a todos a irse a tomar un café que se encontraba cerca del teatro.

Pero, lamentablemente, nunca llegaron a dicho lugar. Cuando iban en camino —Laura y Ernestina estaban en el mismo carro— un camión de la basura se les cruzó misteriosamente parándose de forma que bloqueaba el tránsito de la avenida, dejando solamente un espacio por donde pasara un auto; cuando ellas dieron la vuelta, ya las estaban esperando. Ese fue el momento en el que comenzó una larga pesadilla.

Lo que nos pasó a nosotros como familia, tristemente, le ha sucedido a miles de personas en todo México y el mundo. Las heridas que deja la experiencia del secuestro son profundas y muchas veces insondables. Mi hermana Titi, siendo escritora, escribió un libro titulado *Líbranos del mal,* como una forma de catarsis para sanar su alma. Allí reseña todo lo que ella vivió; porque aun cuando es la misma historia, cada uno de los miembros de mi familia vivió una historia particular y muy personal. De hecho, la experiencia de Laura y de Titi no fue la misma pues cada una lo vivió desde su propia perspectiva. Porque nadie es igual a otra persona, cada quien tiene su forma muy particular de enfrentarse y entender lo que vive. Mi hermana Laura escribió una obra que puso en escena llamada *Cautivas*, en donde ella también encontró su propia forma de catarsis para sanar su alma. Tanto *Líbranos del mal* como *Cautivas* comparten el dolor, la impotencia que se siente y la incertidumbre de saber que tu destino y tu vida están en manos de un desconocido. Pero ambas obras difieren en que lo que relatan es su experiencia personal, cada una lo muestra desde su vivencia, basándose en su propia percepción de la experiencia, desde las emociones que cada una sintió en ese momento, que aunque fueron emociones intensas y muy similares, cada una las procesó y las controló según su propia personalidad.

Así pues, una vez ya en la casa donde pasarían su secuestro, solamente se tenían la una a la otra, mientras una temblaba la otra la consolaba, mientras la otra lloraba una la calmaba. Tenían una serie de reglas muy claras que tenían que cumplir, como el cubrirse la cara, principalmente los ojos, cuando ellos golpeaban a la puerta para entregarles su plato de comida y así no poder ver a sus secuestradores directamene a la cara. Estaban juntas en un cuarto muy reducido con un pequeño baño integrado.

Mientras tanto, afuera, cada quien reaccionaba a su manera: mi madre sufría ataques de ansiedad y taquicardias, llegando una vez al hospital y siendo atendida en el auto porque los periodistas rondaban los alrededores buscando noticias. En una ocasión mi abuela vio una dramatización en un programa de espectáculos de la televisión y entró en un ataque de pánico y ansiedad que la hizo correr y gritar por toda la casa hasta que se cayó golpeándose aparatosamente. Cuando supo la noticia, la hija mayor de Titi se desmayó, y cada vez que recuperaba la conciencia, se volvía a desmayar; simplemente no podía digerir lo que estaba sucediendo. Entre las muchas vivencias de la familia, las negociaciones siguieron su curso. Obviamente las negociaciones son un proceso muy desgastante y toman su tiempo. En algunos casos toma años, en otros meses y en otros semanas. Desafortunadamente no hay un parámetro ni un esquema de cómo debe de ser y cuánto tiempo se debe tardar: todo depende de los involucrados, tanto de la familia de los secuestrados como de los mismos secuestradores.

Aunque parezca paradójico, los secuestradores amenazaban constantemente a mis hermanas, pero también las cuidaban. Lo que sí es que siempre, durante todo el tiempo que estuvieron secuestradas, se esforzaban por mellar su fortaleza empujándolas al terror de no saber qué sería de su vida, preguntándose cada día que amanecía si sería el último. Durante todos los días de cautiverio, la televisión y el radio estuvieron encendidos a todo volumen mientras que ellos, entre gritos y palabras altisonantes, cortaban cartucho, provocando en mis hermanas un estado de inestabilidad y terror.

A los dieciséis días de estar en cautiverio y como las dos partes todavía no habían llegado a un acuerdo económico, los secuestradores les dieron a mis hermanas la opción de elegir cuál de las dos saldría primero. La estrategia que ellos tenían era que la que saliera viniera a contarnos todas las atrocidades que habían vivido esos días, para que nosotros nos apresuráramos a sacar a la segunda, lo cual significaba darles el dinero que pedían.

La que salió fue Laura. Titi se quedó; ella, que estaba en su casa ese domingo, en pijama, que acompañó a los compadres para que no fueran solos, que simplemente no tenía por qué estar ahí esa noche. Ellos ya tenían en la mira a Laura, cuándo entraba y cuándo salía de su casa al teatro y del teatro a su casa, iban tan solo por ella. En un principio, los secuestradores pensaron que Titi y Laura eran simplemente amigas, no tenían idea de que eran hermanas. Pero cuando se dieron cuenta… ¡bingo! Dos por una. Aunque los secuestradores iban solo por Laura, ahora se llevaban a las dos; tal vez fue la providencia quien permitió que Titi estuviera esa noche con Laura, tal vez mi hermana Laura nunca hubiera salido viva, tal vez el daño hubiese sido mayor… Nunca sabremos qué habría sido, lo único que sé es que corrimos con mucha suerte.

Desde el instante en que la soltaron, mi hermana Laura salió con el firme propósito de sacar, de cualquier manera, a mi hermana Titi. Cuando Laura quedó libre, inmediatamente nos informó de la situación en la que se encontraba Titi y de lo que iban a hacer los secuestradores si no nos apresurábamos a cumplir con sus exigencias. Desde ese instante nos movimos lo más rápido posible para tratar de sacar a Titi inmediatamente.

Tristemente, esos últimos dieciséis días que pasó Titi sola en cautiverio fueron los más aterradores. Cuando los secuestradores ya comenzaron a perder la paciencia porque el proceso de colectar el dinero estaba demorando —sin contar, claro está, todo lo que obstaculizó la prensa con sus comentarios— la alternativa era mutilar a mi hermana para mandarnos un pedazo de su cuerpo como amenaza final. Una de los principales cabezas de la banda le salvó el dedo… pues se enamoró de ella perdidamente. Obviamente no era amor, sino lo que se conoce como el síndrome de Estocolmo, pero al revés. El síndrome de Estocolmo es una reacción psíquica en la que la víctima de un secuestro o la persona que está en cautiverio contra su voluntad, desarrolla una especie de complicidad con su secuestrador. En este caso, el enamorado fue este secuestrador que de alguna manera se prendó de mi hermana.

Después de esta vivencia tan dolorosa, Titi y yo hemos platicado muchas veces sobre lo sucedido. En una de nuestras pláticas ella me comentó que en esos momentos lo único que se le pasaba por la cabeza era: *tengo que volver a ver a mis hijas, tengo que volver a ver a mi familia; Dios dame la sabiduría para manejar esto con tenacidad, dame la calma necesaria para no enloquecer.*

—Es por eso que aquí estoy, hermanita, sentada frente a ti, tomando tu mano, platicando contigo.

En ese momento le dije:

—Hermanita, estoy segura de que solamente a las almas más fuertes les toca vivir este tipo de experiencias. Creo que te permite llegar a tener un rango espiritual más elevado que los demás.

Ella solo se me quedó mirando y sonriendo, como tratando de ver con mis ojos. Cuando en su libro yo leí cómo describió con detalles el abuso físico y mental al que fue expuesta, solo reiteré la grandeza de su alma y ante mis ojos creció como una guerrera victoriosa. Titi tiene grandes deseos de vivir, es compasiva, tiene amor al prójimo sobre todas las cosas y, ante todo, conoce el valor del perdón. Hoy por hoy, Titi y yo tenemos una relación que va más allá de las palabras, una relación que no se puede explicar. Es una conexión muy profunda que está sustentada en un amor absoluto; Titi me enseñó lo que es de verdad la hermandad.

Y ni qué decir de mi hermana Laura, mi hermana mayor, mi maestra en este mundo del entretenimiento. Uno de mis más grandes anhelos cuando era niña era ir a verla actuar en el teatro. Me esforzaba en mi escuela para sacar buenas calificaciones, y cumplía con excelentes notas para que me dejaran ir a verla. Estar entre bambalinas, ver tanta gente viéndola actuar, y ella, como si no existieran, una gran actriz de teatro. A Laura le debo mis primeras lecciones, la forma en la que me alentaba para quitarme lo "ranchero" y enfrentarme al público. Mi primera aparición en el cine fue porque ella me llevó al rodaje de la película *La guerra de los pasteles*, en la cual salíamos vestidas de época. Fue Laura quien me llevó a mis primeros *castings* para comerciales y me presentó con su amigo Paco Ayala para hacer las audiciones de donde salió el grupo Din Din. A Laura le debo mucho de mi carrera artística y por eso le estaré eternamente agradecida.

Mis dos hermanas, la mayor y la menor; cómo oré por ellas y pedí a Dios para que salieran ilesas. Una de las imágenes que más me impactó fue cuando mi hermana Ernestina llegó a su casa y después de estar un tiempo con la familia decidió salir sola al jardín, se abrazó a un árbol y empezó a llorar y aullar. Los árboles tienen espíritus viejos e historias grandes y cuando los abrazas te llenan de energía y te plantan en la tierra una vez más. El gesto de Ernestina de abrazarse al árbol y llorar con él hablaba de su necesidad de volverse a plantar en la realidad de su libertad.

El secuestro no acabó cuando regresaron mis hermanas, en realidad es algo que siempre llevaremos en nuestro corazón; es un evento que resquebrajó a nuestra familia. Un suceso de esta magnitud provoca daños internos en la relación estructural de la familia que vive este traumático evento, y cada cual lo procesa a su manera. Mientas que Titi y yo, hasta el día de hoy, seguimos teniendo una relación muy cercana, a Laura y a mí el secuestro nos distanció muchísimo hasta que dejamos de hablar durante varios años. Después de todo lo que tuvo que vivir, Laura sentía que nadie podía comprender su dolor y por más que yo quisiera apoyarla, no había nada que pudiera decir o hacer para ayudarla a que se sintiera mejor. Cualquier cosa que hiciera, estaba mal y los pequeños problemas fueron creciendo hasta volverse inmensos y la distancia entre nosotras no hizo sino incrementar. Es difícil decir exactamente qué fue lo que nos llevó a esta situación tan negativa y dolorosa, pero la verdad es que después del secuestro todos estábamos luchando con tantos sentimientos encontrados de ira, resentimiento y culpa, que quizás perdimos de vista lo más importante: que somos una familia unida por un lazo de amor. Yo confío con todo mi corazón en que el tiempo que apacigua y cura todo y la sabiduría de Dios, harán regresar la armonía un día a mi familia. El tiempo es sabio y solo hay que dejar todo en manos de Dios.

Hasta antes de la muerte de mi madre, teníamos sentimientos y pensamientos encontrados; me embarga una gran nostalgia al recordar y anhelar ese tiempo en donde éramos un clan, un matriarcado unido por un gran amor, solidario y cómplice, con la gran admiración que tenemos las unas por las otras. Pensar en que tuvo que morir mi madre para cambiarlo todo, hace que me duela el corazón, como si le hubieran dado una gran mordida; y llora, en momentos, con gran dolor. Por supuesto que hay una hermandad que no se borrará jamás; y entre las cinco existe, de alguna manera, un nexo inquebrantable.

Dejando atrás la culpa

Me ha costado mucho despojarme de la culpa que sentí por el secuestro de mis hermanas; fueron meses —si no años— de muchos cuestionamientos y conflictos internos. Sentí que el secuestro de mis hermanas, e incluso el presente de lo que ellas estaban eligiendo y viviendo, era mi culpa. Con mucho trabajo de introspección, conjuntamente con la ayuda psicológica de un profesional, pude recobrar mi seguridad, mi autoestima y sobre todo revaloricé el perdón, empezando con perdonarme a mí misma.

El amor es la energía que sostiene todo, y llega de la mano junto con el perdón. Entre las actividades que hice para poder sacar toda la tensión, el dolor y aquello que no me gustaba fue un método que usan algunos terapeutas y que, en mi caso, me dio magníficos resultados. Se trata de escribir en un papel todo lo que te duele, lo que te causa sufrimiento y en qué grado lo sientes. Luego, doblas el papel por la mitad, lo amarras a un globo y lo dejas ir diciendo:: "Ya no quiero sentir este dolor más… En este momento acabo con él y voy a ser una persona libre, porque dentro de mí tengo todo lo que necesito para ser feliz. Tengo todos los talentos, las virtudes y todo lo que siempre he soñado tener. Reconozco que sentí ese gran dolor, esa pena y la acepto. A todas las personas que me hicieron daño, las perdono; es hora de soltar todo, es hora de dejarlo ir". Gracias a este sencillo pero poderoso ejercicio realmente he perdonado y me he descubierto libre y feliz.

Es muy profundo este tipo de actividad y debe ser dirigida por un profesional, sobre todo, porque propone que comiences por aceptar quién eres, sentir el dolor hasta lo más profundo de tu ser, soltarlo, encontrar un balance entre sufrir y liberarte de dolor; y ser feliz. Y éste, precisamente, ha sido el camino que he decidido emprender para lograr la sanidad de mi alma, de las heridas más profundas de mi corazón.

El perdón no tiene memoria, pero nosotros sí. ¡Ahí está el problema! Deberíamos tener presente que la escuela más grande de Jesucristo fue el perdón, que vino a este mundo a sufrir por nosotros, que fue crucificado y muerto por nuestros pecados y que nosotros con nuestras acciones seguimos crucificándolo. Aún así, Jesucristo logró perdonar a los traidores, no buscó un culpable, no corrió a su Padre a quejarse de lo que le hacían. Aun cuando lo clavaban en la cruz, perdonó al ladrón que se encontraba a su lado; olvidándose de su dolor le dio un mensaje de aliento y de vida. Sus últimas palabras retumbarán por la eternidad: "Perdónalos porque no saben lo que hacen". Su perdón abrió la posibilidad de la salvación, el camino a la verdad y a la eternidad. Él es el camino, el camino hacia el perdón.

En lo que al secuestro de mis hermanas se refiere, yo prácticamente fui mi propio flagelador, yo cargué la cruz, yo me crucifiqué hasta que entendí que tenía que dejar todo eso, que todo ya estaba planeado por Dios. Era un diseño de nuestro destino como familia, era un lago que toda esta familia debía cruzar y experimentar y del cual tendríamos la oportunidad de crecer y aprender, sin apuntar un dedo a nadie, sin imputarle la culpa a otro. Simplemente son cosas decretadas desde la eternidad que tenemos que vivir, asimilar y enfrentar de la mejor manera posible.

Si lo pensamos fríamente, es tan sencillo perdonar sinceramente. Pero para lograr los resultados verdaderos, en el proceso primero tienes que reconocer que hay un problema en ti y tienes que identificarlo. Segundo, tienes que perdonarte a ti mismo. Tercero, una vez que has cumplido con los dos pasos anteriores, es importante perdonar al prójimo. Es a partir de ese momento que te será más fácil reconocer que tu sufrimiento viene de haberte dejado herir, de haber sido partícipe de ese sufrimiento, de no saber poner límite al dolor, por no haber aprendido tu lección a tiempo, por juzgar o criticar a otros, por lo que sea que te atormente... Reconoce, acepta tu dolor y entonces podrás perdonarte y perdonar a los demás.

Sanando heridas

Una vez liberadas mis hermanas, Tommy y yo les propusimos que se vinieran a Estados Unidos a empezar sus vidas de nuevo. En gran parte se los propusimos porque la familia de los secuestradores comenzó a ir a la casa de Titi en México y a amedrentarla para que no atestiguara en contra de ellos ya que las autoridades tenían a los presuntos sospechosos y estaban esperando que mis hermanas los identificaran. La situación se había tornado muy tensa por lo que les sugerimos que se vinieran con sus hijos y les aseguramos que las ayudaríamos a buscar trabajo y a empezar una nueva vida.

Titi aceptó y vendió todo lo que tenía, incluso su casa. Se trajo a sus hijas y, mientras se estabilizaron aquí, nosotros la ayudamos y apoyamos en lo que necesitara. Le ofrecimos la misma ayuda a Laura, que se fuera a Miami porque allí tenía amigos y podía conseguir trabajo en Telemundo o en Univisión, donde se hacen siempre muchas telenovelas. Laura decidió quedarse en México y sobra decir que respetamos su decisión.

Cuando Titi y sus hijas se mudaron a Nueva York conseguimos un apartamento muy cómodo en el centro de la ciudad para que no sintieran de golpe el cambio tan fuerte; porque de alguna manera, el D.F. es parecido a Manhattan pues ambas son ciudades que nunca paran: mucha gente, mucho bullicio, mucho que ver, mucho que conocer. Queríamos que estuvieran lo más cómodas posible porque venirse para acá era dejar todo, amigos, estatus, carreras, colegios, estabilidad, comodidad, para venirse a explorar y a probar algo nuevo. Aunque las estábamos ayudando, eso no quería decir que no estuvieran dejando por completo su vida en México, el lugar en el mundo que más han amado y que mejor conocían.

Titi es una mujer hermosa, rubia de bellos ojos azules, con un físico que es poco común en México. Pero en Nueva York, era una rubia más, nadie la miraba, no sabían quién era ni les importaba demasiado y esto, a pesar de parecer algo insignificante, en realidad le pegó muy duro. Sin embargo su dolor necesitaba ese espacio de anonimato total. Caminaba por Central Park por horas... Escribía poesía y, a modo de terapia, comenzó también a relatar su historia en lo que se convertiría en su libro. Se le hizo muy difícil estar aquí, pero gracias a ese espacio que se pudo dar en una ciudad desconocida, sin darse cuenta, fue sanando sus heridas. Nueva York le sirvió de escenario perfecto para su catarsis, para sacarse todo el coraje y la impotencia que llevaba dentro por todo el horror que vivió esos treinta y cuatro días. Y de cafecito en cafecito empezó a escribir y yo no hice más que animarla a que lo hiciera. Tardó como dos años en terminar su libro, ya que pasó bastante tiempo en que simplemente no estaba lista para recordar esos días. Cuando se comenzó a sentir segura de sí misma nuevamente, ya fuera en el Starbucks, en el parque, en un restaurancito o en su propio departamento, se dedicó en cuerpo y alma a escribir. También aprendió a apreciar la ciudad y la disfrutó lo más que pudo.

Cuatro años después, ya con un trabajo sólido en Rockefeller Center donde se desempeñaba como consultora en la cadena Telemundo, un día me dijo:

—Thali, me regreso a México, ya no quiero estar aquí.

¿Cómo?, pensé yo. *Se me va mi hermana, mi amiga... ¿Cómo que se me va a ir?* Mi corazón se negaba a aceptar lo que mi hermana me decía, me veía con sus ojos azules, dulcemente, ya con una decisión tomada:

—Hermanita, es que aquí me estoy ahogando. Necesito mi México, mi gente, mi comida, a mis amigas. Te amo, pero no puedo quedarme a vivir aquí, yo no pertenezco a este lugar. Es muy diferente estar sola, abriéndome camino sin un compañero a mi lado. Ponte en mi lugar y piénsate tú sin tu compañero... ¿seguirías estando aquí?

Yo lo pensé y me di cuenta de que tenía toda la razón. Nueva York es una ciudad muy difícil, y definitivamente si no fuera porque mi esposo es neoyorquino y la mayoría de sus negocios están en esta ciudad, definitivamente yo andaría de gitana por otro lugar.

Titi empezaba a extrañar su vida, sus amigas, la convivencia con su gente. Le llamaba fuertemente la atención que los hombres que se le acercaban en Manhattan eran pragmáticos, sin deseos de intimar demasiado pero con muchas ganas de pasar una buena noche y nada más. Mi güera, tan romántica y enamorada del amor, no encontraba al hombre de sus sueños, un hombre que se dedicara a cortejarla con todas las de la ley. Ella estaba acostumbrada al clásico mexicano que manda flores, abre la puerta del auto y enamora primero. Comenzó la añoranza, así que empacó y se regresó a México —en contra de mi voluntad, por supuesto. Se moría del miedo de volver, pero me decía: "Tengo que arriesgarme en algún momento porque he aprendido a ser yo, finalmente me enfrenté a mí misma, a mis fantasmas y miedos y me di cuenta de que un gran pedazo de mí se quedó en México". Ella siempre decía que yo ya estaba realizada con mi pareja, mi familia, porque ya estaba pensando en tener a mi primer hijo. Pero que ella no tenía a nadie, porque ya sus hijas estaban grandes y comenzaban a tener sus actividades independientes de ella. Así regresó, resurgiendo de las cenizas, como un gran sol brillante. Así se fue y sigue brillando desde México.

Odio las despedidas. Decirle adiós a mi hermana fue muy triste, pero ella se iba feliz porque además, llevaba su libro debajo del brazo. Se había sacado la pesadilla de encima y la depositó en 192 páginas. Ahora mismo es la mujer más fuerte que existe. Confieso que todavía la extraño demasiado porque la verdad es que nos la pasamos muy bien acá. Nos divertíamos mucho y yo al fin tenía a mi familia cerca; fue lo máximo para mí. Sobre todo, porque al estar juntas, al poder ayudarla a empezar de nuevo, me fui perdonando a mí misma por lo sucedido. Con ella, con su ayuda y todo el trabajo que hice en mí misma, comprendí que el secuestro no había sido mi culpa. Fue algo que sucedió, que estaba escrito a que nos pasara y que, simplemente, estaba fuera de mi control.

Mientras tanto Laura, en México, también escribió sobre su experiencia y lo convirtió en el guión de su obra *Cautivas*. La obra fue muy bien recibida por el público obteniendo llenos totales, lo que le permitió extenderse a un gira por toda la República mexicana. Laura se volvió muy activa en la lucha contra el secuestro en México, por lo que también encabezó varias marchas por la paz y la no violencia en nuestro país. Poco a poco ella también fue recuperándose y restaurándose de este traumático evento, involucrándose nuevamente en su vida profesional.

Lecciones de vida

A veces siento que he vivido muchas vidas, que me he desempeñado en diferentes escenarios a medida que avanzo por este mundo. Artista, niña, adolescente, mujer, actriz, cantante, hija, hermana, esposa y ahora madre. ¿Cuántos rostros han cruzado su mirada con el mío? ¿Cuántas manos he estrechado? ¿A cuántas comidas, cenas o eventos he asistido? ¿Cuántos escenarios he pisado? Palabras, eventos, gentes, momentos; creo que he vivido mucho, y al mismo tiempo siento que empieza mi vida y que me falta mucho por vivir.

Asumir la responsabilidad de nuestros actos no es nada fácil, hoy sé que antes de tomar cualquier decisión, mido siempre el nivel de riesgo; evalúo cuáles serán las posibles consecuencias de mis actos. Tal vez en un año ya no piense así, porque también es cierto que los seres humanos estamos cambiando constantemente. Quizás en cinco años escribiré otra cosa totalmente distinta en esta página. Pero hoy por hoy, esto me ha dado paz interior.

Al recapacitar y tomar conciencia de lo que hemos vivido podemos elegir entre ser las víctimas, los verdugos, los jueces o tomar la vía rápida, reparadora y libertadora del perdón. Mi hermana Ernestina podría haber elegido odiar todas las horas del día a sus captores, lo cual probablemente la hubiera alejado de su presente y de sus sueños. Sin embargo, decidió soltar los sentimientos de dolor, coraje, impotencia, como un niño suelta un globo, viéndolo alejarse para nunca más regresar, caminando por la vía del perdón. En el caso de mi hermana Laura el camino fue otro, ella se abrazó a la fe de una manera absoluta y día a día se reúne con un grupo de creyentes para vivirla con todo su ser. Pero independientemente de las herramientas que han decidido utilizar, cada una ha sabido alcanzar la tranquilidad y la paz interior en su vida.

Siempre he sido muy realista, y esto conlleva también que me gusta analizarme y revisar mi corazón para tratar de ser mejor cada día, enfocada, compartida, abierta, más preocupada a prestar ayuda al prójimo, integral; y por supuesto, dándole cabida a mis sueños y anhelos. Busco tener una visión clara de lo que es mi vida en el presente; de mí, de mi familia, de mis amigos.

Con tantas cosas en mi vida, a veces me siento como una viejita, eso sí,… una viejita muy joven y "zandunguera". He viajado mucho, he visto muchas cosas, pero en realidad, el viaje que más me ha dejado un aprendizaje, el que más satisfacción me ha dado, ha sido el viaje hacia mi interior; en algunos momentos muy doloroso; en otros, muy intenso, pero he rescatado riquezas invaluables de mi ser y he descubierto valores completamente inadvertidos en la mayor parte de mi vida. Estos valores me han permitido tener mayor control y dominio propio de mi ser en ciertos momentos sorpresivos y desagradables, manteniendo en mi interior una actitud zen.

Entre los momentos más desagradables y dolorosos que me ha tocado enfrentar está un artículo que apareció en una revista de espectáculos mexicana donde, sin pudor alguno, publicaron fotos de las cenizas de mi padre. Algún degenerado reportero de pacotilla había abierto la urna donde está el cuerpo cremado de mi papá, y le había tomado fotografías con una bolsita al lado. El titular decía "Thalia tiene descuidadas las cenizas de su propio padre". Las fotografías mostraban la urna donde estaban las cenizas de mi padre junto a la bolsa que contenía los restos de uno de mis abuelos, y sin ninguna vergüenza mostraron los pedacitos de huesos de mi familia.

Lo más doloroso fue enfrentar la crueldad y la falta de ética profesional, y de humanidad de esta gente que, empezando con los guardianes de nuestra catedral, el emblema de fe en México, permitieron que un reportero con su fotógrafo removieran la lápida donde reposaban los restos de mi padre y mis abuelos, manipularan su contenido y obtuvieran un material con el cual elaboraron un artículo macabramente amarillista que salió a la luz aprobado por el director de la revista y todo el equipo de trabajo que seguramente en una mesa de juntas decidieron ponerlo en la portada de su revista. Me imagino que lo hicieron con el único propósito de ganarle en ventas de esa semana a la competencia sin importar el dolor que causaban. Las fotos rápidamente dieron la vuelta al mundo y cuando tratamos de buscar un culpable, todos se lavaban las manos. El cuidador de la capilla, donde se encuentran los nichos de la iglesia, recibió dinero por permitir este atropello a la intimidad de una familia; pero, hasta el día de hoy, sé que nunca dirá quién se lo dio. El cardenal nunca se enteró de nada. El que limpia no vio nada tampoco. Todos decían no saber nada, así que nunca supimos quién fue el fotógrafo, ni quién fue el de la mente maquiavélica que tuvo esa *genial* idea; golpe más bajo y certero no pudimos recibir. Todos sabemos que cuando alguien toca a tus muertos, esta atacando en un plano espiritual que va más allá de lo que conocemos. La impotencia y la agresión en este tipo de situaciones transgrede lo mas entrañable y atesorable que uno guarda.

Una vez más, el perdón en este caso fue decisivo. El motivo causante del dolor fue diferente, pero el perdón siempre es el mismo: repara, restaura, pero sobre todo libera. Libera de revivir los sentimientos una y otra vez metiéndote en un trance de enojo, de una sensación que te hace sentir un odio muy profundo e incontrolable. Cuando perdonas es como si te olvidaras de lo sucedido. Lo más importante es recordar que está en nuestras manos elegir el camino del perdón y no del odio. Está en nuestras manos elegir la paz y la tranquilidad.

Yo, por mi parte, elijo el perdón, porque el perdón es sinónimo de libertad.

Una verdad indiscutible es que lo que siembras cosechas y en gran abundancia, y, de alguna manera, todos tendremos que dar cuenta de nuestros actos, pensamientos y palabras. Por eso soy muy consciente de remediar mis errores aquí en la Tierra. Para que cuando yo ya no esté en este mundo, y me pasen la película de mi vida y vea las escenas que menos me gusten, pueda decir que cometí errores pero que supe pedir perdón.

Descubrí una máxima en mi vida, la cual es el eje rector en mi diario caminar.

Descubrí que el amor… es Perdón.

CAPÍTULO SEIS

Renacer

Querida Sabrina:

Mi niña de plata, mi hija amada. Tan blanca como una estrella, con labios de rubí y ojos de miel ámbar... Llegaste y lo volcaste todo de cabeza. Con esos dientes de perlitas saludándome desde tu sonrisa, comprendí que la vida tenía otro sentido. Trajiste nuevos colores, nuevos aromas, nuevas texturas a mi vida. Redescubrí el mundo a través de tus manos, palomitas traviesas; a través de tus sentidos y de tus palabras, indagando, descubriéndolo todo. Me diste una nueva visión que —hasta el día en que naciste— yo no había conocido.

Doy gracias a la vida por todo lo que he vivido; sin haber experimentado el dolor, la soledad, la tristeza y los momentos de mayor obscuridad, nunca te hubiera conocido.

Ahora entiendo la noche y el día, entiendo en toda su

magnitud el momento del alba, cuando se anuncia la salida majestuosa del sol, cuando sus rayos de luz fuerte y brillante desplazan toda tiniebla con el renacer del día. Ese sol, ese resplandor se encuentra dentro de mí, y contigo, mi preciosa hija, día a día me levanto como un gladiador que vence a sus más acérrimos enemigos. Renace una nueva alegría… renace una nueva esperanza… renace mi ser interior… renace todo a mi alrededor. Me has dado la capacidad de resurgir de lo más oscuro de mi ser, para brillar como el sol, dando luz y alegría a mi alrededor. Renacer a cada instante, renacer en cada momento. Renacer… qué alegría conocerte y tenerte en mi vida. Contigo, de la mano, cada tropiezo, cada problema, cada dolor será una joya valiosa para abrir el tesoro de la vida que has puesto en mi interior.

Sabes, Sabrina, lo que más deseo para ti es que seas tú misma, inalterable siempre. Que encuentres ese respeto a tu persona, a tu alma y que nunca pierdas tu propia esencia, sabiendo que por la propia naturaleza de esta vida te pasará alguna vez. Pero siempre, mi niña linda, lo importante es que digan lo que digan, o piensen lo que piensen de ti, siempre regreses a tu esencia y permanezcas tú misma en tu más amplia expresión.

Nadie te amará más que tú misma. Nadie te respetará más que tú misma. Nadie te dará más felicidad que tú misma. Y ¿sabes qué? Si te descuidas y no te pones alerta, nadie te hará más infeliz que tú misma.

No pongas tus sueños ni tus deseos de alcanzar la felicidad en las manos de nadie. Eso sólo depende de ti. Tal vez buscarás en personas, en situaciones, en lugares, en momentos esa imagen desvirtuada que tenemos de lo que *supuestamente significa ser feliz. Pero al final del camino, uno siempre se da cuenta de que la insatisfacción, la tristeza y la melancolía emanan de uno mismo y que para encontrar la verdadera felicidad no hacen falta ni la casa más grande, ni las riquezas más estrambóticas, ni la pareja de tus sueños. Lo que hace falta es vivir la felicidad completa, entenderte de raíz, desde tu esencia más profunda, y atreverte a poner tus virtudes y tus defectos, tus pesares y tus glorias, tus sinsabores y tus grandezas expuestas y al rojo vivo ante ti misma. Tocarlas, enfrentarlas, evaluarlas, saberlas perdonar, y sobre todo, lo más importante es saber encontrar el balance en su justa medida.*

Sabrinita, conocerte en cada rincón de tu esencia, de tu psique, de tus emociones, de tu corazón y de tu intuición te hará más fuerte y segura de ti misma.

Sé feliz, hija mía. Sé completa. Sé etérea pero firme a cada paso que des. Sé fuerte pero sutil como una lágrima sincera. Sé comprometida pero graciosa en tu persona. Sé abierta pero precavida con ojos de lince. Sé audaz pero pudorosa como la rosa. Y sobre todo, mi niña de plata, sé libre. ¡Sé completamente libre!

Te amo en todos los universos y en todos los planos en los que estemos, mi amor.

Renacer

Hace no mucho, platicando con Sonia Hernández, la presidente de mi club de fans MDC, me recordó algo que no tenía registrado en mi mente: "¿Te acuerdas de las primeras entrevistas que te hacían al principio de tu carrera, en donde comentabas que tu máximo miedo era no poder ser madre? Y mírate ahora, ya tienes un segundo embarazo".

Durante mucho tiempo temí que ese miedo de mi juventud se hiciera realidad. Por como es mi mente, no dejaba de pensar en el poder de la atracción y sabía que si seguía preocupándome porque no me embarazaba, era seguro que me alejaría más de mi meta de embarazo. Cuando te enfocas en lo negativo eso es inevitablemente lo que atraes. Mi mente sabía que debía pensar en lo positivo, pero en la práctica me era difícil ejecutarlo.

Pasaron años de matrimonio y yo no podía embarazarme. Tratamientos, doctores, intentos, tristezas; hubo de todo antes de que llegara Sabrina. Mi ser interior estaba abatido y triste, me faltaba algo, me faltaba ser madre y no podía pensar en que me fuera negado este privilegio.

Una noche de diciembre en que hablaba con mi hermana Fede, le pregunté muy triste:

—¿Por qué Dios no me bendice con un hijo? ¿Por qué tengo que vivir esto?

—Hermanita —me dijo— tú tienes que acercarte al Señor y derramar tu corazón a sus pies.

—¿Y cómo? —le dije casi gritando.

Hablamos otro rato más y luego hicimos una oración a través del teléfono. Yo necesitaba más de la presencia de Dios; había tenido tantas cosas en mi corazón, había pedido perdón a tanta gente, me había puesto en paz con todo y con todos... Pero me faltaba conectarme con el ser más importante sobre todas las cosas: Dios.

Después de esa oración tan fuerte y tan bella que penetró en lo más profundo de mi alma, Fede y yo colgamos y yo continué mi conversación con Dios. De pronto sonó el teléfono y descolgué, era Fede otra vez:

—Hermanita, el Señor me acaba de mostrar algo hermoso... Te vi de cinco meses de embarazo —me dijo llena de gozo, yo no comprendía lo que me estaba diciendo, pero su voz me contagió ese entusiasmo.

—Hermanita, ojalá... Ojalá, que Dios te oiga...

—¿Cómo que ojalá? —me dijo, llamándome la atención—. Es un hecho... el Señor me lo mostró, viene un bebé por decreto. Yuyo, Dios no miente, es veraz... Vas a tener un bebé—y colgó llena de alegría.

Para las fiestas de fin de año, me mandó de regalo con Titi una bolsita de bebé color verde, con jirafas estampadas, que son mis favoritas. Dentro de esta mochilita había muchas cosas para bebé. Me emocionó ver este presente, pero lo guardé pues ya me había ilusionado muchas veces y cada vez el desencanto me había llegado con un gran dolor. Así que, quedó guardado en la parte superior de mi armario y me olvidé del asunto. Seguimos probando con todo, y nada funcionaba. Poco a poco sentí cómo se me fueron desvaneciendo las esperanzas de quedar embarazada.

El accidente

Esas vacaciones de invierno decidimos pasarlas en Aspen, Colorado. A mí siempre me ha gustado ser aventada y de deportes extremos, y cuando vamos a esquiar siempre me ha fascinado ir a las pistas "diamante negro", que son las pistas más extremas y peligrosas. Me gusta hacer las cosas más arriesgadas, de hecho es algo que siempre he tenido en mí: los deportes que más me llaman la atención son el esquí, el alpinismo, el buceo en cuevas y cenotes, entre otros.

Esa mañana yo me levanté con ganas de quedarme en casa. Pero al rato nos llamaron unos amigos que nos invitaban a salir juntos a esquiar. "Anda aviéntate", me decía Tommy para animarme a salir. "Ponte tu traje, y vamos así esquiamos un rato con nuestros amigos y después nos vamos a comer." Y entre que sí y entre que no, terminé subida en el carro como cebollita, con mis tres capas de ropa térmica y encima mi ropa de esquiar, casco en mano, guantes, botas y esquís en la cajuela.

Como estaba medio atolondrada esa mañana se me hizo fácil tomarme dos Red Bulls, uno tras otro… ¡peligrosísimo! Ya subida en las pistas me puse a esquiar como Speedy Gonzalez o el monstruo de Tasmania. Más tardaba en subirme a la pista que en bajar la montaña; iba tan rápido que ni los copos de nieve me veían. Después de veinte vueltas, una tras otra, y con los Red Bulls encima, no me había dado cuenta de que mis piernas ya estaban cansadas, pues mi adrenalina me pedía otra más y más y más. Ya Tommy y nuestros amigos se querían ir a comer así que les dije que bajaran, que yo nada más iba a dar una vuelta más. Pero no me daba cuenta de que ya estaba agotada… En esa última bajada, cuando quise que mi esquí diera vuelta, las piernas no me reaccionaron, y me caí aparatosamente. Mientras caía, oí cómo mi rodilla hacía crack. Al verme caer tan dramáticamente, los otros esquiadores que iban bajando llamaron a los paramédicos. Una vez que me rescataron llamé por teléfono a Tommy y le conté lo que había pasado:

—Mi amor, me caí… voy a bajar en la camilla, espérame abajo en la pista, creo que me pasó algo en la rodilla.

Mientras me bajaban los rescatistas esquiadores profesionales, Tommy, con el bocado en la boca atragantándose, llegó a recibirme en el momento en que me entablillaban la pierna para subirme al auto y llevarme al hospital.

Pasé toda la tarde en radiología hasta que los médicos me diagnosticaron una fisura en la tibia, además de haberme desgarrado los ligamentos. Resultado: inmovilidad de pierna, férula, bolsas de hielo, muletas y muuucho descanso. Me recomendaron que me tenía que quedar quieta en casa con la pierna arriba y sobre todo nada de fiesta de año nuevo. Me tenía que relajar. Con estas instrucciones regresé a casa.

Lo tomé en muy buena onda, decoré mis muletas con moños navideños y campanitas y le tomé el mejor partido a la situación. Tal vez necesitaba descansar y el accidente fue la única forma en que le hice caso a Dios, pues me paró en seco. No tardé en comprender que, como en todo en la vida, había un propósito en lo que me había sucedido. Estuve tan tranquila que hasta dejé de pensar en el embarazo, en trabajo, en los viajes... Lo único que hice fue reposar por un par de meses, viendo la máxima colección de películas mexicanas con Jorge Negrete, Dolores del Río, Pedro Infante, Tin Tan, Joaquín Pardave, María Félix y Mauricio Garcés, sentadita en casa. Ahí fue que comprobé ese refrán que dice que mientras más lo quieres más se aleja; o ese otro que dice "déjalo ir, si es tuyo regresará; sino, nunca lo fue". Y es que hay momentos en los que el ser humano se aferra a un amor, insiste en conseguir un trabajo, o se esfuerza de sobremanera en aparentar cierta cosa, pero mientras más se le dificulta, más se aleja ese sueño; hay un dicho americano que es uno de mis favoritos: *"Let go and let God"*, que significa, "Déjalo ir y Dios hará".

La sorpresa

Me empecé a sentir mareada y no comía, pensé que tenía anemia, así que fui al doctor quien me sacó las rigurosas pruebas de sangre. Estábamos en casa cuando recibimos su llamada con los resultados: "Me urge que vengan a mi oficina, tengo algo que comentarles", nos dijo. Esa no es una llamada que esperas, y mucho menos que el doctor te diga que te espera en su consultorio. Nos pusimos nerviosos. Fuimos y, una vez que estuvimos sentados frente a él, Tommy y yo nos agarramos de la mano esperando lo peor.

—Bueno, pues aquí va la noticia... —comenzó a decirnos. En mi cabeza comenzaron a atropellarse un sinfín de pensamientos: *¿Qué tendré? ¿Será algo serio? ¿Qué me encontró...?* Pero el doctor me interrumpió los pensamientos cuando dijo—: ¿Están listos?

Qué expectativa, ya quería que lo soltara, era un silencio muy incómodo... Hasta que al fin dijo:

—Van a ser padres, están esperando un bebé.

Lo soltó todo de un jalón, y entonces Tommy y yo griatamos:

—¿¿¡¡QUUEEEÉ!!?? —los dos nos miramos a los ojos, se nos llenaron de lágrimas, la noticia estaba penetrando en cada uno a lo más profundo de nuestro ser, y no cabíamos de la felicidad. Sentimos como si nos acabaran de anunciar un milagro.

Por recomendación del doctor, tenía que descansar bastante. Algo que ya de por sí siempre me costó mucho porque no sé estar quieta. Sin embargo, me tomé mi embarazo muy, pero muy en serio. Nada más de pensar que mi bebé pudiera no llegar a los nueve meses, me moría del miedo, entonces me recostaba en mi cama, subía mis piernas a la pared, o las ponía sobre grandes almohadones, y agarraba un libro, para relajarme.

A medida que fueron pasando los meses, algo comenzó a pasar en mi interior. Así como mi cuerpo comenzaba a cambiar, mi ser interior también se transformaba; me desconocía… Sentía que esto de ser madre iba a ser la aventura más excitante de mi vida. *Qué sabiduría la de Dios*, pensaba, *si no hubiera pasado todo lo que pasé, nunca hubiera disfrutado este momento como lo estoy disfrutando.* Tenía que parar de golpe mi loca carrera, tenía que entrar en un estado de introspección, limpiar la casa o sea mi templo interior, mi mente, mi alma y mi cuerpo, sacudir el polvo, sacar de los cajones vivenciales y emocionales lo que ya no servía; llegaba alguien especial a mi vida, y no debía encontrar el caos que yo traía.

Los primeros tres meses nos guardamos el secreto —ni siquiera lo sabía mi mamá pues temíamos que algo pasara, y luego, tener que dar explicaciones de algo tan doloroso como la pérdida de un bebé; no, realmente no lo quería experimentar. Pero llegó el día y cuando se lo dije a mi mamá no lo creía, estaba emocionada, corría con los brazos hacia arriba en señal de júbilo y no paraba de decir "Mi'jita… mi'jitaaa…". Lo más difícil para ambas fue esconderles el "secreto" a mis hermanas. Mi mamá siempre ha sido mi mejor confidente y sé que guarda los secretos como una tumba. Aprovechando la distancia logramos ocultarlo hasta que cumplí los cinco meses de embarazo. La pobre tuvo que disimular su emoción con el resto de la familia sobre todo porque todos le decían que su hijita Thalita estaba muy "misteriosita y calladita". Eso sí, la noticia se le veía en los ojos, cada vez que nuestras miradas se cruzaban; era como una gran confidencia que guardan dos niñas pequeñas, y que con solo mirarse se dan ánimo para no salir corriendo y platicárselo a todo el mundo.

Cumplidos los cinco meses llamé a Titi y la invité a que pasara un fin de semana en la casa. El primer día ni cuenta se dio de nada. Al segundo día fuimos de paseo, y después de almorzar regresamos a mi casa. Me acompañó al baño, yo traía puestos unos pantalones de hacer yoga y una blusita holgada que me levanté, descubriendo mi estomago, y le dije:

—Mira qué panza traigo, creo que comí demasiado, hermana.

—Pues la verdad sí, estás como panzoncita, ¿no?

Entonces me le quedé viendo a los ojos con una sonrisota y me dijo:

—¿Estás embarazada Thali? —y empezó a llorar, a tal punto que las lágrimas salían como disparadas de sus ojos.

Nos abrazamos por un rato largo y empezó a brincar conmigo. ¡Parecíamos dos locas! Tuve que decirle que no me sacudiera tanto porque estaba frágil. De ahí mismo ella le habló a mis sobrinas y yo a mis otras hermanas. Cuando le hablé a Fede, me dijo:

—Qué pasó hermanita, ¿cómo estás?

Tratando de controlar mi voz, le contesté:

—Bien, te llamo porque quiero contarte algo…

Y antes de que yo alcanzara a decir cualquier cosa, afirmó:

—Estás embarazada, ¿verdad? ¿Cuantos meses tienes? —me dijo emocionada.

—¿Cómo lo sabes? —le pregunté yo—. No se lo he dicho a nadie... pero tengo cinco meses de embarazo.

—¡Pero por supuesto! —gritó con una gran alegría—. ¿Te acuerdas que en diciembre le hablamos a Dios? Después de la oración, el Señor me hizo verte de cinco meses... Yo le preguntaba que cuándo sería eso pues ya había pasado mucho tiempo del momento que me enseñó... ¡Pero claro! Tenías cinco meses en esa visión, y ahora mismo tienes cinco meses... Lo que el señor me estaba diciendo era que me ibas a participar de tu embarazo cuando tuvieras cinco meses.

Estaba tan feliz mi hermana que no dejaba de hablar. Claro... Dios ya nos lo había anunciado.

No fue sino hasta que toda mi familia estuvo enterada que salió la exclusiva en la revista ¡Hola!, pues me pareció la mejor forma de participárselo a mis fans; después de lo del secuestro de mis hermanas, y de las heridas que estaban sanando en nuestra familia, prácticamente evité a la prensa por un largo rato; necesitaba darme un tiempo con todo lo sucedido. Pero de esta noticia sí que tenía que hacer partícipe al mundo entero.

Todo mi embarazo me estuve cuidando; practicaba yoga prenatal, hacía pesas muy ligeras, caminaba, leía todo libro acerca de cómo prepararse para ser madre, comía cosas totalmente saludables, macrobióticas, nada de alcohol, meditaba y hacía respiraciones.

Cuando estaba en el octavo mes, comencé a sentirme muy cansada, me sentía "rara". Mi mamá estuvo acompañándome durante los últimos meses de embarazo, y cuando le decía cómo me sentía, su respuesta era natural: "Ay mi'jita, es normal, un bebé jala todo lo que puede de la madre; su calcio, sus vitaminas, todo... Te está comiendo, mi'jita. Tiene que crecer grande y fuerte; así que es normal que te sientas así. Duerme y descansa todo lo que puedas, que después ni tiempo vas a tener".

Siempre supe que sería una niña. Desde que Tommy y yo hablamos por primera vez de tener hijos, ambos deseábamos que el primero fuese niña. Es increíble cómo puede uno cambiar. Antes estaba pensando todo el tiempo en mi carrera y mis discos y ahora mis pensamientos estaban completamente centrados en mi bebé. No podía dejar de imaginarme cosas: ¿Como sería su rostro? ¿A quién se parecería? Y de carácter... Intentaba imaginar si sería dulce, seria, risueña... Qué curiosidad la que sentía. Y claro, la selección del nombre, el cual es parte de su identidad. En un principio, quería algo como Gina Sabrina o Sabrina solamente. Nos gustaba mucho el nombre porque sonaba muy italiano y sugería cierta fuerza. Ya cuando nos confirmaron el sexo nos volvimos como locos. Alguien nos regaló un libro de nombres, más otros cuantos que me habían pasado mis amigas que ya eran mamás. Entre todos esos nombres encontré en la letra "S" el nombre Sakäe y nos gustó cómo sonaba junto a Sabrina, porque además, significa prosperidad en japonés. Sabrina significa princesa, así que tendríamos en casa a la princesa de la prosperidad. "Qué maravilla", comentamos el día que nos decidimos por su nombre, "vendrá a nuestras vidas la Reina de la Prosperidad!".

El nacimiento

Nunca rompí membranas, o lo que se conoce como "fuente", y las contracciones comenzaron el 5 de octubre, a eso de la una de la tarde. En un principio pensé que eran los cólicos normales de los últimos días y unas contracciones esporádicas, pues según nuestras cuentas, las mías y las del doctor, todavía me faltaban unos cuántos días. Pero las contracciones fueron incrementando, y con ellas los dolores. Ya para las doce de la noche, me empezaron las contracciones más seguidas y los dolores me alertaron de que el momento había llegado. Me aguanté lo más que pude, pero a eso de las cuatro de la madrugada le dije a Tommy: "Nos vamos a la ciudad, ¡yyaaaa!".

Como vivimos en las afueras de Nueva York, por lo general nos toma 45 minutos aproximadamente llegar a Manhattan, que es el área en donde se encontraba mi hospital. Como las contracciones no eran tan seguidas y el dolor, aun cuando había aumentado considerablemente, no era tan insoportable, decidimos que sería mejor irnos al departamento que tenemos en la ciudad y esperar allí a que amaneciera. Sin embargo, a primera hora de la mañana ya estábamos con el doctor para que me examinara.

—Thalia —me dijo sonriendo—, solo tienes dos centímetros de dilatación.

—Cómo dos centímetros… ¿nada más? —le dije un poco confundida pues yo planeaba que iba a quedarme ya en el hospital para tener el bebé. Además, al ver su expresión de "Todavía te falta un buen par de horas", pensé dentro de mí: *¿De qué se sonríe el doctor… ? Claro, como él no siente lo que yo estoy sintiendo, le es muy fácil regresarme a mi casa…* Y eso fue lo que recomendó, que me regresara a la casa y volviera en la tarde, a eso de las seis. Así que nos fuimos.

Como yo sabía que no había forma de que aguantara todo el día con esos dolores, llamé a una *doula* que es una especialista del tipo holístico que tiene todo el conocimiento médico y apoya a las mujeres en el proceso del parto. Durante el último mes de embarazo ella me había ayudado mucho dándome masajes preparatorios para el parto y entre ella y Tommy me calmaron un poco los nervios, la ansiedad y las ganas de salir corriendo. Pero ya a las cinco de la tarde no podía más, no encontraba una posición que ayudara a aminorar las contracciones de pie, sentada, acostada, de lado, en cuclillas, tinas calientes, baños con la regadera a chorros, masajes en la espalda baja, y nada, nada me podía quitar el dolor, yo no podía respirar, todo me molestaba, la bata que traía puesta, tenía frío, tenía calor, lloraba, me reía, sudaba, me quitaba las pantuflas, me ponía las pantuflas… ¡Auxilio, alguien ayúdeme! Estaba desesperada. En mi cabeza cruzaba la imagen de esas mujeres de antaño, que daban a luz en sus casas o salían a agarrarse de la rama de un árbol y en cuclillas daban a luz, ¡qué valor! En eses momento lo único en lo que podía pensar era en cómo lo hicieron…. ¿De dónde me agarro? ¡Dénme la rama! Eran unas verdaderas heroínas…

Las mujeres que han pasado por esto entenderán claramente que en estos casos uno pierde la compostura, la educación y los buenos modales. Comienza a salir la mujer que de alguna forma solo tiene la palabra para dar a conocer el desasosiego, la desesperación y el desquiciamiento que traen consigo las contracciones. Por ejemplo, en un momento dado llamé a Rosita, que es una mujer maravillosa que ha trabajado en mi casa toda la vida y le pegué un grito a la pobre: "¡Rosaaaaaaaaa!". Entonces Rosa vino corriendo y me preguntó: "¿Qué pasó, señito?". Con otro grito más fuerte que el primero, le dije: "¡Dile al puuto carro que venga aahoorita, y dile a Tommy que venga ya, o se queda… o si no… que se vaya a la chingada… pero que yo me voy al hospital yyaaa!". Pobre Rosita tuvo que escuchar mis insultos… ya le pedí disculpas, pero lo vuelvo a hacer públicamente: perdóname Rosita.

Tommy había insistido en que me aguantara lo más posible porque en casa estaría más cómoda. Por supuesto él tenía toda la razón, pero solo quien ha tenido dolores de parto entiende mi desesperación. Además que, en casos de crisis, me sale lo mal hablada, María la del barrio se hace presente, y no hay quién me detenga. Es muy liberador hacerlo cuando uno está desesperado; no sé por qué, pero a mí siempre me ha funcionado muy bien. Cuando era chiquita y estaba muy acelerada, mi mamá me llevaba a los parques o a Chapultepec y me decía, "Mi'jita, corre por toda la pradera y grita a todo pulmón la grosería que más te guste", y yo corría enloquecida gritando, "cuuulo, culo, culo, cuuulo", una y otra vez. A la media hora regresaba al coche, diciendo esporádicamente "culo… culo… culo…", susurrando y quietecita. La estrategia había funcionado.

Mientras llegábamos al hospital, Tommy no paraba de decirme: "*Baby*, tranquila, ya vamos a llegar. Te amo… *Baby*, estamos a un paso, tranquila". *Qué tranquila, ni qué tranquila*, pensaba yo. Con el rostro pegado al vidrio de la ventana, respiraba con cada contracción, en plena sudoración y con el vidrio empañado, deseando ver la entrada del hospital. Tenía la sensación de tener todo el cuerpo muy caliente, de que viene la contracción, de que tenía que pensar en relajarme para que el dolor no fuera tan intenso… Luego sentía ese calor que te sube a la cabeza, todo junto, todo en uno, con los calambres en las piernas y la espalda baja que se está abriendo, sin pedir permiso te están haciendo la "quebradora" de la lucha libre en tu pelvis, en el coxis y en tu espalda, claro sin contar con los dolores laterales como si tuvieras problemas de riñones… Todo el cuerpo comprometido en este momento… y Tommy al lado mío diciéndome "*Baby*, te amo…", lo único que podía pensar es, *¿Dónde lo cuelgo?*

Al llegar al hospital el anestesiólogo me ofreció ponerme la epidural para calmar el dolor. Un verdadero calvario, no sé que era peor, si el dolor de la aguja de 30 centímetros entrando entre mis vértebras o la contracción en pleno. Se demoró lo que me pareció una eternidad; en ese momento quería patearlo. Era un hombre calvo como de cuarenta años, estilo Pit Bull. Cuando comenzó a hacer efecto el medicamento, una maravilla, de la emoción y gratitud le agarré la calva y le di tremendo beso diciéndole: "¡Te AAAMO! ¡No tienes la menor idea de cuánto te amo!". Tommy y las enfermeras se morían de la risa. Pero yo hablaba en serio.

El problema era que yo no dilataba nada y las horas seguían pasando. Cuando llegó mi doctor, y después de examinarme, me dijo:

—No has dilatado casi nada. Sigues en dos centímetros y medio y si en las próximas horas no dilatas, tendremos que hacerte una cesárea.

—Cuchillo a mi cuerpo… no… Doctor, por favor, no me haga cesárea, lo que quiera, ¡pero cesárea no! —le dije con una súplica en mis ojos.

Se me quedó viendo y me comentó que existía una posibilidad, tendría que hacerme una estimulación manual para abrir el útero. Me explicó que era como exprimir una naranja y que solo se hace tres veces, pero que existe un riesgo de infección y puede ser letal. La otra opción era simplemente hacerme una cesárea. Le grité:

—¡Exprima la *fucking* naranja ya!

Después de treinta y dos horas para que fuera parto normal, comenzó la lucha por ayudarla a salir. Tardé una hora y diez minutos pujando para que la cabezota de mi bella hija saliera. La vieja me salió cabezona; cabezona en todos los aspectos; mi chiquita. Nació a las tres de la mañana.

Un mes antes, llevé mi lista de deseos al consultorio de mi doctor, arreglé con él que me pusieran un espejo en cierta posición, porque yo quería ver cuando naciera, y quería que tan pronto saliera me la pusieran en el pecho para que ella tuviera contacto inmediato con mi piel y yo con la suya. También le había pedido cortar el cordón yo misma. Pero el doctor dijo, "¿Estás loca? Nunca en la vida he dejado a ninguna mamá hacer eso". Cómo amenacé con cambiar de doctor si no me dejaba, accedió.

Ahí en la sala de expulsión, con mi bebé sobre el vientre y mi marido a un lado, cuando nos vio llorando de tanta felicidad el doctor me dijo: "Llegó el momento del cordón. ¿Thalia... estás lista para cortarlo?". Crucé una mirada con Tommy y le dije, "Sí". Entonces agarré las tijeras y le dije a Tommy que pusiera su mano sobre la mía, y lo cortamos juntos. Qué momento más maravilloso, qué segundo de eternidad. Solo le pido a Dios, que cuando llegue el momento en que mi hijita se quiera independizar, tengamos el mismo valor su padre y yo de cortar el cordón sentimental y emocional, para que sea una mujer libre, apoyada siempre por nosotros.

Cuando le vi su carita y esos ojitos buscando los míos, y su pequeña manita, la besé y comencé a llorar. Todo había valido la pena, todo el dolor, esas treinta y dos horas de lucha, todo por verla, por fin estábamos juntas: "Te amo mi amor, te amo", le dije una y otra vez. Todos estábamos llorando descontroladamente; de hecho, creo que Tommy fue el más llorón de todos.

Cuando me estaban poniendo la epidural, y después de que hizo efecto, le dije que se fuera al bar donde nos conocimos y se tomara dos martinis, uno a mi salud y el otro por su cuenta, que llamara a nuestros amigos de toda la vida, y comenzara a celebrar. Realmente su única labor era filmar todo tras "bambalinas". Cuando regresó con el efecto martini, qué Scorsese ni qué Spielberg, se hizo las mejores tomas y el mejor cortometraje que he visto, yo le daría un Oscar. Con cámara en mano, grabó cuando me llevaban a la sala de expulsión, grabó cuando nació nuestra chiquita, grabó nuestras caras llorando de alegría, estaba eufórico y le hacía entrevistas a todos los que estaban ahí.

Hoy es un bello testimonio de un anhelo que Dios hizo realidad en nuestras vidas, un anhelo que llegó llena de sonrisas, alegría y vida. Ya limpiecita y arregladita, me la pusieron entre los brazos, no podía esperar, le saqué toda la ropita y veía la perfección de Dios que tenía en mi cama. La volví a vestir, mientras le hablaba: "Mi preciosa Princesita de la Prosperidad... por fin juntas, por fin puedo tenerte entre mis brazos, mi bella pequeñita. Mi Sabrinita... mi Saky... mi hijita".

Mientras me encontraba en la sala de expulsión, mi amiga Ann Glew se había metido a mi cuarto de hospital y sin pedir permiso lo había arreglado todo de rosa. Había ido a comprar sábanas rosas, cobertor rosa, pijama rosa, toallas rosas, basureros rosas, hasta las cortinas de la regadera del baño del hospital las había cambiado a rosa, cepillo de dientes rosa, jabonera rosa, todo rosa, mi cuarto era rosa y olía a nuevo; como también mi bebé, olía a algo nuevo que jamás había percibido.

Sabrina

Con el nacimiento de mi hija sentí que hasta ese día no había sido más que una "niñita mimada". Claro, ahora soy una "mujercita mimada" así que tampoco es que haya cambiado demasiado la dinámica, porque eso sí, me fascina que me apapache mi marido, mis fans, mi mamá y mis hermanas. Solo que ahora, con una consciencia amplia y una madurez que llegó de la manita de Sabrina, sé que tengo la responsabilidad de formar a un ser humano que un día desplegará sus alas para volar solo en busca de su destino.

Cuando llegó Sabrina a la casa me convertí en la "portavoz" del jabón antibacterial. Tommy tuvo que encontrarle el lado bueno a mi obsesión, la cual se había detonado nuevamente, mi compulsión obsesiva había regresado contra los gérmenes. "*Baby*, si quieres, te puedo ayudar a lanzar tu propio *sanitizer* y llamarle Thalitaizer," me decía mientras se reía con su sentido del humor. "O compramos acciones en Purell, ¿qué te parece? Puede ser un buen negocio". Y es que mi bebé estaba tan "tiernita", que me daba terror que algo le fuese a pasar.

A medida que Sabrina ha ido creciendo, he descubierto que tiene muchas cosas de mí, como por ejemplo el deleite por la comida. De vez en cuando nos escapamos a comer pasteles llenos de merengue y helado de chocolate y vainilla, que son sus favoritos. Estas escapadas nos las damos ella y yo solitas, contra la voluntad de su padre que si fuera por él, comería tofu y vegetales todo el día. Yo estoy de acuerdo en que debe comer de manera balanceada, pero también sucede que soy muy mexicana y me fascina comer mis dulces típicos, mis paletas de dulce de leche, mis obleas y, por supuesto, mis garibaldis que son unos panquecitos con mermelada de chabacano al exterior y llenos de chochitos blancos, que son pequeñas bolitas de azúcar. Cuando mi mamá venía a vernos nos traía, especialmente, los chiquitos. Mi hija esperaba durante días hasta que llegaba su abuela con sus panes con "chochitos blancos". Como solo le dejaba comer uno al día, lo disfrutaba como pocas cosas; si un chochito se le caía, con su dedito lo buscaba y se lo lleva a la boca… no desperdiciaba ni una migajita.

El cuidar, forjar y educar a un ser humano es en verdad una gran responsabilidad. Las abuelas tenían razón, ser madre es una responsabilidad que nunca termina. Un día mientras aún estaba embarazada llegó una mujer que me preguntó:

—¿Cuándo te alivias?

—¿Cómo que cuando me alivio? —le respondí yo. Era una pregunta que no entendía. Estaba embarazada, no enferma.

Y entonces esa mujer me dijo:

—El embarazo es una enfermedad de nueve meses y una convalecencia de toda la vida.

Y en cierta forma tenía razón porque en realidad es toda una vida la que dedicas a tus hijos; tus hijos siguen siendo tus bebés aun cuando ellos mismos ya sean padres.

Ser madre

No dejo de pensar en todas esas madres que, aun con la responsabilidad de cuidar a sus hijos, trabajan, algunas con dos o tres empleos al día, y además cocinan, lavan, planchan; mujeres que ayudan a sus hombres como esas "adelitas" revolucionarias, o que solas enfrentan al mundo para sacar adelante a sus hijos. Mujeres que forman parte de la historia de la humanidad, que sacan de alguna manera a su familia adelante. ¡BRAVO!, digo yo. Qué chingonas son. Las admiro profundamente.

Solo cuando una es madre se comprenden muchas cosas de su propia madre. Con ella platiqué extensamente sobre el tema de la relación madre-hija, y en ocasiones le preguntaba: "¿Cómo pudiste con tantas hijas? Yo con una tengo… ¿cómo le hacías?". Porque antiguamente las mujeres tenían tantos hijos como Dios les mandaba; eran nanas, cocineras, lavanderas, educadoras, maestras, doctoras, enfermeras, psicólogas, amigas; eran madres.

Mi mamá nació en La Paz, Baja California, un pueblito costero que en ese entonces era puerto libre y llegaba todo lo de oriente. Mi abuela decidió salir de allá para vivir con mi mamá en la capital. Mi abuela, de nombre Eva, tenía tan solo veintiséis años, con un carácter férreo y totalmente decidida a todo, era la primera vez que salía de su tierra. Durante un buen tiempo la pasaron muy mal porque no tenían absolutamente nada ni a nadie en la capital; no me cabe la menor duda de que mi mamá fue la auténtica Marimar, una costeñita que sufrió desprecios desde que nació, al llegar a la capital y hasta que se casó, despertando de la pesadilla ya grande y llegando a ser una mujer intensa y conocida de todos.

Ahora me doy cuenta de las cosas que tuvo que pasar mi madre tanto con mis hermanas como conmigo para que, dentro de sus posibilidades y con las herramientas que tenía en ese momento, nos convirtiéramos en mujeres de bien, mujeres que aman la vida, que disfrutan de las cosas sencillas y simples como una sonrisa, un atardecer, una tarde de lluvia, pero al mismo tiempo son guerreras, son triunfadoras, luchan por sus ideales. En qué momento o cómo lo logró es un misterio para mí. Pero lo que sí sé es que quiero rescatar de mi madre estos puntos de grandeza para ahora yo, como madre, regalárselos a manos llenas a mis hijos.

He aprendido que en esta vida no hay culpables, que solamente hay víctimas de víctimas; que los patrones de vida muchas veces se repiten porque se han vivido y pasado de generación en generación. Hoy sé que en mis manos está soltar o retener, y descubrí que es más satisfactorio soltar. Lo que es tuyo permanecerá, y lo que no, se irá.

Al igual que yo, Sabrina está viviendo dos mundos diferentes, anclados en dos generaciones distintas: su papá creció oyendo a Frank Sinatra y su mamá escuchando Guns N' Roses. Somos dos generaciones totalmente distintas que se han unido para enriquecerse mutuamente. Creo que el resultado va a ser fantástico... conmigo lo fue. Soy la consecuencia de una gran amalgama de épocas, gustos, tendencias e ideas presentes en mi familia; y me gusta como soy, lo que soy y quién soy.

Mi hogar está creciendo, pues mientras escribo esta
estoy esperando el nacimiento de mi segundo bebé. S
tendrá con quien jugar; ella será la hermana mayor, la maes
que ya conoce el camino. Ella será ese huracán amalgama
la abundante cultura mexicana y de la intensa cultura ital
de los sabores típicos de mi tierra, de las tertulias de las fam
italoamericanas, de los ecos y los sonidos de nuestras patrias,
nuestros pasados, de nuestra historia; ella es parte de la nue
generación, pero enriquecida con la maravilla de nuestras trac
ciones, y con estas herramientas no me queda la menor duda d
que será siempre mi Princesa de la Prosperidad.

CAPÍTULO SIETE

FE

Amado Padre, Dios glorioso:

Quién como Tú, que amas sin condición alguna.

Sé, en lo más profundo de mi ser, que Tú me escogiste desde el vientre de mi madre, que fui guardada hasta el día en que Tú tocaste la puerta de mi corazón; y cuando esperabas a que te invitara a pasar, al verte frente a mí, fue el momento más glorioso y perfecto que he tenido en mi vida.

Gracias por amarme, gracias por perdonarme, gracias porque un día me dijiste que era como la niña de tus ojos, gracias por tomarme como hija. Gracias por todo lo que me has dado, por aquello que entiendo y por lo que no entiendo. Gracias, porque aun cuando no me guste, sé que todo tiene un propósito. Gracias por enseñarme el valor de la vida. Gracias por tomar mi mano y llevarme de la oscuridad a la luz. Gracias por todas las pruebas y momentos difíciles que me hiciste vivir, porque me estás forjando y templando como al acero; estoy en el proceso de ser un soldado que va de victoria en victoria.

Solo soy una más en el camino, como forastera estoy de paso y sigo una dirección que me estás marcando. Solo te pido que no permitas que me desvíe y que me des la sabiduría para edificar mi casa sobre la roca.

Gracias por ser mi Padre... Gracias por haberme deseado en tu corazón y por extender tus brazos para abrazarme y cargarme.

Deseo con todo mi ser, con todo lo que soy, un día estar frente a Ti, y correr a tus brazos para decir: "Abba... lo intenté. Papito... estoy en casa".

Fe

F̲e... que palabra tan pequeñita y tan inmensa en su valor. No es algo que se pueda comprar, ni adquirir de ninguna manera; la fe viene cuando se oye una verdad, y la verdad es una preciosa persona... la dulce persona de Dios.

Yo entiendo que hay muchas representaciones de la magnitud de Dios, por eso Él es omnisciente, omnipotente y omnipresente; se encuentra en un atardecer, en el universo, en los ojos de un niño o en cualquier otro aspecto representativo que se acerque a lo divino. Para muchas personas, Dios significa la figurita de porcelana o el crucifijo en la pared; para otras es ir a la iglesia todos los domingos o hacer sus novenas con el rosario en la mano... son figuras y gestos que las hace sentir más cerca de Dios. Para mí Dios es esa energía que te toma por completo, que va de adentro hacia afuera como un fuego o una fuerza que emana de cada una de tus células, tus átomos, y que sabes perfectamente que está en todo y en todos. Dios no es una persona limitada, es mas allá de lo que nuestras mentes puedan llegar a imaginar, no hay palabra que lo explique, pero lo sientes, lo vives.

Un día leyendo la Biblia, encontré en el libro de Juan un versículo que se grabó en mi corazón. En una oración de Jesús, él pedía al Padre "como tú, oh Padre, en mí, y yo en ti, que también ellos sean uno en nosotros" (Juan 17:21). Entonces una claridad abrió mi entendimiento y comprendí: los dos somos uno, por lo tanto yo soy Tú y Tú eres yo. Esta frase se convirtió en mi palabra clave: "Yo soy Tú y Tú eres yo". La pronunciaba una y otra vez durante todo el tiempo que estuve tan enferma; y eso me sostuvo y dio fuerzas para luchar contra la enfermedad de Lyme.

Dios en mi corazón

Siempre me he considerado una persona espiritual. Desde que tengo uso de razón, en mi casa se habla de Dios con respeto. La figura de Dios siempre estuvo presente en mi casa y tal vez como muchos niños, todo lo aprendí por repetición; me aprendí de memoria las oraciones para dar gracias, para ir a dormir, para comer, iba a misa los domingos, los domingos de ramos, los miércoles de ceniza… Siempre estuvo presente la figura de Dios. Pero no es lo mismo que te digan que ahí está, a que tú sepas de verdad en tu corazón que ahí está. Durante muchos años mi relación con Dios no era diferente de la mayoría de la gente, su nombre siempre estaba en mi boca, y mi relación con Él era sobre todo pedirle cuanto favor necesitaba por más pequeño que fuera: desde que me ayudara a pasar un examen en la escuela, hasta que mi mamá no se fuera a enterar de una de mis travesuras… Hasta que por fin llegó el día en que sentí su presencia de una forma tan real que rompió todos los esquemas preconcebidos que tenía de Él. Hubo dos ocasiones en mi vida en las que el Señor se presentó frente a mí, permitiéndome ver su gloria y su grandeza.

La primera vez fue a principios de la década de los noventa, cuando un día en casa de mi hermana Gabi, estábamos reunidas algunas personas de la familia en su sala y entonces comenzamos a hacer una oración. Por Gabi, entró la salvación a nuestra familia; ella fue la primera que tuvo un encuentro espiritual con Dios; y luego poco a poco, el Señor fue tocando a cada uno de los miembros de mi casa.

Esa tarde comenzamos a entonar unas alabanzas a Dios, y después cada una de nosotras empezó a orar, una por una. Yo tenía los ojos cerrados y como en una visión, de pronto me di cuenta de que en medio de nosotras estaba Jesús. Con los ojos aún cerrados vi cómo empezó a caminar y a colocarse frente a cada una de nosotros. Mi corazón empezó a agitarse descontroladamente, un gozo inundó todo mi ser y, de pronto, Él estaba frente a mí. Mi mamá, que se encontraba allí, desde el otro lado de la sala dijo: "Quiere tu corazón, Thali". Entonces vi a Jesús juntar sus preciosas manos y cuando las dirigió hacia mí, instintivamente cerré mis hombros y cruce mis brazos sobre mi pecho a manera de protección. Pero Gabi, que se encontraba en el lado opuesto de la sala, me animó: "Dáselo... Dale tu corazón... Deja que entre en ti". Yo no entendía cómo dos personas que se encontraban en el lado opuesto de la sala, y cada una en un extremo diferente, podían ver lo que yo estaba viendo... ¿Cómo podían saber si teníamos todos los ojos cerrados? Yo lo vi como una confirmación de que realmente era Jesús el que estaba frente a mí. Entonces bajé mis brazos y vi cómo Jesús sacaba mi corazón y después volvía a meter sus manos y ponía un haz de luz deslumbrante dentro de mi pecho, devolviéndome un corazón nuevo y radiante.

Cuando sentí esa luz poderosa entrar a mi cuerpo, comencé a

llorar de felicidad, y por primera y única vez, mis labios empezaron a cantar una música armónica que yo no conocía. La voz que salía de mi garganta no era mía, era un cántico trino, un canto angelical, barroco-medieval, una voz bellísima... Era un canto espiritual que solamente por esa ocasión se me permitió entonar. No tenía conciencia del tiempo, de la temperatura, de mi familia que estaba a mi alrededor... De repente dejé de sentirme en un lugar físico. Dios había tocado mi alma, había cambiado un corazón de piedra por uno de carne. Ese día conocí la eternidad, supe que Dios es un ser verdadero, que es real y que se encuentra junto a mí.

Mi segundo encuentro con el amor de Dios fue a mediados de los noventa. Era un domingo por la mañana, estábamos parte de la familia y yo en casa de Gabi, todas vestidas de blanco porque íbamos a bautizarnos de manera conciente, no como cuando eres un bebé que son los padres los que deciden por ti. La casa estaba preparada para ese momento y había bastantes personas que entonaban himnos de alabanza a Dios, colocadas alrededor de la piscina circular. Nos encontrábamos en una línea esperando nuestro momento para entrar e íbamos todos vestidos de blanco. Cuando me tocó el turno de entrar al agua pasaron por mi cabeza muchas cosas, y al momento en que mi pastor me sumergió bajo el agua, todo se quedo estático: yo veía a través del agua, y entonces contemplé los cielos abiertos, a Dios en su trono y muchos ángeles presentes en ese lugar, y entendí el sentido de aquella frase que dice que hay una gran fiesta por un pecador que se arrepiente... En ese momento esa pecadora era yo, una pecadora arrepentida que al momento de salir del agua, salía libre, dejando atrás mis cadenas, mis frustraciones, mis dolores, mis tristezas, todo —todo lo que no me pertenecía para convertirme en un ser libre, pleno y completo.

Después de estos dos encuentros tan poderosos, pasé por

unos años en los que sentía una necesidad profunda de conocer a Dios a través de su palabra, para entender mejor mi vida y mis experiencias diarias tal como las veía proyectadas en los versículos bíblicos. Muchos Salmos se convirtieron en mi escudo protector, de principio a final del día me sentía feliz encontrando la fuerza a través de la oración y de la música de alabanzas.

A lo largo de los años, mi relación con Dios dejó de ser tan intensa como en un principio pero no importaba cuán ocupada estaba, siempre hago el esfuerzo de reconectarme con esa presencia tan viva que despertó en mí. Claro que la oración, esa plática directa que todos tenemos con Él, siempre ha estado presente en mi diario vivir, e intento, con la mayor frecuencia posible, reunirme para leer la palabra de Dios con mi grupo de oración. Siempre he estado necesitada de la presencia y de la protección de Dios tanto para mí como para los míos, y Él ha sido una presencia constante en todo el transcurso de mi vida. Como el día en que vi la magnificencia de Dios en la luna y le pedí que me acercara al amor, el día en que Tommy y yo oramos juntos en la víspera de nuestra boda o el momento en el que el Señor le mostró mi embarazo a Fede. Estos momentos me acercaron a Su presencia. En todas las etapas de mi vida, en los momentos más importantes, siempre ha estado conmigo.

Pienso en cuántos momentos de nuestra vida Él ha estado a nuestro lado tal como nos dijo: "Yo estaré contigo, todos los días de tu vida, hasta el fin del mundo", y absolutamente lo creo, no hay la menor duda de su promesa.

El misterio de mi enfermedad

Cuando comencé a sentirme mal físicamente, tenía ocho meses de embarazo. No sabía qué era lo que me estaba pasando, pero me había convertido en una persona muy sedentaria porque siempre estaba agotada. Todo el mundo me decía que era porque era mi primer bebé, que era normal y por eso fue que no me preocupé demasiado. Pero una vez que nació Sabrina las cosas no mejoraron y comencé a sentirme de mal en peor. "Tienes depresión posparto" me decía mi doctor de cabecera, "ya se te pasará". "Fue un parto muy largo", me decía el ginecólogo, "no te preocupes". Aunque me decían lo de la depresión posparto por lo mal que me sentía, en realidad sabía con toda la certeza de mi alma que no estaba ni deprimida ni triste. Nada más lejos de la verdad. Lo que estaba era en realidad muy enferma y simplemente no nos habíamos dado cuenta.

Los médicos incluso llegaron a recetarme antidepresivos que nunca llegué a tomar, los estuve rebatiendo constantemente: "Están equivocados", les decía. "Éste es el momento más feliz de mi vida. Por fin, después de tantos años de lucha, tengo a mi hija entre los brazos. ¡Esto no es depresión posparto!". Pero no importaba lo que dijera, parecía que estuviera hablándole a una pared. No oían, o más bien, creo que ni siquiera tomaban en cuenta mi opinión. Más adelante me empezaron a decir que era la lactancia, que me estaba "drenando" de toda energía. Era verdad que yo producía mucha leche, ¿pero por qué iba a vaciarme de mi energía a través de la lactancia? Ese cuento no me lo tragaba. Después volvieron a cambiar de parecer y me dijeron que era un problema hormonal y que tal vez era porque mi tiroides estaba volviendo a ser como antes del embarazo. Otros médicos decían que no, que era anemia… No había manera de que se pusieran de acuerdo; todos opinaban, nadie acertaba, y esto desataba en mí un sentimiento muy fuerte de frustración y de rabia, sentimientos con los cuales —además de lo mal que me sentía— tenía que lidiar.

El principal síntoma que tenía fue que comencé a perder toda mi energía. El cansancio era cada día peor y hasta me daba cuenta de que mi masa muscular había comenzado a desaparecer. Me invadía un agotamiento extremo y hasta la simple acción de pensar me dejaba agotada. Llegó un momento en el que estuve tan grave que ni siquiera podía sostener a mi bebé entre mis brazos.

"Señor", le pedía a Dios, "dame fuerzas para lactar a mi bebé. Por favor, dame fuerzas para levantarme de la cama a atenderla, porque ella me necesita fuerte y sana". Hacía el esfuerzo de seguir todas las instrucciones que me daban los expertos… pero nada funcionaba. Seguía sintiendo como si me hubiera pasado un camión por encima y me estuviera arrastrando a mil kilómetros por hora junto con una aplanadora que hubiera triturado hasta el último huesito de mi cuerpo. Literalmente sentía que me estaba muriendo.

Los dolores musculares eran terribles… Había momentos en los que mi cuerpo no me respondía ni siquiera para moverme de mi cama. Tenía ratos en los que solamente lloraba y lloraba, diciéndome a mí misma: "¿Cómo es posible que no pueda ni siquiera sostener a mi bebita entre mis brazos? ¿Cómo es posible?". Una y otra vez me daba vueltas ese pensamiento mientras intentaba seguir adelante.

Como a los cinco meses de haber dado a luz nos encontrábamos en Florida y una mañana me desperté y olfateé que la muerte estaba cerca. La "huesuda" me rondaba, hasta la pude ver de reojo. Pero a diferencia de la Llorona que era un espíritu perdido que rondaba y habitaba mi casa cuando yo era niña, esta presencia, densa y pesada, en realidad era la muerte misma: gélida, afilada y lista para tomarme de la mano y llevarme con ella para nunca regresar. Con gran esfuerzo me levanté de la cama y me paré frente a mi esposo. La certeza de que me iba era tan veraz que le dije: "Tommy, veme, disfrútame al máximo, porque me estoy muriendo y siento que este es mi último día". Tommy por supuesto se alarmó y nos regresamos inmediatamente a Nueva York donde comenzó otra larga procesión de doctores, estudios, análisis, muestras de todo tipo, consultorios, hospitales... Así pasaron tres meses más, y nada.

Me pasaba el día en cama descansando. Pero cada vez que tenía fuerzas, me ponía a buscar por Internet toda enfermedad que tuviera o se acercara a mis síntomas. Después de horas y horas de lectura e investigación en todos las páginas web imaginables, descubrí que las enfermedades que en su descripción más se acercaban a lo que yo estaba sintiendo eran el Lupus y el Lyme. Me obsesioné con saber si tenía alguna de estas dos enfermedades y si no las tenía, sentía que al menos habría que descartarlas pues los síntomas sí eran muy similares. Así que le pedí a mi doctor de cabecera que me hicieran las pruebas para saber si tenía Lupus o Lyme. Yo ya me había informado de que solo había dos laboratorios especializados en la detección del Lyme, con resultados mucho mas veraces que cualquier otro, uno llamado IGeneX oken Palo Alto, California y el otro en Stony Brook, Long Island. Al poco tiempo de mandar mis pruebas a estos laboratorios, llegaron los resultados y mi intuición estaba en lo correcto.

—Thalia —me dijo el doctor cuando fuimos a que nos diera los resultados—. Te tengo una buena noticia y una mala. La buena noticias es que tenías razón, efectivamente es Lyme. La mala noticia es que estás muy delicada, pues el Lyme está muy avanzado.

Por el tono de su voz sentí cómo mi estómago se encogió de miedo a lo desconocido. Apreté la mano de Tommy tan fuerte que se me veían los huesos de las manos.

La enfermedad de Lyme es una condición infecciosa causada por la bacteria *Borelia burgdorferi*, y que se transmite a través de las garrapatas. Y eso fue exactamente lo que me pasó a mí, una garrapata me picó y me transmitió la bacteria del Lyme. La enfermedad se conoce también como la "gran imitadora" porque es una enfermedad silenciosa y la bacteria logra engañar al sistema de tal manera que los médicos muchas veces no son capaces de detectarla en los exámenes rutinarios. Sus síntomas son bastante amplios, de los cuales yo soy una prueba viviente: se puede confundir con fatiga crónica, demencia, ceguera, depresión, fibromialgia, esclerosis múltiple, lupus o la enfermedad de Alzheimer. Si no se detecta a tiempo, puede evolucionar a su forma crónica lo cual significa que el paciente tendrá que tomar antibióticos potentísimos y muy agresivos, con secuelas secundarias por años, e incluso por el resto de la vida. Cuando la garrapata muerde, en muchos casos deja una marca circular de color rojo, que se conoce como "ojo de toro" y ese es el mejor momento para atacar la enfermedad con antibióticos, y así evitar que se disperse por todo el cuerpo.

Después de la picadura, la persona experimenta síntomas como los de una gripa: cansancio, dolores en el cuerpo y de cabeza, mareos y ganas de vomitar, al igual que otros síntomas que afectan el sistema nervioso central y provocan hipersensibilidad a la luz y al sonido, cambios radicales de humor, ansiedad e insomnio. En algunos casos afecta los nervios faciales, lo que puede causar una parálisis facial.

Existen cuatro etapas de Lyme: primaria, secundaria, terciaria y crónica. Lo que determina en cuál etapa está el enfermo, es el tiempo en que tarden los médicos en descubrirla. En mi caso nunca vi ni la garrapata, ni la marca roja, ni nada. Fue casi un año después de empezar a sentir los primeros síntomas que finalmente me la detectaron y ya para ese momento me encontraba en la etapa crónica. Esto significaba que la bacteria ya se había dispersado por todo mi cuerpo, infectando todos mis órganos, incluyendo el corazón, el cerebro y más que nada el sistema nervioso central.

Según me explicaron mis médicos, lo peligroso de esta enfermedad, que a simple vista parece inofensiva, es que ataca directamente el sistema nervioso de la persona provocando daño vascular, y sus secuelas pueden ser irreversibles. Mucha gente ha quedado paralítica, otros quedan ciegos y otros sin poder ni siquiera hablar. En casos extremos, les cuesta la vida. Tuve que conocer a profundidad mi enfermedad para entender lo que me estaba sucediendo, así que con esta información desarrollé un sitio web llamado www.sobrelyme.com con el fin de informar a la gente, ya que es una enfermedad que no se toma con la seriedad debida, principalmente por la falta de información que se tiene al respecto, aun en el área medica y en los laboratorios en donde se debería de diagnosticar.

En la etapa en la que yo me encontraba —la crónica— la infección persiste y es resistente a cualquier tipo de antibiótico. Esto complicó todo. Como habíamos estado intentando parar la enfermedad de todas las formas posibles, ya estaba intoxicada de medicinas. La intoxicación estaba a un nivel tal, que me dio lo que se conoce como el síndrome de Herxheimer que sucede cuando el cuerpo hace reacción a la medicina haciendo que los síntomas se multipliquen al máximo, como si todo el sistema nervioso estuviera temblando. Los síntomas empeoran extremadamente y muchas veces se confunden con reacciones alérgicas a los antibióticos, pero esto es antagónico, pues cuando se tiene esta reacción es porque los antibióticos están atacando a la bacteria, que a su vez desprende toxinas. Todo el malestar y los temblores son en realidad la reacción del cuerpo al tratar de limpiarse de toda esa toxicidad. Así que no sólo tenía Lyme, sino que mi cuerpo estaba reaccionando negativamente a las medicinas que me estaban dando. Por así decirlo, me llovió sobre mojado.

Me pasé meses tirada en cama sintiendo que me moría y con muy pocas ganas de vivir. Sentía que no valía la pena seguir así, entendí a todas esas personas que tienen enfermedades terminales como el cáncer, y que están sometidos a las quimioterapias, con sus efectos secundarios tan agresivos, que tienen momentos en los que se les hace muy difícil seguir luchando.

Gracias a Dios Tommy estuvo siempre a mi lado. Pude comprobar que los votos matrimoniales los hizo con todo su corazón, "En las buenas y en las malas, en la salud y en la enfermedad", pues ahí estuvo a mi lado todo el tiempo. En ocasiones hasta tuvo que cargarme hasta la bañera donde me metía en agua caliente, me lavaba el pelo y me lo desenredaba mientras yo lloraba y lloraba y le decía que me dejara irme tranquila, que ya no podía más.

—No tengo más fuerzas para luchar... por favor Tommy, déjame ir...

Él ahogaba su llanto y me decía con mucha ternura:

—No *Baby*, no digas tonterías... Te vas a poner bien... Sabrina y yo te necesitamos. Tú te vas a poner bien.

Fue mi enfermera, mi cuidador, mi compañía. Me vestía, me ponía la pijama, me arreglaba el cabello. Yo era un esqueleto, y nunca permitió que viera en su rostro ninguna señal de rechazo, de alarma, de nada. A cada rato me decía con una gran dulzura :"Estás hermosa, mi amor. Ponte este color, te vas a ver muy bella, te va a levantar el ánimo". Me subía al coche, me paseaba, me llevaba a ver el atardecer; nunca, en ningún momento, me dejó caer.

El mayor problema era que estaba intoxicada con los antibióticos, pero tampoco podía dejar de tomarlos. ¡Era terrible! Sudaba empapando mi pijama, las sabanas y hasta el colchón; me dolía todo, hasta el pelo, que de hecho se me empezó a caer. En momentos sentía que me estallaba la cabeza, que me pesaba como si tuviera plomo adentro; los ojos en sus cuencas me dolían, a veces sentía que eran canicas de metal que se hundían al fondo de mi cabeza; todo aunado a noches de insomnio que no permitían el descanso. Las coyunturas me pulsaban como si me latiera el corazón en cada una de ellas, además de sentir como si metieran un cuchillo entre cada una de ellas y las estuvieran desprendiendo; era un dolor atroz. Era tal la hipersensibilidad en mi piel que había momentos en que no soportaba ni las sábanas. Sentía como si me hubieran untado chile en toda la piel o como si me la hubieran arrancado... Y los músculos... ¿Cuáles músculos? Ya no tenía masa muscular, me había convertido en un esqueletito de 49 kilos. En lo que me quedaba de músculos, sentía como si les hubieran pasado un rodillo, o más bien una aplanadora. El sistema nervioso central me hacía sentir calambres, destellos de electricidad que recorrían todo el cuerpo. La cadera y las piernas parecían estar unidas a una viga de acero que no podía mover y las manos se me abrían constantemente pues no tenía fuerza ni para cerrarlas y obviamente no podía agarrar nada. Cada vez que quería caminar parecería que no podía apoyar los pies, sentía como si millones de agujas ardientes me atravesaran las plantas de los pies, como si hubiera caminado en piedras volcánicas por horas enteras.

Cuando la infección del Lyme está más avanzada, otro síntoma que existe es que se empieza a perder la memoria. Un día que me visitaba mi hermana Titi, mientras ella platicaba conmigo tratando de animarme, yo recuerdo que la veía y me decía: "Yo amo a esta mujer, sé que es mi hermana, pero... ¿cómo se llama?".

Además, me llegó a suceder que no podía comunicarme pues ni siquiera lograba formar oraciones. Perdí la capacidad de organizarme mentalmente, de planear; estaba como en un estado vegetativo, como que estaba sin estar... Vegetando... flotando... fuera de la realidad.

Duré casi dos años tomando antibióticos, entre todos ellos, cinco de los más fuertes. Me ponían inyecciones de penicilina, un día si y un día no, y los tratamientos duraron tanto tiempo que ya no había espacio en mis glúteos para más inyecciones; parecían bolsas de canicas, bolas por todos lados, ya duras por el medicamento que ya estaba agolpado en el tejido. También me daban una medicina que se utiliza para atacar la malaria, y varias otras inyecciones que me tenía que poner a diario para reforzarme el sistema inmunológico. Todas esas drogas me las suministraban con el único propósito de matar la bacteria, pero eran en realidad pequeñas dosis de veneno que no solo la mataba a ella, sino que también me iban matando a mí en el proceso. Entre las inyecciones, las pastillas, los complementos nutricionales, vitamínicos y herbolarios, en total me metía cincuenta pastillas al día. Un horror.

Venciendo a la muerte

Había días en que ni siquiera tenía conciencia del tiempo, y otros muchos en los que ya no tenía voluntad para vivir. Uno de esos días me encontraba acostada de lado en mi cama, en el mismo sitio en el que ya llevaba meses, cuando empecé a tener una sensación de que podía dejar mi cuerpo. De inmediato pensé que ese era el momento del que había leído en algunos libros, el momento de dejar tu cuerpo, de irte, de soltar amarras y partir... Sentí que ese era mi momento: "Si me dejo llevar por esto", me dije "me voy". Era una sensación tan confortable, tan deliciosa, sin conciencia del dolor, como una liberación. Como un calorcito que me hacía sentir como si perteneciera a todo, como si pudiera trascender, dejarlo todo y ser libre... Fue poderosísimo y en ese momento decidí que me iría.

El pequeño monitor que me permitía ver y oír a mi niña desde su cunita estaba prendido, y en ese instante ella empezó a llorar, un llanto muy fuerte, de la nada, como si le estuviera pasando algo, un llanto que desgarraba el ambiente, un llanto que me trajo de vuelta; de inmediato regresé a mí misma. Abrí las cobijas de la cama, me paré y, agarrándome de lo que pude, llegué hasta su habitación. Al encontrarme frente a su cuna, no sé de dónde saqué fuerzas, ya que después de mucho tiempo en el que me la tenían que colocar entre los brazos por lo débil que estaba, la agarré y la pude tener abrazada a mi pecho.

Me fui a un sillón, sin entender qué pasaba pues en realidad mi bebita no estaba llorando. Estaba viéndome, emanando una paz y un amor que me envolvieron. Yo me veía en sus ojos y me dejé acariciar por su mirada tan bella... Pensé en cómo había sido posible que hace unos instantes yo hubiera tomado una decisión tan contundente y egoísta sin haber pensado en ella, en ese ser tan indefenso que me veía confiada. "Mi'jita", le dije, "por ti lo voy a hacer. Voy a luchar, no importa lo que tenga que pasar, voy a pelear esta batalla contra la muerte y te prometo que voy a salir de esta", le dije llorando. Cerré los ojos y levanté una oración diciendo: "Señor, dame esa entereza que no tengo. Por favor... sostenme, yo soy Tú y Tú eres yo". Y ahí me quedé sentada con mi pequeñita en mis brazos y platicando con Dios.

Ese fue el día en que decidí no entregarme a la muerte. Sabiéndome en el centro de la palma de Dios y abrigada por el poder inquebrantable de mi fe, pude dormir como no lo había hecho en meses pues sabía que la batalla ya estaba ganada.

Mi madre, que durante todos estos meses no se separó de mi lado, nunca dejó de apoyarme, tomarme de la mano y darme ánimo. Pasó todos esos meses terriblemente preocupada y esa noche, al verme con los ojos cerrados, en su corazón sintió el temor de que no los volviera a abrir jamás. Mientras me quedé dormida, aprovechó mi descanso para ir a su casa por ropa y tiempo después me contó que en el trayecto hasta su casa —que quedaba a unos quince minutos de la nuestra— empezó a llorar. Tenía demasiado miedo de perderme. Al llegar a su recámara empezó a gritar y a levantar su voz con desesperación. "¡Señor!", decía con todo el dolor que llevaba en su alma. "Mi'jita se muere, mi'jita se muere... No sé si amanezca. ¡Por favor ayúdame que se me está muriendo!".

Desesperada, entre sollozos, y con el corazón de una madre que sabe que su hija se le está muriendo, tomó la Biblia. La abrió al azar, como en busca de una señal que le estuviera enviando el Señor, cuando sus ojos cayeron en el pasaje en donde había muerto la hija de un noble y estando Jesús sentado en su cama le dijo: "Talita cumi, niña, a ti te digo levántate". En ese momento mi mamá sintió una gran paz en su corazón, y supo de inmediato que yo me salvaría. Para ella fue impactante este versículo pues ella me dice con mucho cariño "Talita". Así que decidió bañarse y acostarse en su cama con la seguridad de que sus súplicas ya habían sido escuchadas y, aún más, contestadas. De ahí en adelante, cuando veía que regresaba algún síntoma que me llevara a la cama, su fe era tan grande que me decía "Talita cumi", con la certeza de que yo me levantaría. Y así sucedía.

Desde aquel día en que escuché el llanto de mi hija en aquel momento de absoluta desesperación, mi mente cambió por completo. Realmente no sé en dónde pasó, si en mi pensamiento, en mi conciencia o en mi actitud, pero poco a poco ese cambio me permitió salir adelante. A tres años de cuando comencé a sentirme mal y después de casi dos años de tratamientos extremos, finalmente se pudo controlar la enfermedad. Eso no quiere decir que haya desaparecido por completo, simplemente significa que podré permanecer en remisión, siempre y cuando me cuide y respeté los nuevos cambios que, para beneficio de mi cuerpo, debo de llevar en mi vida

Hoy tengo una meta fija, estoy en el camino a la recuperación. Desde que comencé a sentirme mejor me puse como meta el llegar a un punto en el que mi salud esté optima y mis síntomas controlados: mi salud se convirtió en mi máxima prioridad. Hoy tengo la cantidad mínima de bacteria en mi organismo y estoy disfrutando plenamente de los resultados de la meta que me propuse. Como con toda meta, tuve que capacitarme y trabajar duro para llegar a ella; lo que ha dado como resultado un cambio de vida, de alimentación, de ejercicios, de positivismo, de enfocar mis pensamientos hacia lo más sencillo de la vida. He aprendido a desechar el estrés y los momentos, situaciones y cosas que me produzcan angustia. Esto último es muy importante, ya que el estrés baja las defensas, debilita el sistema nervioso y, en mi caso, permite a la bacteria que se adueñe una vez más de mi cuerpo. Mi vida hoy se rige por cero estrés, cero pensamientos negativos, muy buena alimentación en la que abundan las verduras, frutas, nueces, semillas, jugos, proteínas y una serie de alimentos y complementos naturales y mantener el cuerpo en movimiento. Yo sé que esto es parte de mi terapia, y como un diabético tiene que cambiar su forma de vida, la enfermedad de Lyme te cambia la vida para siempre. Si como azúcares, panes, pastas, cosas muy grasosas o alcohol, sé que me esperan dos semanas de síntomas y de un proceso para desintoxicarme de todo lo que me comí. Hoy pienso meticulosamente cuando quiero darme un atracón, porque inmediatamente mi cuerpo responde haciéndome pasar días terribles mientras todo lo que le hace daño a mi organismo se procesa y se expulsa.

Hoy sé que soy la única responsable por mi salud; ella está en mis manos y yo soy su vigilante, su cuidador y su más aguerrido defensor. Pero lo más importante, más allá de mi salud, más allá de mi mente, es saber que estoy en las manos de Dios porque con cada paso que doy en cada momento de mi vida, Él me alienta y me llena de fortaleza recordándome que soy una guerrera y que si camino agarrada de Su mano la batalla está ganada.

El trapecio

Cuando pienso en esos años tan terribles que viví postrada en cama y sin poderme mover, me invaden imágenes de tristeza, dolor y confinamiento. Son esas mismas imágenes que me llenan de energía, proyectándome a la vida con un deseo insaciable de experimentarlo todo. Precisamente en esa nueva búsqueda de experiencias nuevas, un día, en el verano de 2010, ya con mi salud restablecida en un 90%, decidí subirme a un trapecio. Desde chica siempre he sido muy elástica y con el yoga, mi cuerpo sigue manteniendo esa elasticidad. Después de haberme recuperado del Lyme, mis músculos quedaron completamente flácidos y necesitaba tonificarlos. Desde niña, yo siempre quise ser gimnasta olímpica, y después de ver a Nadia Comaneci en 1977 ganar sus medallas de oro y sacar un diez perfecto, anhelaba ser como ella. Después de vencer lo más difícil del Lyme, busqué la forma de hacer realidad ese deseo y darle gusto a mi niña interior.

Un día mientras iba manejando por una carretera en los Hamptons, vi un letrero enorme que decía CLASES DE TRAPECIO AQUÍ. Así que bajé del auto para pedir información. Me inscribí y a los pocos días llegué muy emocionada a mi primera clase. Todo era nuevo y excitante, creo que lo fue aún más si lo miraba con la lupa de que vencí a la muerte y había recuperado todas las posibilidades de gozar de todo a mi alrededor; así que, inicié mi ascenso por esa escalerita pequeña, que parecía no estar bien sujeta y mi corazón comenzó a latir precipitadamente. Estaba verdaderamente excitada, llegué a más de 9 metros de altura hasta donde está la barra de la cual tenía que sujetarme para balancearme. Cuando me pusieron el arnés, y me di cuenta de que estaba a punto de lanzarme a una especie de vacío, por más que tienen muchas medidas de seguridad y la malla al fondo en caso de que resbales, sentí que el corazón se me salía. Lo comparo con la misma adrenalina que siento cada vez que me toca salir a cantar en un escenario, es como un hormigueo que te sube de los pies al estómago provocando en él un fruncimiento. Se te seca la boca, el cuerpo se te hiela, mientras te empieza a subir una poderosa energía que surge de tu interior. En el instante en que pisas el escenario esa energía explota y se convierte en libertad y emoción. Aquel terror que sientes al mismo tiempo se transforma en la certeza de que puedes conquistar ese momento y esa situación sacando lo mejor de ti.

Cuando estaba allá arriba, con las manos puestas en la barra de la cual me iba a balancear, la instructora me dijo que tenía que flexionar las rodillas y echar mi torso hacia adelante antes de saltar. Así que visualicé lo que me estaba diciendo, respiré profundamente y, "a darle que es mole de olla" como diríamos en mi tierra, me aventé, sin miedo, yéndome hasta el final. Me mecí de un lado para otro, incansable, subí incontables veces, cuantas veces fue necesario; ese mismo día me obsesioné y acabé dando la vuelta y aventándome a los brazos del otro instructor que se encontraba en el segundo trapecio. Me gustó tanto que, como buena obsesiva que soy, cuando terminé el primer día, ya "casi" estaba lista para el Cirque du Soleil.

Me gustó tanto esa sensación de libertad, me llenó; y descubrí en la diversión un ejercicio que me permite fortalecerme física, mental y emocionalmente. El trapecio me ha permitido entender cinco verdades que trato de que hoy sean parte de vida: primero, la confianza en el instructor y en sus medidas de seguridad. De la misma manera, en la vida Dios es mi instructor y todo lo que vivo tiene sus medidas de seguridad diseñadas por Él. Segundo, hay que atreverse a subir las escaleras pequeñas del trapecio y llegar hasta arriba. Aun cuando mi situación parece precaria y nada segura como esa escalera, tengo que subir y vencer todo miedo, todo obstáculo, para ver mi problema en su justa dimensión. Tercero, es necesario callar los pensamientos negativos, aquellos que te dicen, *¿Qué carambas haces aquí arriba trepada? Tú eres madre y no debes arriesgar tu vida así,* y cambiarlos por *Qué fuerte y qué valiente eres cuando te lo propones.* Hay que entregar todo pensamiento desordenado en las manos de Dios, y permitir que Él te imponga sus pensamientos de victoria y vida plena constantemente. Cuarto, es importante soltar los miedos, las angustias, la actitud limitada, y lanzarse sabiendo que siempre están los brazos de Dios para sostenerte. Y quinto, disfruta del viaje y vivirlo intensamente cada vez que llegues al momento de lanzarte, como si fuera la última vez que lo vas a sentir; y en realidad, cuando vivimos momentos tan intensos sobre el dolor, la duda, la falta de entendimiento, la muerte… es importante saber que ahí está Dios con su inmenso amor, su fortaleza y su gran luz que nos envuelve de seguridad, felicidad, alegría y vida.

Una de las enseñanzas de vida más importantes que he adquirido en los últimos años, y sobre todo después de haber pasado por mi lucha contra el Lyme, es que hay que atreverse a vivir la vida intensamente, entregándose al presente, al momento, disfrutando plenamente de la experiencia que se presenta, explorando, investigando, inventando, imaginando, soñando, siendo un ser ilimitado. Es necesario pensar más allá de los límites de la mente, siendo audaz, ¡y sobre todo divirtiéndose! La vida pasa demasiado rápido para desperdiciarla en tristezas; no hay que olvidar que todo tiene solución menos… la muerte.

¡¡¡Por eso hay que vivir al máximo!!!

· CAPÍTULO OCHO ·

Conclusión

Q uerido Futuro:

Siempre viviendo en el presente un momento que no te corresponde, pero ahí estás, formando parte de todos mis planes, de todos mis proyectos y mis anhelos.

Te integras de manera natural al hoy, y no te importa si realmente llegas como te he deseado o como te he soñado; enfocas de tal manera mis pensamientos que te transformas en un gran organizador de eventos, reuniones, fiestas, vacaciones, estudios, citas y juntas, preparando todo de una manera rápida y magistral.

Hemos pensado en grande, imaginando momentos mágicos llenos de esplendor y lo más maravilloso es que sí cumpliste tu palabra. Cuántas veces han llegado a cristalizarse los planes u objetivos proyectados por nosotros, desde la niña de catorce años que imaginó casarse en la catedral de San Patricio en Nueva York, *hasta la adolescente que en su recámara con los ojos cerrados soñó con estadios llenos de gente que gritaban su nombre y coreaban sus temas. Hoy soy conciente de la importancia de visualizar mis sueños de tu mano, y reconozco que cuando se hace de alma y corazón conspira todo para consentirnos. Sería difícil explicarle a otros lo que en una reunión interior elaboramos tú y yo.*

Futuro, nunca dejarás de estar a mi lado; eres parte fundamental de lo que ha de seguir. He podido recapacitar en esta relación, y he decidido que sigas conmigo, en mis propuestas de vida inmediata y mis grandes sueños para lo que vendrá.

Pude tocar los linderos de la muerte, y ahí, Futuro, casi te esfumas. Pero ahora que he resurgido como una mujer plena y completa reconozco que con tu compañía perdí momentos maravillosos de mi ahora.

Descubrí, querido Futuro, que mi felicidad va de la mano con el PRESENTE.

Durante el proceso de escribir este libro, salieron a la superficie tantas cosas de mí que tenía guardadas en algún lugar profundo de mi alma. Me di cuenta de lo maravilloso que es vivir, pero vivir con intensidad, con pasión, con sentido de la aventura, con ganas de lograrlo todo. Descubrí que en muchos momentos de mi vida sentí miedo y pavor de ser yo misma, de respetar mis valores, mis creencias, mis principios fundamentales, dando como resultado algunos tropezones y, en ocasiones, algunos momentos tristes e infelices. Pero hoy en día puedo mirar hacia atrás y darme cuenta de que si las cosas no se hubieran desarrollado exactamente de la manera en que lo hicieron, jamás habría crecido en mí la fortaleza de enfrentarme a la vida con valentía, cual pirata de cara al viento, cruzando las aguas más turbulentas de mis emociones y sentimientos, y conquistando tierras vírgenes nunca antes vistas, en busca de los tesoros escondidos en mi interior.

Producto de mi historia

El ejercicio y el valor que me ha tomado sentarme a evaluar mi vida me ha ayudado a asentarme en la real perspectiva de mi presente con una seguridad y un balance que me permite valorar la persona que soy hoy día. Ahora entiendo que soy un ser en proceso de cambio continuo y lo que más importa es darme cuenta de cuáles fueron mis puntos más bajos o álgidos para tratar de no volverme a meter en esa arena movediza, sino saberle dar la vuelta y buscar un camino más libre y seguro en el cual pueda ser yo misma al 100%.

Hoy he podido comprobar que poniendo en acción lo aprendido, hay mejores probabilidades de tener resultados positivos. Los seres humanos somos consecuencia de una historia, de un pasado, de unas raíces y por lo tanto para fortalecerme debo conocer muy bien mis debilidades. Si bien es cierto que sé que debo vivir intensamente el presente, también es importante proyectarme al futuro que necesariamente destruiré o construiré, dependiendo de las decisiones que vaya tomando. Las muchas lecciones que he aprendido a lo largo de mi vida me han regalado los mecanismos que me permiten enfrentarme a cualquier tipo de eventualidad, siempre y cuando haya aceptado mi responsabilidad pasada y reconocido mi participación, aun cuando no me guste lo que hice, sin culpar a nadie más. Lo más importante para mí es verme tal como soy y admitir mis errores. Ese, creo yo, es el primer paso hacia la sanidad interior y la aceptación personal.

Cada etapa de mi vida me ha permitido caminar en el sendero del aprendizaje, un aprendizaje a base de golpes y vivencias muy dolorosas, combinadas con momentos de gran dulzura, belleza y amor. Es que a fin de cuentas, de eso está hecha la existencia, de un sinfín de gamas que debemos experimentar, enfrentar, vencer y vivir. Al correr de los años, estas enseñanzas me han concedido valorizar la gran sabiduría que he obtenido de cada época de mi vida.

No cabe duda de que es en la infancia en donde se establecen los fundamentos de lo que uno será cuando crezca. Lo pude constatar cuando niña, al entrar en contacto directo con el silencio, el palpar de cerca la muerte y ser consciente de su presencia que me acompañó a lo largo de esos años; me armé de valor en mi corazón hasta que logré romper el silencio en el que me encontraba sumergida después de la muerte de mi padre. Qué frágil son la mente y el corazón de un niño y qué importante es la sensibilidad de una persona que percibe el dolor de un pequeño y lo toma de la mano para ayudarlo a salir. Mi madre y mis hermanas fueron figuras claves en mi camino a la recuperación y doy gracias por haber estado rodeada de tanto amor y cariño en ese momento de tragedia devastadora.

Tristemente, no todos los seres humanos cuentan con un apoyo así desde su infancia. Al contrario, en el transcurso de mi caminar por tantos países y de mis encuentros con tantas personas, he llegado a la conclusión de que muchos niños son las víctimas perfectas y tantos adultos abusan de ellos descargándoles las impotencias, los desasosiegos, los enojos, las iras y un sinfín de emociones y sentimientos que no saben canalizar de manera adecuada. Cuántos niños no han sido lastimados, envenenados emocionalmente, inutilizados en desarrollar sus capacidades y dones, debilitados en sus personalidades, coartados, humillados, despreciados, abusados; en fin, la lista es larga y los daños, en muchos casos, irreparables.

Pero también es cierto que los pequeños vienen equipados con armas extremadamente potentes como son el perdón, la capacidad de olvidar, la nobleza y el amor incondicional. Son armas que con el correr de los años se pueden perder o quedar en el cajón del olvido. Hoy que vivo de manera directa la cercanía de la infancia, me doy la oportunidad de aprender de todo aquello que viví de pequeña constantemente, y no dejo de reflexionar en lo que fueron mis años de inocencia.

Yo pude expresar este sentimiento en la letra de una canción llamada "En Silencio", que refleja todo lo que estaba viviendo en mi interior. En los acordes de esta canción se reúnen tanto mi infancia como mi juventud y hablan de la necesidad de una reverberación. Una vez una persona encuentra una razón por la cual luchar y, como resultado, en el corazón de esta persona late una nueva canción, haciéndola sentir que vuela sin límites, que canta sin límites, que vive sin límites, pero en el fondo y en silencio solo le queda recordar.

He aprendido a escuchar y entender a esa pequeña niña que vive dentro de mí y hoy día le permito hacer muchas de esas cosas que le fueron negadas cuando pequeña por las circunstancias. He aprendido que no hay culpables, que somos sólo víctimas de otras víctimas, pero que está en mis manos cambiar el presente que impactará de manera definitiva mi futuro.

Mi niña interior

El primer paso que di para reconectarme con mi alma y encontrar el ancla que necesitaba en mi vida, fue atreverme a enfrentar mi niñez. Necesitaba darle la oportunidad a mi niña interior, a ese pequeñito que se encuentra dentro de nosotros, de que hablara y expresara sus miedos, sus temores, sus dolores. Necesitaba, yo misma, abrazarla y darle la seguridad de que nunca más volverían esos días de tristeza y frustración. He aprendido que debo darle siempre lo mejor, y permitirme ser de vez en cuando esa pequeñita que lo único que quiere es correr libremente, jugar, divertirse y sobre todo amar y ser amada y aceptada. Entonces, y solo entonces, que pude empezar a reconocerme y a caminar por el sendero del perdón, de la seguridad, del rescate de mi ser y de la plenitud.

Pero en el camino de recuperar mi niñez, me enfrenté a las tentaciones de una sociedad globalizada en donde el poder, la gloria y la fama son más importantes que los valores y las necesidades internas.

El hombre generalmente busca obtener el éxito para ser reconocido y respetado por todos, para tener un estatus de vida que supere el de los demás, y cuando se piensa así, se sacrifican muchas cosas vitales que nunca deberían de hacerse a un lado. Mi vida profesional no la determiné yo, se fue dando de manera natural desde que era pequeña así que me desarrollé con el enfoque de hacer mi trabajo de la mejor forma posible.

En ese torbellino de vivencias, experiencias y aprendizajes en la gran escuela de la vida, llegué a tocar muchos mundos que yo no conocía; algunos me crearon un inmenso sentimiento de soledad junto con una soberbia que no me dejaba ver mis errores, un ego gigantesco y una supuesta seguridad personal que estaba tan lejos de ser la confianza que tanto necesitaba para mi ser interior. Nunca dejaré de dar las gracias por todas las experiencias que he vivido y seguiré viviendo. Gracias a ellas pude reconocer que algo me faltaba, que no era esa mujer completa en toda la extensión de la palabra; que en varios segmentos de mi ser había carencias y vacíos que no sabía cómo llenar y que solamente iba parchando de acuerdo al momento.

¡Qué necesario es que uno se dé un golpazo! "Romperse los dientes", como decimos en mi tierra. Si no hubiera tocado fondo, no habría posibilidad de restauración, no habría posibilidad de libertad. Era la única manera de comenzar a sanarme el alma.

Cuando yo empecé a vivir los momentos y los diferentes tipos de experiencias buenas y malas que se fueron presentando en diversas etapas de mi jornada, en realidad no entendía qué estaba pasando, no me entendía ni yo misma. Quería una cosa, y después otra, pero al final solamente me encontraba en el mismo lugar, sola, sin comprender nada y con ganas de salir corriendo.

Por eso, si no hubiera tocado fondo nunca me hubiera dado cuenta de que tenía dos opciones: o me daba a la negación de lo que estaba viviendo y le echaba la culpa a quien fuera de mi situación, que era lo mas fácil y lo que hace la mayoría de la gente; o me enfrentaba a mí misma y me hacía cargo de mi vida.

Con mi vida en mis propias manos

Al responsabilizarme de mí misma y aceptar mi lugar en el mundo, finalmente estaba lista para realmente encontrarme y caminar en una nueva senda. Fue entonces que comenzó mi recuperación.

En realidad, el volverme responsable de mí misma fue retomar el camino para el que fui hecha, o sea, ser una persona entera e íntegra, principalmente conmigo misma y entonces me volví capaz de decirle "no" al sufrimiento, al autocastigo y a la autocompasión. Ese es para mí, el verdadero significado de alcanzar la gloria.

Para mí ha sido invaluable el paladear cada acto consciente, positivo y correcto que sale de mí misma. Me ha permitido ver los frutos de éxito que he obtenido al no recaer en lo aprendido durante años, en lo heredado de mi familia, de la sociedad y la religión, y así apostarlo todo al decidir por lo nuevo, por reconstruirme, por rescatarme y darme la oportunidad de una nueva forma de vida. No ha sido fácil, nadie lo ha dicho, pero no es imposible. Intentándolo fue que pude paladear la gloria; pero no la que da el dinero, ni la posición social, ni un apellido, ni un proyecto de trabajo; sino la que da la plenitud de mi propia persona, el que me busquen por quién soy y no por lo que tengo. Que me oigan con respeto y tomen mis palabras como sabiduría de vida; eso, para mí, es la gloria, ese es el éxito, esa es la verdadera libertad.

¿Cuántas veces no manoseamos la palabra "libertad", sin conocer en realidad su verdadero significado? En la historia mundial la palabra "libertad" siempre ha estado atada a la idea de la esclavitud, el cautiverio, el sometimiento, la opresión, la tiranía y el abuso. ¿Cuántas familias tienen como núcleo central alguna de estas actitudes? ¿Cuántas no sufren por la tiranía y abuso de un ser de la familia que tiene sometido al resto? ¿En qué momento entró la cobardía en el hombre que no puede pelear o defender su "territorio personal"? ¿Cuántos han crecido así y han reproducido lo mismo con sus generaciones?

Dios nos hizo con la libertad de escoger, es nuestro libre albedrío el que se ha esclavizado de formas diversas. ¿Cuántas veces no se hace lo que otros desean con el único fin de ser aceptados? ¿Cuántos dejan de defender sus propios ideales por temor a ser ridiculizados? ¿Cuántos tienen una existencia gris por no luchar por el respeto a sus pensamientos, ideologías y criterios? ¿En qué momento se perdió la libertad eterna y divina? Yo no lo sé, pero sí sé que se puede recuperar. Y sé que uno puede defender sus ideales, aún cuando en el proceso haya dolor, tirantez, burlas o desprecio. Yo lo viví y sé que se puede lograr y es que la libertad es uno de los más grandes tesoros que he ganado a lo largo de mi transitar por este mundo. Yo pude liberarme de la codependencia de mi madre, liberarme del temor a independizarme, pude romper con mis obsesiones y mis manías, con el ritmo loco de trabajo que era un velo que me impedía gozar realmente de mi vida, el dejar mi patria convirtiéndome en una emigrante que no me permite ser ni de aquí, ni de allá, aunque en mi corazón llevo el águila nacional de mi bandera a donde quiera que yo vaya. Gracias a estas luchas encontré el espacio para replantear mi vida por medio de una introspección que me guió, como lámpara en la obscuridad, hacia la luz de la libertad.

Rompiendo las cadenas

La libertad no se debe confundir con el libertinaje, porque al final esto último es una trampa mortal para caer preso de otras circunstancias. La libertad no daña a nadie cuando se trata de ser un individuo completo. Al descubrir este caudal de sabiduría, aprendí a respetar los pensamientos de otros, aprendí que si no coinciden con mi idea no significa que estén equivocados, simplemente esto confirma que somos únicos y nadie es igual a otro; cada uno de nosotros es único e irrepetible. La libertad me permite conocer lo mejor de mí misma y el potencial que hay en mi interior. Hoy entiendo perfectamente la frase que Benito Juárez, ex presidente de México y benemérito de las Américas, lanzó al infinito: "El respeto al derecho ajeno, es la paz". Respetando los ideales de nuestro prójimo, sin burlarnos, sin menospreciarlos, sin boicotearlos… entonces aprenderemos lo que es la paz, y la libertad de expresarnos sin dañar a terceros.

En nuestras manos está encontrar el camino hacia la libertad que todos añoramos. En esta búsqueda no hay nadie más importante que nosotros mismos, y esa máxima debe imperar en nuestro ser, pues si no nos amamos, es imposible que podamos amar; si no nos respetamos, es imposible que podamos respetar; si no somos libres, es porque no hemos permitido que otros sean libres. No es una tarea fácil, pero es que lo mejor de la vida cuesta trabajo conseguirlo.

Con la libertad en mano, encontré finalmente el camino al amor. El amor más importante siendo el amor por nosotros mismos, pues jamás seremos capaces de amar a otra persona si no nos amamos antes a nosotros mismos. Reforzando esa columna vertebral de amor y de autoestima, pude hacer que mi vida irradie bienestar, amor y gozo a los que me rodean, alumbrando mis días y enriqueciendo mis relaciones. Ese amor también llega a los seres que están sin estar, como mi padre, mi madre y el Rebelde; imágenes que se mezclan con los que siguen aquí como mi esposo, mis hermanas, mis amigos y todos aquellos que de alguna manera han tenido un lugar en mi vida. Así también, el amor se extiende para aquellos que me han lastimado, que han tendido trampas en mi camino o que han deseado un mal para mí; con el solo hecho de imaginar a estas personas cubriéndolas con un manto de amor y bienestar, logro contrarrestar esos sentimientos adversos. El amor es algo que no se ve pero se siente. Es como el aire, no lo ves pero lo adviertes en tu rostro, en tu cabello cuando lo agita, a veces lo oyes pasar y reconoces su silbido... pero lo más importante es que sin el aire no podrías estar vivo. El amor es el eje de la vida, existe mas allá del entendimiento, es entregarse sin pedir nada a cambio, es la rueda de la felicidad y la alegría, es el desear que la otra persona sea feliz, aun a costa de la propia felicidad. ¿Quién podría amar así, sin condición alguna? El único ejemplo que tengo es el de Dios mismo, que por amor a nosotros, entregó a Su hijo para salvarnos.

Pero esa esencia divina se encuentra en cada poro de mi ser; es la que me permite seguir con una meta, con una ilusión, con un rumbo específico. Sé que por amor soy capaz de hacer cosas que podrían parecer locuras, pero en realidad es la manera de dar, mostrar y entregar parte de mi sustancia.

Amor verdadero

De la misma manera en que debemos dar y compartir el amor, debemos a su vez estar receptivos y abiertos sin ninguna expectativa, para recibir lo que el amor tenga para darnos. En realidad la mayoría de las veces nos quedamos cortos en lo que esperamos de él pues una vez que lo encontramos nos sorprende descubrir que su perfección y su intensidad van más allá de nuestra imaginación.

Cuando yo anhelé encontrar al amor de mi vida, yo ya sabía en mi corazón que lo deseaba y amaba aún sin conocerlo. Yo sabía muy adentro de mí que en alguna parte se encontraba la persona con la que compartiría mi existir. Fue al tenerlo frente a mí, al conocerlo, al convivir con él que me di cuenta de que el amor no es un sentimiento inamovible, que aparece encarnado en una persona; es más bien una energía que fluye, que se transforma y para tenerlo por siempre, debemos trabajar en su cuidado.

Nadie nunca me enseñó cómo se debe hacer para mantener esa llama viva; pero mi anhelo y el deseo ferviente de que no fuera pasajero, permitió que comenzara a trabajar en un proyecto de vida en común. Un diseño en donde debe de haber un equilibrio entre la aceptación, la tolerancia, el deseo, la complicidad, la amistad, la intimidad, el respeto y, sobre todo, la unión. Todos estos elementos son necesarios para que el amor sea firme, seguro y perdurable. Es un trabajo de todos los días, voy construyendo mi hogar diariamente con una sonrisa, con un mimo, con una caricia, una palabra amable de ánimo, con un detalle, no importando si es grande o pequeño, una flor, una nota, un mensaje…

Cualquier cosa que me permita estar cerca de mi esposo a quien amo.

Difícil, ¡sí! Porque en varias ocasiones tienes que ceder y complacer, pero recibiendo posteriormente la cosecha de lo que sembraste. Si siembras con escasez, con escasez recogerás; si siembras abundantemente, abundantemente segarás. Hay que sembrar esos detalles en el corazón de tus amigos, de tus compañeros de trabajo, de la persona que amas, de los afectos que se desarrollan con el trato cotidiano en tu hogar, en tu área laboral, en la escuela y en tu entorno. De esta manera, cada día durante todos estos años, he aprendido lecciones maravillosas sobre la convivencia, la tolerancia y la aceptación.

Además de la familia de sangre con la que nací, tengo también la bendición de la familia que elegí. ¿Cómo no ser feliz? La armonía que impera en mi hogar es el resultado diario de un trabajo laborioso que se corona con algo que no se compra, ni se roba… el AMOR.

Pero así como la vida es capaz de darnos el maravilloso regalo del amor, esa fuerza que todo lo envuelve y todo lo abarca, también tiene la habilidad de entregarnos momentos de extrema oscuridad. Son aquellos momentos en los que uno se encuentra en lo más bajo, donde descubres tu esencia más profunda, tu realidad más cruda. Son los sucesos que un día te caen encima y te aplastan, lo que te llega cuando menos te lo esperas. Es en momentos así que mi verdadero "yo" emerge, sin control, sin que pueda hacer nada por detener esa avalancha de emociones, sentimientos, pensamientos, actitudes, acciones y palabras que salen de mis profundidades. Son por lo general sucesos que cristalizan lo más doloroso para el ser humano, como un pleito, un robo, una muerte, un accidente y, en nuestro caso, un secuestro. Eventos que marcan de por vida el alma. Hay un dicho que dice: "Lo que no te mata, te fortalece" y, efectivamente, una experiencia así te puede aniquilar o te permite sacar esa fuerza poderosa con la cual venimos a este mundo todos los seres humanos. El punto es descubrirla. En mi caso, es una fuerza que me permite ponerme de pie nuevamente, realizar una evaluación de lo sucedido y meditar. En lugar de preguntarme, ¿por qué paso esto?, me pregunto: ¿Para qué sucedió esto? ¿Cuál es la lección que debo aprender? ¿Cómo puedo utilizarla para enriquecerme?

El poder del perdón

De los hermosos dones que más atesoro en los momentos en los que no entiendo el por qué me suceden ciertas cosas es, sin duda alguna, el perdón. Sin el perdón no hay nada, no sucede nada que mueva la carga tan pesada que en ese momento se coloca sobre mi ser, el suceso inesperado que viene repleto de una gran incertidumbre y una imponencia que me inmoviliza, paralizando mi entorno, mi vida y mi tiempo.

Es de valientes perdonar. Sé que solo lo puedo hacer si mi corazón es sincero y noble. He aprendido en el transcurso de la vida que sólo el perdón libera, restaura, da fortaleza y sobre todo sana el alma. Pero perdonar también es difícil. Con cuántos pensamientos, sentimientos y emociones tiene uno que luchar, y todo está en nuestra mente. Ahí se desarrollan mis luchas personales, aquellas que me devastan, me aniquilan o me deprimen, llevándome a un estado tal que en ocasiones no quiero ni levantarme de la cama. Pero qué hermoso es ver la luz en ese mar oscuro de conflictos internos, esa luz que promete salvación, seguridad y vida; y cuando me aferro a ella, entonces entro segura al camino de la victoria. Reconocer que soy debil, que las cosas con las que no puedo no me hacen frágil sino que al contrario, me dan una fortaleza desconocida que me levantará del campo a pelear una gran batalla. Entonces descubro que soy grandemente recompensada cuando ejecuto el último golpe con el arma del perdón. Y para poder perdonar a quienes me rodean, lo primero que debo hacer es perdonarme a mí misma.

El pasado ya no se puede recuperar, no se puede dar marcha atrás de lo que he hecho o he dicho. Lo que sí se puede es comenzar ahora, y lo primero es dejar de ser mi propio verdugo, mi más severo juez. Debo comenzar por perdonarme a mí misma y a partir de ese momento, dedicarme a construir, a trazar líneas de aceptación y comprensión. He aprendido a que debo dejar de ponerme el pie para caerme, y comenzar nuevamente con la seguridad del nuevo sendero que tengo por delante para descubrir.

El perdón me ha traído cordura, libertad y la restauración de mi ser. Paso a paso he descubierto lo que el perdón tiene para mí, cómo me da la oportunidad de renacer, de resurgir a nuevos horizontes, grandes ideas que me pueden traer un concepto de vida fresco y original; pensar que nacer, crecer, reproducirse y morir no es el único propósito de esta vida; la vida es algo más.

Nueva vida

Después de tantas experiencias, momentos y vivencias dolorosos, difíciles de asimilar y de aceptar, no me ha quedado otra opción que reinventarme, salir, recuperarme y renacer. Cuántas veces sea necesario, busco renacer; porque cada enfrentamiento que tengo, cada momento de lucha que no me mata me permite reincorporarme y renacer con una nueva expectativa, con una nueva meta, con un nuevo objetivo.

Uno de esos momentos en los que yo ya no quería seguir, pero una fuerza interna me impulsó a continuar, fue cuando me costó tanto trabajo quedar embarazada. El hecho de tratar una y otra vez, lo doloroso de creer que por fin había concebido, y después, la desilusión de descubrir que no. Aquellos que han pasado por ese momento, podrán entender lo devastado que estaba mi corazón; lloraba y gritaba en silencio implorando que me fuera concedido un hijo. Cuántos años en dolorosa búsqueda, hasta que un día fui oída y llegó mi pequeñita. Qué alegría reinó en todo mi ser, con ella se completó la felicidad en nuestro hogar.

No ha pasado un solo día en que no aprenda de la mano de mi hijita. Con ella redescubro el mundo, veo con sus ojos y me asomo a ese mundo infantil que para mí ya estaba tan lejano; por momentos, mi niña interior juega con ella. He descubierto facetas de mi ser que no conocía, como el hecho de escribir historias basadas en sus objetos personales para que ella entienda qué le está pasando y por qué es necesario que viva en sus escasos añitos momentos dolorosos, como el decirle adiós a su chupón; y lo maravilloso es que ella lo acepta con mucha valentía, no sin dejar escapar una que otra lágrima de despedida. Qué bellos son los niños y qué manera tan clara, transparente y directa de ver la vida. A menudo me pregunto, ¿cuándo dejé de ver la vida de esa manera? Conforme fui creciendo me fui complicando la existencia, no sé si como una manera de defensa, o para no dar mayores explicaciones de mis actos. Lo cierto es que dejé lo sencillo por lo complicado sin darme cuenta de que en realidad lo único que estaba haciendo era perder el tiempo. Cuando me quité las cadenas invisibles que me fui poniendo a lo largo del camino, pude disfrutar de momentos maravillosos, complacerme de las cosas comunes que veo a diario, como la luz del sol, el canto de un ave, una florecita dándose paso entre los bloques de cemento, un arco iris después de la lluvia; tantas cosas hermosas que se nos cruzan en el camino, dándome cuenta de que estoy viva y de que cada día nos da la oportunidad de empezar de nuevo y renacer en una vida llena de amor y libertad.

Después de haber vivido la experiencia tan increíble que fue traer al mundo a mi hijita, la vida me lanzó el reto de tener que pasar por una larga enfermedad en donde vi cómo mi cuerpo se debilitaba, mis músculos se acababan, mi rostro reflejaba los perfiles de una agonía larga, dolorosa y con rasgos mortecinos. No fue tarea fácil. Hubo momentos en los que me sentía entre la vida y la muerte, así como momentos en los que me rehusaba a tomar cincuenta medicamentos diarios y a que me inyectaran penicilina casi todos los días durante cerca de dos años. Ya no tenía un lugar en mi cuerpo donde entrara la jeringa, ni tenía fuerzas para sostenerme sobre mis piernas. Veía el deterioro día a día, y entré en una desesperación depresiva en donde solo deseaba dormir para siempre… una sensación de decaimiento y tristeza indescriptibles.

Salir de este estado fue uno de los retos más gigantescos a los que me he enfrentado. Solo el estar sostenida de la mano de Dios y el amor de mi gente, lograron que poco a poco me fuera restableciendo.

El poder de la fe

Siempre había oído hablar de la fe, desde que era pequeña, pero la verdad era que no sabía cómo obtenerla, cómo agarrarme de ella para salir de un estado tan deplorable como en el que me encontraba. ¿Quién podía asegurarme que ya no sentiría ese dolor que invadía todo mi cuerpo, mis ojos, mi cerebro, mis articulaciones, mis brazos y piernas, hasta el cabello me dolía, sin contar el dolor del alma? Pero la sabiduría divina siempre tiene sus propósitos, y fue hasta que oí llorar a mi bebé y logré llegar a su cuarto, cuando al verla sentí que ella se merecía tener una mamá completa, llena de vida, de vigor, fue ahí donde decidí hacer todo lo que tenía que hacer para salir del estado en el que me encontraba. Aprendí que la vida está llena de decisiones, y ese día decidí por ella y por mí. Tenía que recuperarme, tenía que aprender a controlar el dolor hasta hacerlo casi nulo. Tenía que esforzarme por rehabilitar mis miembros enflaquecidos y adoloridos, empecé a recuperarme, comencé el ascenso a la cuesta. Qué duro, qué difícil, pero no imposible, día tras día, semana tras semana, mes tras mes, mi condición comenzó a mejorar. Los doctores veían mis esfuerzos, los cuales fueron dando frutos, y a medida que me hacía más fuerte se iban eliminando los medicamentos de la lista, hasta que prácticamente los dejé casi todos.

A casi cuatro años de ese momento en el cuarto de mi hija, hoy puedo asegurar que si tienes fe en lo que te propones, aun cuando no veas los resultados inmediatos, tú puedes lograr lo que decides en tu corazón. Estoy en los últimos meses de embarazo de mi segundo bebé, y para cuando este libro salga, mientras tú lo tengas en tus manos y lo estés leyendo, yo tendré a mi pequeñito entre mis brazos.

Rumbo al futuro

Par mí, una de las cosas más importantes en la vida ha sido aprender a decidir y poner la fe en acción, sin quitar los ojos de mi meta. Sé que si no me pongo en movimiento y me acciono para enfrentar la vida con seguridad y con confianza, nadie más lo hará por mí. Tomar acción es la esencia que me mueva a través de la vida, para que no se quede estancada. Nada es imposible cuando se pone en marcha la acción y la fe, pues no debemos olvidar que ¡la fe mueve montañas! Y desde la cima de esas montañas puedo vislumbrar el destello que, como el amanecer, marca la llegada del futuro que traerá consigo mis sueños cristalizados.

Hablar del futuro siempre es algo incierto porque en realidad proyectamos sobre algo que no ha llegado; es algo intangible. Por supuesto que el futuro está en mis proyectos, en mis metas, en una visión y una misión que tengo que construir para obtener los resultados esperados. Pero independientemente de que ese futuro sea cercano o lejano, en realidad sólo lo puedo vivir en mi mente y en mi imaginación y si me aferro demasiado a él, pierdo un valiosísimo momento como es el vivir mi aquí y mi ahora.

Cuando se cristalizó uno de mis más grandes proyectos, el disco grabado en vivo de *Primera fila,* lo hice pensando en mí, en mi experiencia de vida, en mi esencia más profunda. Por primera vez quería mostrarle al público quién soy yo hoy día, sin importar si iba a ser un éxito o no; solo quería revelarme en toda mi plenitud como la mujer, el ser humano que descubrí en toda la magnitud de mi madurez espiritual e intelectual. Este disco es un CD y un DVD que incluye un documental que cuenta todo el proceso de mi evolución y de lo que me ha llevado a ser la persona que soy hoy día. Ha sido el reto artístico más importante y apasionante de mi carrera: atreverme a salir al escenario con casi nada de maquillaje, con el cabello recogido, con los jeans rotos, los mismos con los que me tiro al piso a jugar con mi hija, y mis zapatos tenis que conservo desde mis dieciocho años. Me permitió enfocarme totalmente en la esencia de cada canción, en proyectar en mi voz la emoción de cada historia y sin distracciones de bailarines, explosiones de confeti y efectos especiales; entregarme de una forma nueva a mi público. Fue un proyecto más relajado, y me sinceró, desde un ángulo más vulnerable a todo lo que he venido haciendo durante toda mi trayectoria, y debido a esta catarsis tan positiva, frente a los ojos de mi gente, ha sido uno de los discos más exitosos de toda mi carrera. Este proyecto fue un cambio renovador para mí, abriendo un sinfín de posibilidades, una de ellas este libro que tienes en tus manos, en donde descubrí el placer de poder compartir en papel cosas que se pueden tornar en ideas positivas para aquel que las lea.

Atreverse a soñar

Cada persona tiene un don, pero muchos no lo ven por las circunstancia en las que se encuentran. Ninguna persona fue hecha para estar atrapada, deprimida o vacía. Cuando esos sentimientos aparecen en mi mente, he aprendido que tengo que preguntarme, ¿cuál es el propósito de lo que estoy viviendo? Porque todo tiene un propósito, todo lo que vivimos forma parte de un todo. Si yo no hubiera vivido la muerte de mis seres amados, si no hubiera experimentado el dolor de niña, si no hubiera probado el éxito y sus locuras, la fama y su soledad, la gloria y su espejismo; si no hubiera llorado por el amor, por el dolor de no poderme embarazar, por una enfermedad tan devastadora como el Lyme; si no hubiera tocado fondo, si no me hubiera estrellado como lo hice en diferentes ocasiones… nunca hubiera conocido el gran potencial humano que hay dentro de mí.

Si no hubiera pasado por todo lo que he vivido, nunca hubiera descubierto que soy la persona amorosa, práctica, curiosa, tesonera y perseverante que soy. Hay personas que son parte de la vida, y hay personas que son la vida misma; y yo siempre lucho por formar parte del segundo grupo. Ser pura vida, energía, fuerza, vigor, fortaleza, espíritu, aliento, ser todo esto en cada átomo de mi ser.

La constante en mi vida siempre ha sido Dios. Con Él de la mano soy una sobreviviente, plena y llena de vida. Yo estoy en un constante cambio, mi vida está en una constante evolución. Tengo el poder de decidir lo que quiero hacer de mi vida, hasta dónde quiero llegar y qué quiero lograr. Estoy llena de deseos y necesidades, pero muchas veces no tienen nada que ver con las realidades de mi entorno. Es por eso que debo ser capat de saber quién soy y hasta dónde puedo llegar sin violentar la libertad de otro; no tomarme los comentarios ni las actitudes de otras personas como algo personal, simplemente esos individuos se están proyectando desde un lugar de dolor y de inseguridad localizado muy adentro de ellos, y por eso sé que no los debo tomar como algo personal… nada es personal.

Los momentos de ruptura, de luto, de enfermedad, de dejar mi patria y emigrar a un país nuevo, ahora los veo como mis pilares. Estas experiencias son las que me han hecho mucho más fuerte y sabia. Son las experiencias que me han hecho la persona que soy. Siento que he vivido muchas vidas, pero de todas ellas, hoy surge una persona completa, llena, plena y muy fortalecida.

Es en este momento en el que siento que empiezo a vivir de nuevo, comienza una nueva vida para mí, arrancando de cero; como un libro en blanco abierto, para escribir en él una nueva historia, teniendo ya el principio de un nuevo índice con nuevos capítulos llenos de ilusión y proyectos emocionantes. En ellos contemplo el seguir mis amoríos con la música, descubriendo nuevas canciones que cobren vida en los labios de tanta gente tan magnífica que me ha acompañado en este andar. Así como el caer enamorada por ese personaje o esa historia que me regrese al mágico mundo de la actuación. En ese índice veo también mil y un proyectos que me permitan desarrollar mi creatividad y mi gusto de compartir la vida con los demás, ya sea un proyecto empresarial o un próximo libro, o alguna nueva aventura que ni siquiera yo haya podido imaginar. Personalmente quiero seguir disfrutando del inigualable regalo de la salud atesorando una vida sana y conquistando cada vez nuevos horizontes; uno de ellos es cruzar a pie el Cañón del Colorado, escalar alguna de las montañas más altas y dejar mi bandera en ella o embarcarme en un velero rumbo al horizonte de la felicidad. Seguir creciendo día a día de la mano de mi familia, descubriéndonos, amándonos, cuidándonos. Apostar por nuevas amistades, por gente interesante de la cual yo pueda aprender y ver la vida desde otra perspectiva; además de buscarme nuevos *hobbies,* como la fotografía, la pintura, la escultura; y seguir descubriendo nuevos dones escondidos dentro de mí.

Cada vida tiene su propia historia, y estoy segura de que los momentos más duros de mi vida tienen un propósito muy claro. Pueden ser muy dolorosos, o que no me permitan levantarme de la caída durante un tiempo, pero estoy convencida de que todo se puede pues somos seres trascendentes y magníficos, adornados con grandes dones que solo hay que buscar para descubrirlos. He aprendido que si me caigo me debo levantar y sacudirme el polvo para seguir mi camino. Soy un ser libre y formo parte del todo. Tengo un propósito aquí en esta Tierra y con ese propósito podré llenar de luz a todos los que me rodean. ¡Estoy llamada para ser la vida misma!

Hoy, siento que mi vida está llena de luz, libertad y plenitud. Mi alma desborda de eternidad.

En mí está mi presente, mi hoy… mi momento.

Nada ni nadie me los arrebatará, y viviré la vida haciéndome CADA DÍA MÁS FUERTES.

EPÍLOGO

Nunca pensé, ni proyecté, este libro con un epílogo, y mucho menos de esta índole. Pero como la vida siempre está llena de situaciones y sorpresas inesperadas, heme aquí tratando de verle el lado positivo a esta nueva lección de vida.

La mañana del 27 de mayo de 2011, me levanté y extrañamente en mi casa reinaba el silencio. Habitualmente todos los días me despiertan los cánticos y las risas de mi hija Sabrina. Me arreglé y baje a la cocina, intrigada por la atmósfera que imperaba en mi hogar. Evidentemente, yo no sabía qué pasaba y Tommy había arreglado todo de manera que Sabrina se encontraba en el parque en compañía de sus amiguitos. Sorpresivamente vi que en la sala se encontraba mi doctor de cabecera, y acercándome a él le pregunté: "¿Y tú qué haces aquí? Ven siéntate… ¿qué te puedo ofrecer? ¿Quieres un café?". Ya para entonces Tommy venía caminando rápidamente a mi encuentro, con una cara inusual en él.

—*Baby*, ven… Siéntate aquí conmigo en la sala.

Algo sentí, y de inmediato pregunté:

—¿Qué pasa?

—*Baby*… me llamó tu hermana Fede… tu mamá se cayó… —en ese momento sentí que el corazón se me salía por la boca y el estómago se me encogía.

—¿Qué pasó? —salieron las palabras casi como un grito suplicante—: Dime, ¿qué pasó?

—*Baby*… tu mamá se murió.

Esas palabras quedaron flotando en el ambiente, mientras yo corría y gritaba:

—No, No, No, No… es mentira, no es cierto, no, no, no… eso no es verdad —corrí al teléfono y lo confirmé llamando a su casa, esperando oír su voz, mas del otro lado de la línea fueron mis hermanas con sus llantos quienes me confirmaron lo sucedido, dando entrada a la peor pesadilla que jamás pensé tener.

Grité, corrí, me hinqué… aullé como animal… supliqué… golpée; mientras todos en mi casa me abrazaban y lloraban conmigo, me metieron a la fuerza un tranquilizante con la finalidad de calmarme y así no afectar al bebé que estaba por llegar en tres o cuatro semanas. Mi madre se había ido de mi casa hacía apenas dos días y jamás regresaría… jamás.

En ese instante empezó la más grande de todas las lecciones que hasta este momento me ha mandado el Señor. Fueron horas de agonía interminable entre que recibí la noticia y llegué al lado de mi madre, que se encontraba en la ciudad de México. El viaje desde que dejé Nueva York fue claustrofóbico y eterno; aunado a que desde la salida al aeropuerto, ya de camino a la funeraria, se sumaron más minutos interminables porque los autos y camionetas de prensa encajonaron el vehículo en el cual veníamos mi esposo y yo, para sacarnos cuanta foto quisieron, llevándonos a una velocidad de 10 kilómetros por hora, cuando yo lo único que quería era volar para estar al lado de mi madre.

Todavía al llegar al lugar, tenía la esperanza de que fuera mentira, una broma de mal gusto, pero al entrar y ver a mis hermanas abrazadas frente al féretro de mi madre, se me doblaron las piernas pues confirmé la desgarradora realidad.

Era cierto… mi madre había partido.

Mis hermanas y yo nos abrazamos con esa fuerza que sale del dolor más intenso, haciéndonos una en ese momento de absurdo dolor.

Solamente nos mirábamos a los ojos y nos decíamos:

—Hermanita… hermanita… mi mamá…

Este fue el inicio de una gran lección que solamente de esta manera pudimos aprender. Estábamos reunidas con un lazo más fuerte de hermandad, con nuestras diferencias y nuestras formas distintas de pensamiento, pero con el sentimiento de que nos teníamos las unas a las otras, por primera vez, desde un lugar de sinceridad y amor profundo.

En las horas en las que velamos a mi madre, cada una con sus respectivas familias eligió despedirla de acuerdo a su propia creencia y necesidad de expresión.

Mi hermana Federica, acompañada de la orquesta de su congregación cristiana, levantó himnos para adorar a Dios por su amor, grandeza y sabiduría; ya que mi madre había recibido al Señor en su corazón y se había bautizado bajo la fe cristiana.

Mi hermana Laura ofreció una misa Católica, de cuerpo presente.

Mi hermana Ernestina decidió cumplir con la última voluntad de mi mamá para con ella: "Mi'jita, Mauricio", les dijo mi mamá a Titi y a su futuro esposo un día antes, "en las bodas siempre ocurre algo. Pase lo que pase, prométanme que los dos seguirán adelante". Y eso fue lo que hicieron; ellos le habían prometido a nuestra madre seguir adelante y se lo cumplieron, enfrente de sus restos mortales. Dentro de todo nuestro dolor, Titi y Mauricio se casaron… nosotras apoyamos su decisión y supimos que El Amor había triunfado sobre la muerte. Titi me dijo: "Thalita, hoy mi mamá me iba a vestir de blanco para mi boda, y acabé siendo yo quien la vistió de blanco para su unión con Dios".

Y yo, al final, pedí unos mariachis vestidos de blanco y oro para que interpretaran las canciones que tanto le gustaban a mi madre, para que rompieran con su música, la densidad del momento.

Mi mamá siempre se salía con la suya, y esta no fue la excepción: en innumerables ocasiones le dijo a Titi que le mandara la invitación de su boda a Laura, nuestra hermana mayor, para unir a la familia. Y por otro lado a mí me decía que fuera a la boda de Titi, a lo cual le respondía que por indicaciones de los médicos y estando a casi cuatro semanas de mi alumbramiento era prácticamente imposible.

Sin embargo, ahí estuvimos todas, mi hermana Laura presente en la boda de Titi y yo poniendo a un lado el riesgo, firmaba de testigo. Todo esto ocurrió frente a mi madre, que, estoy segura, se encontraba plena de felicidad al vernos reunidas como ella tanto lo anhelaba.

Días antes de su partida, sus palabras fueron como un presagio. Fidel, quien ha trabajado por mas de 14 años cuidando la casa de mi madre, al ir por ella al aeropuerto cuando regresaba de visitarme en Nueva York, me contó que ella le comentó: "Fidelito, ya llegué para la boda de Titinita, y me regreso a Nueva York el martes". Y así fue, el martes se regresó. Fue transportada en su caja a Nueva York pero como los papeles no estaban listos por ser el fin de semana feriado tuvo que salir en un vuelo diferente al que tenía planeado. La línea aérea que la transportó cambió todo de tal manera que mi madre no tuviera que esperar en el aeropuerto otro día más. Sus restos mortales viajaron el martes, y así llegó a esta ciudad de Estados Unidos como lo había planeado. Además llegó en los días del Memorial Day, "Día de los Veteranos" que si es un día de celebración en el que se festeja la vida y obra de los veteranos de las guerras. No podía ser de otra forma pues ella era toda una GUERRERA.

Y sus palabras siempre fueron tan atinadas. Hasta sus últimas horas, sin saberlo, ella pronunció, lo que iba a suceder.

Gude, quien también llevaba años trabajando a su servicio, la escuchó decir "Mañana no me levantes, mañana es día de descanso... mañana todo el día es de descanso".

Un último deseo tuvo nuestra madre, y para cumplir su voluntad tuvimos que viajar a Nueva York. Muchas veces expresó que si moría, quería que la trajeran a esta parte de Estados Unidos donde disfrutaba con las diferentes estaciones del año, amaba las flores, el aire, las hojas cambiando de color, el polen volando, los pajaritos... sus ardillas albinas y sus bellos venados.

Todas viajamos para acompañarla: mi abuela, mis hermanas Laura, su primogénita, Federica, Gabriela, Ernestina y yo, su bebé; y, en representación de todos sus nietos: Quetzalcoatl Xavier, su primer nieto, y Teodoro.

Llegó al lugar que ella quería, al lugar donde pertenecía, de donde era. La despedimos con una ceremonia cristiana, ofrecida por mí y acompañada de un dueto de cuerdas que interpretaba a Bach, Vivaldi y Mozart. Estaba toda cubierta de rosas blancas y rosadas, que tanto le gustaban.

Así despedimos a mi madre, hasta el momento de que depositaron sus restos dentro de la cripta. Las cinco unidas, tomadas de las manos, abrazadas, respetando el dolor que había entre nosotras.

No había quejas, no había palabras, solo unidad a través del dolor, envueltas en amor, un amor de hermanas que siempre ha estado ahí y que ha surgido con tal fuerza que nos envuelve haciéndonos una y conservando nuestra individualidad. Como los dedos de una manos, son cinco independientes, diferentes, unidos por la palma, indisolubles, inseparables, sintiendo el poder que tiene un puño cerrado.

Así como sabemos que no vamos a volver a ver a nuestra madre en este plano, que no vamos a sentir el calor de sus manos, que no vamos a escuchar su voz, su risa, sus consejos, sus bromas y sus deseos inmensos por vivir con la intensidad de todos los huracanes, de todos los mares, de todas las tierras, de todos los bosques; así mismo, sabemos que la encontraremos, nos volveremos a ver y sabremos el por qué y el para qué de esta partida tan sorpresiva que nos ha dejado anhelantes de su esencia.

Dios forja nuestras vidas de manera inexplicable en momentos como estos, y algunas personas pueden enojarse con Él, reclamándole el por qué, diciéndole, "no entiendo Dios tu sentido del humor", "No comprendo tu mensaje, tu enseñaza, ¿qué es lo que tengo que aprender?". En mi caso, después de haberle hablado así, tuve una luz de entendimiento al darme cuenta de Su plan. Entendí, desde otra perspectiva, fuera de mi dolor, que conociendo el día en que cada uno de nosotros va a morir, Él diseñó un plan perfecto. Puso vida dentro de mí para que me diera la fuerza de no dejarme morir por el amor tan grande que le profeso a mi madre. Puso un hombre en el camino de Titi para sostenerla, ya que ella fue preparada y diseñada para asistir a mi madre en el momento de su muerte. Armó a Gabi con una serie de herramientas para que este momento lo enfrentara con toda su valentía y sabiduría, y le permitió disfrutar de una manera hermosa a mi madre. Puso al lado de Laura un hombre lleno de positivismo con el cual ha trabajado fuertemente en su restauración y fortaleza espiritual; y a Fede la ha hecho partícipe de su inmenso amor y presencia asegurando en su ser interior la certeza de saber que mi madre fue llamada a la Presencia de Dios y que un día la volveremos a ver.

Alguien que es bien recordado nunca muere. Mi mamá vive en el cielo, pero también vive aquí con nosotros a través de sus recuerdos y de sus historias contadas por aquellos que la aman y que la conocieron, vivirá en mí, en mi familia, en sus nietos y bisnietos, en sus amigos; que fomentaremos su vida celebrándola al recordar sus anécdotas, sus momentos divertidos, esas tardes de risas, su brillantez, su templanza, su sentido del humor, su vitalidad y su fortaleza para levantarse una y otra vez, ante cualquier adversidad, saliendo airosa, triunfante y cada día mas fuerte.

Este ejemplo de vida, así como de muchos otros que se nos han adelantado, nos puede servir para replantearnos un nuevo camino que nos permita disfrutar al máximo de las cosas más simples de la vida; de las personas que por el simple hecho de tenerlas al lado diariamente se nos olvida que en cualquier momento la cotidianidad puede ser alterada, ya que la vida es tan frágil y se escapa en un suspiro.

Amemos intensamente, sin miedo a decirlo. Si quieres demostrar tu amor a través de un abrazo, no te limites, ¡¡¡házlo!!! No te quedes con las ganas, si quieres besar a alguien, ¡adelante! Que fluya tu sentimiento; si quieres mirar a los ojos a esa otra persona por minutos eternos, mírala; habla sin palabras a través de tu mirada con tu corazón. Permítete detenerte para oler las flores, cierra los ojos y siente el calor del sol en cada poro de tu piel; corre bajo la lluvia, ríe y goza intensamente, no te afanes por cosas que al final de cuentas no tendrán sentido.

Si en tu corazón guardas algún dolor, algún resentimiento,

libérate perdonando. No vale la pena tanta carga, tanto dolor acumulado, si al final de todo nunca sabremos el tiempo que nos queda para ponernos a cuentas y obtener la paz; el reloj de nuestra vida no para. El único que sabe en qué momento se detendrá es Dios; así que, sé libre, sé tú; sé valiente al no quedarte con ganas de NADA, vive la vida plenamente; disfruta a los tuyos como si fuera el último día que los vas a ver. No dejes nada para mañana, porque el mañana quién sabe si llegue; haz algo sorprendente y divertido cada día; deja la culpabilidad en el pasado; comienza a construir sobre el amor viviendo un día a la vez, y sobre todas las cosas agárrate de la mano de Dios y disfruta en todo su potencial de esta aventura llamada… ¡¡¡VIDA!!!

· AGRADECIMIENTOS ·

Amis dos familias… A mi familia de sangre, con la que nací:

A mi madre que siempre ha estado y estará a mi lado para todo en esta vida.

Y a mis hermanas, sus hijos y la abuela, quienes comparten la alegría de la vida conmigo.

Y a la familia que elegí y formé con todo el amor y la conciencia:

A mi Tommy que ha sido pilar fundamental en todas las circunstancias que he enfrentado desde el momento que decidí caminar con él.

A mi hija Sabrina que cada día me recuerda algo olvidado de mi infancia y que con su sonrisa ilumina cada día de mi vida.

A mi precioso hijo o hija que crece en mi vientre, y que para que cuando salga este libro a la luz, él o ella, estará en mis brazos dándome una nueva razón para luchar por cristalizar mis sueños.

A mi familia extendida, o sea, a mis F.A.N.S. (familia, amigos, niños, soñadores) que han estado en todas las facetas de mis cambios y búsquedas, y que han sido amorosos, pasionales y llenos de atenciones con mi persona.

A mi padre porque aunque no estuvo en los momentos cumbres de mi vida, me sembró la fascinación por la búsqueda, el cuestionamiento y la importancia de crecer en cualquier ámbito de la vida, ya sea personal o profesional.

A Federica Sodi, mi hermana, por ayudarme a encontrar un camino fresco y divertido en este libro… ¡Bob desde el otro lado de la montaña… a tu Sam!

A Ray Garcia por entender mi visión y querer llevarla al mundo de una forma aspiracional y accesible, a Kim Suarez y a todo el equipo de "pingüinos" que trabajaron con tanta entrega en este libro.

A Andrea por ese ojo clínico para mejorar y ampliar cada detalle, cada historia, cada idea.

A María Cristina por esas buenas charlas y por aventarse al trapecio para ponerse en mis zapatos.

A todos los que llevarán este libro a las manos de mis lectores.

A algunos de los muchos, que con sus palabras y acciones han sido maestros de vida para mi: Joel Osteen, por invitarnos a su mesa; Alice Miller, por resolver mi *Drama del niño dotado*; Beatriz Sheridan, por darme la fuerza para entender mi potencial; Edmund J. Bourne, por escribir *The Anxiety and Phobia Workbook*, mi herramienta de trabajo; Dr. Horrowitz y Dra. Patricia Volkow, por sus extensos conocimientos sobre la enfermedad de Lyme; Sri Swami Sivananda, por sus pensamientos y su práctica; Arthur

Schopenhauer, por darle sentido a mis pensamientos más escondidos.

A mi Dios, por ser el eje central en el cual yo orbito, —esa atracción, esa gravedad que me atrae hacia su fuerza y su grandeza. Como los planetas son atraídos por la gravedad del Sol, que sin él, seguirían sin rumbo fijo, perdidos en el vasto universo, así mi Dios brilla cada día para iluminar y calentar mi vida, para reverdecer y forestar mi alma y mi corazón.